KB079360

박세당의 노자

어느 유학자의 노자 읽기

이 책은 『西溪全書』에 수록된 『新註道德經』(太學社 영인본, 1979)을 옮긴 것입니다.

원전총서

박세당의 노자 — 어느 유학자의 노자 읽기

지은이   박세당
옮긴이   김학목
펴낸이   오정혜
펴낸곳   예문서원

편 집   김경희 · 이선주
인 쇄   주) 상지사 P&B
제 책   주) 상지사 P&B

초판 1쇄   1999년 8월 30일
초판 5쇄   2013년 3월 25일

주   소   서울시 성북구 안암동 4가 41-10 건양빌딩 4층
출판등록   1993. 1. 7 제6-0130호
전화번호   925-5913~4 / 팩시밀리 929-2285
Homepage   http//www.yemoon.com
E-mail   yemoonsw@empas.com

ISBN 89-7646-085 5 93150

YEMOONSEOWON 730-1 Yongdu 2-Tong, Tongdaemun-Ku Seoul 130-072 KOREA
Tel) 02-925-5914, 02-929-2284 Fax) 02-929-2285

값 13,000원

원전총서

박세당의 노자

어느 유학자의 노자 읽기

박세당 지음 · 김학목 옮김

예문서원

박세당

神道碑

옮긴이의 말

　옮긴이가 처음 노자老子를 접한 건 학부 때였지만 숙독을 하기 시작한 것은 박사과정 초기의 일이다. 이양희 후배가 석사 논문의 주제를 『도덕경道德經』으로 정했다기에 별 생각 없이 함께 왕필주王弼注를 강독한 것이 그 출발점이었다. 당시 옮긴이는 수년 동안 교수협의회 사무간사로 있으면서 교협 사무실을 거의 혼자 사용하고 있었기 때문에 함께 책을 읽을 수 있는 공간만큼은 충분했다. 그런데 무심코 접한 왕필주가 별 어려움 없이 친근하게 다가오며 옮긴이를 사로잡기 시작했다. 『맹자孟子』로 석사학위를 받고 원시 유가 쪽으로 박사학위를 준비하던 옮긴이로서는 전혀 뜻밖의 일이었다.

　그렇게 조금씩 왕필에게 마음이 이끌린 옮긴이는 여름 방학이 시작하자마자 후배와 함께 교협 사무실에서 하나하나 토론을 해가며 번역으로 더위를 잊었다. 특히 글로 표현하는 것은 좀더 세밀한 검토를 요하는 일이기 때문에 번역은 우리를 더욱 진지하게 만들었다. 이렇게 여름 방학을 왕필과 함께 보낸 덕분에 새 학기가 시작할 무렵 우리는 초역을 완성할 수 있었다. 다음 학기에도 두 사람은 틈이 나는 대로 초역을 검토하며 의견을 주고받았다. 그리고 겨울 방학이 되자 이기찬 선생과 이미란 후배가 합류하여 번역문과 원문을 다시 한 번 꼼꼼히 확인했다. 이기찬 선생은 옮긴이와 민족문화추진회 연수부 동기로 현재는 민추 국역실 전문위원으로 근무하고 있으며, 이미란 후배는 상임연구원을 마치고 시역 중이다. 그 다음 학기에도 후배와 옮긴이는 왕필의 노자주에 대해 생각하고 토론하는 시간을 자주 가졌다.

이런 과정을 통해 옮긴이는 동일한 사물에 대해서도 사람들의 견해가 서로 일치하기란 정말 어려운 일이라는 것을 깨달았다. 2년 이상 함께 왕필주를 검토했건만 우리는 서로 다르게, 곧 후배는 존재론적으로 옮긴이는 인식론적으로 대상을 분석하고 있었던 것이다. 지금 와서 생각해 보면 옮긴이가 왕필의 노자주를 한층 더 넓고 깊게 이해할 수 있었던 토대가 그 때 거의 마련된 것 같다. 종합적이고 정합적인 이해를 위해 제각기 참고 자료를 살피면서 생각을 더해 갔기 때문이다. 이러는 와중에 후배는 『도덕경』으로 석사학위를 받고 박사과정에 입학했으며, 옮긴이는 박사학위 주제를 서계西溪 박세당朴世堂의 『신주도덕경新註道德經』으로 정하게 되었다. 처음에는 왕필의 노자주를 생각했었는데, 이왕이면 국내 자료를 주제로 삼는 것이 국학의 발전에도 또 본인의 장래에도 좋다는 선배의 조언을 따른 결과였다. 그래서 옮긴이는 또다시 후배와 함께 『신주도덕경』을 읽은 후 번역에 들어갔다. 하지만 후배가 어머님의 병 수발을 위해 휴

학을 하는 바람에 이전처럼 많은 시간을 함께할 수는 없었다.

　박세당의『신주도덕경』은 중국에까지 알려진 책으로 현재 예문인서관
藝文印書館에서 영인한『노자집성老子集成』초편初編 35권에 들어 있다.
그런데 옮긴이에게는 이『신주도덕경』이 왕필의 노자주와는 달리 아주 생
소하게 느껴졌다. 오리무중 상태로 1년 이상을 보내면서 참고 논문을 뒤
져봐도 도무지 실마리가 잡히지 않았다. 주로『사변록思辨錄』에 대한 기존
의 연구 논문들은 박세당을 실학의 선구자로 평가하고 있었다. 박세당은
주저主著『사변록』에서 체용론體用論과 같은 주희朱熹의 경전 해석 방식
이 성인聖人이 사람을 인도하는 일상적이고 평이한 방법과 다르다며 그
관념성을 비판했다. 그런데 그런 박세당이『도덕경』의 주석에서는 오히려
주희의 경전 해석 방식을 그대로 수용하고 있었다.『사변록』에서 주희의
관념적인 경전 해석 방식을 비판한 바로 그 점 때문에 실학의 선구자로
평가받는 박세당이 그 평가가 무색하게『도덕경』의 주석에서는 전혀 다른
모습을 보이고 있었던 것이다.

　"박세당은 왜 자신이 극구 비판하던 주희의 사유 방식으로『도덕경』을
주석했을까"라는 화두를 붙들고 다시 1년을 보냈건만 분명하게 정리되는
건 아무것도 없었다. 2년만 더 지나도 나이가 40이 된다는 생각은 학위 기

간을 단축시켜야 한다는 압박감으로 다가왔고, 결국 미숙한 상태에서 논문심사를 요청했다. 하지만 1차 심사 결과 모든 것은 참담하게 무너졌다. 이후 몇 개월은 참으로 견디기 어려웠다. 자신감이 없어지고 맥이 빠져서 몇 달 동안 방안에서 꼼짝도 하지 않았다. 이런 옮긴이에게 정신을 차리게 한 건 "아직 기간이 많이 남았는데 왜 그러느냐"며 대수롭지 않은 듯 주위 섬기는 아내의 말이었다.

다시 몸을 추스른 후 모든 것을 처음부터 재검토하면서 차분하게 생각해 보았다. 느긋하게 등산도 하고 잠시 그만두었던 단전호흡도 다시 시작했다. 이렇게 6개월 여가 지났을 즈음 언뜻 뇌리를 스치는 것이 있었다. "박세당의 시대는 예(禮)에 대한 지식이 집권의 도구로 이용될 만큼 문文이 극성한 때였는데, 노자는 질박함(樸 質)을 강조하니 이것과 어떤 관련이 있지 않을까? 노자의 사상을 이용해 문文에 치우친 당시의 시대상을 비판한 것은 아닐까? 그런데 왜 하필 주희의 사유 방식으로 『도덕경』을 주석했지? 『사변록』에서는 성인이 사람들을 평이하게 인도하는 방법과 다르다고 극구 비판해 놓고서……"

해결의 실마리가 풀리는 순간이었다. 옮긴이의 박사학위 논문은 이상의 의문에 대한 답으로 구성되어 있다. 박세당은 『사변록』에서 주희를 비판했던 것처럼, 『신주도덕경』 서문에서도 노자의 사상이 지나치게 심원하여 성인의 법에 어긋난다고 비판하고 있다. 박세당은 언제나 심원하고 형이상학적인 논변을 달갑지 않게 여겼다. 그에 따르면 사람들이 관념적으로 치우치는 것은 지나치게 고원한 이론에 영향을 받은 탓이다. 따라서 박세당에게는 당시 문文이 극성한 것도 체용론같이 형이상학적인 주희朱熹注의 영향이었다. 이렇게 보면 그가 당시 이단서로 백안시되던 『도덕경』을 주석할 이유는 전혀 없었다. 그런데도 『도덕경』을 주석했다면 당연히 이 같은 조건을 압도할 만한 충분한 이유가 있어야 했다.

지금까지 『신주도덕경』에 대한 연구 결과를 볼 때, 박세당이 주희의 사유 방식에 따라 『도덕경』을 주석한 것 때문에 혹자는 반주자학자라는 기존의 평가를 수정하여 탈주자학자로 정의한다. 또 비판과 계승이라는 어휘를 적절히 결합하여 반주자학자는 계승보다는 비판에, 탈주자학자는 비판보다는 계승에 강조를 둔 것으로 그 차이를 정리하기도 한다. 이 같은 견해는 어느 정도 일리가 있어 보이기는 하지만, 『사변록』에서 박세당이 주희를 극구 비판한 것까지 합리화할 수는 없을 것 같다.

옮긴이가 보기에 박세당은 질박함을 강조하는 『도덕경』의 사상으로 당시 문文에 치우친 시대상을 비판하고자 했던 것이다. 그것도 당시 사대부라면 누구나 익숙한 주희의 사유 방식으로 주석함으로써 직접적으로는 사람들이 친근하고 쉽게 접근하도록 하는 동시에 간접적으로는 주희주가 『도덕경』의 풀이에나 적합하다는 것을 보여 주었다. 한마디로 박세당의 『신주도덕경』은 겉으로는 주희의 사유 방식을 계승하고 있는 것 같지만, 속으로는 오히려 주희를 신랄하게 비판하고 있는 것이다. 어쩌면 박세당이 『사변록』에서 주희를 비판한 것 때문에 한때 사문난적으로 몰린 것은 당연한 일인지도 모른다.

　박세당의 『신주도덕경』은 유학자, 그것도 초기 실학자의 안목으로 주석한 것이기 때문에 독특한 부분이 많다. 옮긴이가 보기에 『도덕경』은 유학의 관점에서 쉽게 주석할 수 있는 성질의 책이 아니다. 유학에서 절대적인 가치로 내세우는 인의仁義가 노자에게는 자연自然을 벗어난 것이기 때문이다. '부모를 섬기는 것'(事親)과 '연장자에게 순종하는 것'(從兄)은 천성에 따라서 행할 경우 별 문제가 없지만, 당연히 행해야 하는 덕목이기 때문에 행한다면 문제가 있다. 천성에 따라서 행하는 것은 자연을 따르는 것이지만, 당위의 덕목이기 때문에 행하는 것은 인위적인 것이기 때문이다. 노자에게 자연과 인위의 분계선은 '분별지'(知)의 개입 여부에 있다. 곧 부모를 섬기는 마음이 저절로 우러나와서 효를 행하는 것은 분별지를 가지고 계산한 행동이 아니기 때문에 자연스러운 것이지만, 해야 할 도리라고 여겨서 행하는 것은 분별지를 가지고 판단한 행동이기 때문에 인위적인 것이다. 노장老莊을 대할 때는 자연과 인위의 구별이 중요한데, 그 분계선은 분별지의 개입 여부에 있음을 알고 있어야 한다.

　　노자에게 절대의 세계는 자연인데, 이 때 자연은 물리적인 세계라기보다 천하만물이 저절로 그렇게 되는 것으로서 '천지의 흐름이나 운행'(道)이라고 할 수 있다. 고대 중국인들은 대부분 분별지를 통해 천지의 흐름에 순응하는 방법을 탐구했다. 이를테면 유가는 '천지의 흐름'(天理)을 예禮로 절문節文, 곧 형식화함으로써 그것에 순응하려 했다. 그런데 노자는 이와 달리 천지의 흐름은 분별지를 통해 형식화될 수 없다고 했다. 그 이유는 간단하다. 분별지에 의해 대상화된 것은 천지의 흐름을 온전히 드러낸 것이 아니라 상대적으로 한 부분만 드러낸 것에 지나지 않기 때문이다. 분별지는 사물을 있는 그대로 온전히 드러내는 것이 아니라 '대상화된 부분'(有)만을 드러낸다. 곧 『도덕경』 11장에서 언급하였듯이 사물의 존재 양식은 유有와 무無로 결합되어 있는데, 사람들은 분별지의 인식 한계 때문에 항상 '대상화되는 것'(有) 이상을 보지 못한다. 그릇에서 그릇이라는 형상(有)은 사실 그릇 아닌 공간(無) 때문에 드러나는 것인데, 사람들은 그것을 있는 그대로 인식하지 못하고 그릇으로 형상화된 부분만 본다. 곧 사물에 있어 유有는 항상 그 이면(無)에 의해 상대적으로 드러나고 효용을 갖게 되는데 사람들은 분별지의 한계로 그 사실을 깨닫지 못하고 있다. 이런 점에서 볼 때 유와 무에 관한 11장의 언급은 바로 사람들에게 분별지의 한계를 깨우쳐 주기 위한 비유이다.

분별지의 한계에 대한 지적은 2장에서도 보인다. 첫 단락을 보면, 아름다운 것은 절대적으로 아름답기 때문에 아름다운 것이 아니라 추함에 의해 상대적으로 아름답게 드러난 것에 지나지 않는다. 따라서 어떤 것이 선하고 아름답다는 주의나 주장은 모두 각자의 입장에서 '대상화되는 것'(有)만을 체계화시켜서 선과 아름다움으로 내세운 것에 지나지 않는다. 왕필은 이에 대해 18장의 주에서 "아주 아름다운 명칭은 대단히 사악한 것에서 나온다"(甚美之名, 生於大惡)고 하였는데, 여기서 아름다움과 사악함을 유有와 무無로 환원하면, 아주 아름다운 명칭은 유가 되고 대단히 사악한 것은 무가 된다. 사실 무엇이든 분별지에 의해 '대상화되는 것'(有)은 상대적으로 '그 이면'(無)에 의해 드러난다. 세상이 온통 흰색일 때는 흰색을 구분할 수 없다. 사람들이 흰색을 구분하는 것은 비록 분명하게 의식에 드러나지 않고 잠재할지라도 다른 색이 전제되어야만 가능하다.

상대적으로 대상화된 부분을 전체라고 여겨서 점점 체계화시킬 때, 이렇게 체계화된 주의나 주장은 사실의 세계에 관한 것이 아니라 분별지에 의해 꾸며진 허구일 뿐이다. 천지의 흐름이 분별지에 의해 상대적으로 대상화될 때까지는 무無가 제외되었더라도 '천지의 흐름이 부분(有)적'으로 모습을 드러낸 것이지만, 무無가 제외된 유有를 온전한 천지의 흐름으로 보고 체계적으로 다듬어 나가면 이 때부터 관념에서 체계화돼 나오는 것은 모두 분별지에 의해 인위적으로 날조된 것이다. 따라서 온전한 천리天理는 분별지를 통해 파악할 수 있는 것이 아니다. 이런 점에서 다른 학파의 어떤 주의나 주장도 노자의 비판을 벗어나지 못한다.

노자는 이런 한계를 먼저 자각함으로써 다른 학자들이 분별지에 의해 천리를 형식화시키려 했던 것과 정반대의 방법을 택한다. 곧 분별지로 천리를 파악하려 하면 할수록 더욱 천리에서 멀어지기 때문에 분별지를 사용하지 않고 오히려 없애려 한 것이다. 이것이 바로 『도덕경』에서 말하는 무지無知와 무욕無欲 곧 지욕知欲을 없애는 '마음 비움'이다. 그러니 노자의 마음 비움은 인욕人欲을 제거하는 유가의 마음 비움과는 근본적으로 다름을 알아야 한다. 노자에게 사람들이 천도에 순응할 수 있는 방법은 지욕을 없앤 물아일체의 상태에서 천성에 합일하는 것이다. 이는 곧 후천적으로 만들어진 욕망(欲)과 분별지를 없앰으로써 소박하게 타고난 본성을 그대로 따르는 것이다.

이런 점에서 볼 때, 박세당의 『신주도덕경』도 정통 도가의 입장을 벗어난 것이다. 사실 그가 유학자의 관점을 견지하는 한 결코 노자의 의도를 그대로 드러낼 수 없다. 그래서 박세당은 18장의 주에서 노자가 잘못되었다고까지 하였는데, 여기에는 이미 그의 목적 의식이 들어 있음을 간과해서는 안 된다. 그것은 문文에 치우친 당시 시대상을 소박함(樸質)을 강조하는 노자의 사상으로 비판하는 것이다. 박세당은 소박함에 대해 노자의 본래 의도와는 상관없이 유학의 관점에서 재해석한 것인데, 그러한 사상에는 『논어論語』의 '문질빈빈文質彬彬'이 기반을 이룬다. 다시 말해 박세당은 『논어』의 '문질빈빈'을 중심으로 노자의 사상을 이용해 문文에 치우친 당시 시대상을 비판하고자 했던 것이다. 비록 『신주도덕경』 서문에서 노자의 사상이 지나치게 어려워 성인의 법에 어긋난다고 비판하고, 또 『남화경주해산보南華經註解刪補』 「거협胠篋」에서 장자莊子는 혜시의 허황된 말을 막기 위해 저술을 했기 때문에 공적이며, 노자는 그런 이유도 없이 어려운 말을 했기 때문에 사적인 사람이라고 혹평하기는 했지만 당시 상황에서 소박함을 앞세우는 노자의 사상만큼 그에게 신선하게 느껴지는 경전도 없었을 것이다.

비록 박세당이 『도덕경』을 주석하며 주희의 경전 해석 방식을 따르고는 있지만 그를 주희의 계승자로 오해해서는 안 된다. 『도덕경』은 평이하게 주석할 수 있는 책이 아니기 때문에 당시 사람들에게 가장 익숙한 주희의 사유 방식을 좇았을 뿐이다. 비록 『사변록』에서 고원하다고 비판을 하기는 했지만, 그래도 주희의 사유 방식은 성인의 높은 경지를 잘 드러낸 것이므로 박세당 역시 『도덕경』을 주석하는 데 이보다 더 적합한 방식은 없었을 것이다. 사실 『사변록』에서 주희를 비판한 주 요지는 대부분 그의 사유 방식이 잘못되었다는 것보다는 평이하지 않다는 데 있었다. 박세당이 주희의 사유 방식으로 『도덕경』을 주석한 것은 그것이 문文에 치우친 당시 사람들에게 반성을 촉구하는 최선책이었기 때문이며, 이런 점에서 『신주도덕경』은 당시 시대상을 비판하기 위한 주석으로 평가해야 한다. 이는 박세당을 실학 사상의 선구자로 평가하는 기존 연구와도 어긋나지 않는다.

박세당의 의도를 따라 『신주도덕경』에 숨어 있는 의미를 캐내기란 쉽지 않은 일이었다. 옮긴이가 아직 밝혀 내지 못한 부분은 독자들께서 밝혀 주시고 잘못 해석한 부분은 바로잡아 주시기 바란다. 박사학위 논문을 마치고 번역문을 책으로 내고자 하는 바람이 있었는데, 마침 예문서원에서 흔쾌히 응해 주시니 오정혜 사장님께 무어라 감사를 드려야 할지 모르겠다. 또한 이 책이 나오기까지 편집과 교정, 표지, 디자인 등 모든 부분에 노력을 아끼지 않은 예문서원 가족들께도 감사를 드린다. 그리고 무엇보다 이 순간이 오기까지 이끌어 주신 성태용 지도 교수님과 건국대학교 철학과 교수님들, 지금은 퇴임하셨지만 자상하고 따뜻하게 이끌어 주셨던 최도희 교수님, 많은 시간을 아끼지 않으시고 일일이 논문을 점검하고 가슴으로 조언을 주신 정상봉 교수님, 조금이나마 고전 국역의 맛을 느끼게 해주신 민족문화추진회의 교수님들께 이 자리를 통해서 깊은 감사를 드린다. 그리고 대화의 상대로 언제나 시간을 아끼지 않고 응해 주면서 이것저것 도와 주는 이양희 후배의 헌신적인 수고에도 고마움을 표한다.

1999. 5.

김학목(girinok@hanmail.net)

新註道德經

上經

下經

부록

박세당의 생애와 사상

1. 박세당의 생애[1]

서계 박세당은 인조仁祖 9년(1629) 8월 19일 전라도 남원南原에서 남원 부사府使로 재직 중이던 박정朴炡(1595~1632)의 넷째 아들로 태어나 숙종 肅宗 29년(1703) 8월 21일에 사망하였다. 인조·효종孝宗·현종顯宗·숙종 의 4대에 걸쳐 살았던 그는 본관이 반남潘南으로 고려 말의 명신 박상충朴 尙衷의 10세손이다. 조부 박동선朴東善이 좌참찬左參贊, 부친 박정이 이조 참판吏曹參判을 지내고, 모친 양주楊州 윤씨尹氏가 관찰사觀察使 윤안국尹 安國의 딸이라는 데서 알 수 있듯이 박세당의 집안은 상당한 문벌 양반 가 문이었다.

부친 박정은 광해군光海君 11년(1619)에 정시문과庭試文科에 급제하였는 데, 광해군의 폐모론에 반대하여 벼슬에서 물러났다가 인조반정에 참여하 면서 공신으로 책봉되었다. 남원 부사로 재임 중에는 살인계殺人契를 조직 해 활동하던 도적들을 포획, 효수한 공으로 금주군錦洲君에 봉해지기도 하

---

1) 박세당의 생애는 『國史館論叢』 34집에 있는 尹熙勉 교수의 「朴世堂의 生涯와 學門」에서
   대부분 그대로 인용하거나 축약했으며, 또한 『亞細亞硏究』 15권 2호에 실린 尹絲淳 교수의
   「朴世堂의 實學思想에 관한 硏究」에서도 부분적으로 인용했음을 밝혀 둔다.

였으나, 박세당이 4세 때 홍문관弘文館 부제학副提學을 마지막으로 병사하였다. 그리고 3년 뒤 다시 박세당의 장형 세규世圭가 요절하면서 가세는 급격히 기울기 시작했다. 병자호란이 일어나자 강화도에서 왕세자를 호위하던 조부와 떨어져 두 형과 함께 조모와 모친을 모시고 원주·청풍·안동 등을 전전하면서 어려운 피난 생활을 한 박세당은 난이 그친 후에도 청주·천안 등지로 옮겨 다니며 곤궁한 생활을 이어 갔다.

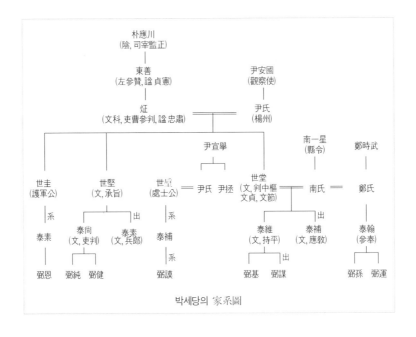

박세당의 家系圖

가난 때문에 10살이 넘어서야 공부를 시작한 박세당은 중형 세견世堅에게 처음 글자를 배운 뒤 13, 14세 때에는 고모부 정사무鄭思武에게 수업하였다. 열댓 명이 함께 공부하였는데 글을 이해하는 데 남들보다 특별히 뛰어났다고 한다. 17세에 금성金城 현령縣令인 남일성南一星의 딸과 결혼하였는데, 10년 넘게 부인을 처가에서 생활시킬 정도로 가난하였다.

박세당은 양주楊州 사촌沙村의 친가와 서울 정릉의 처가를 왕래하며 생활하였는데, 친가에 머무를 때는 숙형 세후世垕와 함께 인근의 도봉서원에서 독서하였다. 또 처숙 남이성南二星, 처남 남구만南九萬과 함께 장인에게 수업을 하면서 글의 뜻을 논변하고 밤늦도록 학문을 토론하기도 하였다. 박세당은 특히 문학과 시율詩律에 남다른 재능을 보여 등제하기 전 이미 명성이 자자했다. 음사蔭仕로 합곡 현령, 청풍 군수로 나가 있던 중형을 찾아갔을 때 지은 「동행습양東行拾襄」이나 「동삭록東朔錄」 등은 그의 문명을 높여 준 대표적인 시편이다. 20세에는 장자長子 태유泰維의 출생도 있었지만, 21세와 22세에 연이어 모친상과 조모상을 당하고 삼년상을 치르던 끝에 숙형 세후마저 병으로 잃는 슬픔을 보았다. 박세당은 이때 다친 비위脾胃 때문에 평생을 고생하기도 했다.

삼년상을 마친 박세당은 과거에 응시하기 시작하여 24세가 되던 효종 3년(1652) 유생정시儒生廷試에 3등으로 합격하면서 회시會試에 나갈 수 있게 되었다. 그러나 중형이 과거에 실패하자 그는 효종 5년, 형이 춘당대시春塘臺試에 급제할 때까지 과거를 포기한다. 26세에 차자次子 태보泰補를 얻은 박세당은 현종 원년(1660) 가을, 32세의 나이로 생원시生員試 초시에서 수석, 회시에서 2등을 하고, 이어 겨울에는 증광시增廣試에 장원을 함으로써 성균관 전적典籍을 초사初仕로 제수받으며 관직 생활을 시작하였다.

예조좌랑禮曹佐郎, 병조좌랑兵曹佐郎을 거친 박세당은 현종 3년 2월에 사간원司諫院 정언正言에 임명되었다. 대간大諫 임명이 늦어진 것은 그의 처남 남구만이 그 동안 이조전랑吏曹銓郎에 재임 중이었기 때문에 상피相避한 결과였다. 이후 주로 대간에 임명되었던 박세당은 지나치다고 찬탄을 받을 만큼 누구보다 활발한 탄핵과 간쟁 활동을 하면서 한편으로 동조를 받기도 했지만 다른 한편으로는 많은 적을 만들기도 했다.

관직 생활에서 그의 태도는 항상 명분보다는 현실과 실질을 직시하고 그것에 충실했다. 수찬修撰 김만균金萬均이 청나라의 사신을 영접하지 않으면서 발생한 사건의 전말을 살펴보면 박세당의 이런 면모를 확인할 수 있다. 이 일은 그의 관직 생활에 결정적인 전기가 되기도 하였다. 현종 4년 4월 청나라의 사신이 왔을 때, 접대를 해야 했던 김만균은 병자호란 당시 강화도에서 조모가 피살당했다는 이유로 체직遞職을 요청했다. 그러나 도승지都承旨 서필원徐必遠은 정축난 이후로 부모와 관련된 일이 아니면 허락할 수 없으니 직분을 수행하라는 현종의 명을 얻어냈다. 그런데도 김만균은 궐직하면서까지 끝내 명을 따르지 않았고, 처벌을 주장하는 관료들의 의견에 따라 하옥되었다. 일단 김만균의 파직으로 사건은 마무리되는 듯했으나 이듬해 송시열宋時烈(1607~1689)이 "인륜이 타락하면 사람은 짐승이 되고 중국은 오랑캐가 된다"며 김만균의 행동이 윤리적으로 정당하다는 상소를 올리고, 이에 서필원이 다시 반대 상소를 올림으로써 조정은 논란에 휩싸였다. 당시 옥당玉堂에 있던 박세당은 서필원을 지지하며 "임금이 욕을 당하면 신하는 그 설욕을 위해 죽어야 한다"(主辱臣死)는 입장에서 송시열을 공격했다. 그의 지적은 실현 불가능한 북벌 정책과 명분 위주의 관념적인 숭명배청론을 주장하는 송시열 일파에게는 뼈아픈 일침이었다. 하지만 박세당의 이런 현실관은 그의 관직 생활을 가로막는 장애가 되기도 했다.

박세당은 충忠과 신信을 평생의 지침으로 삼은 성실한 관료였다. 그는 어떤 직책을 맡더라도 도리를 다하는 것이 신하의 본분이라고 여겨 대간으로 있을 때는 권신들의 미움을 받을 만큼 원칙을 중시하는 탄핵 활동을 하였고, 남들이 꺼리는 일도 앞장서서 임금에게 간쟁하였다. 현종 14년(1673) 임시로나마 영릉寧陵 천장遷葬의 도감도청都監都廳을 맡았을 때에도 능소陵所에서 병으로 체직할 때까지 한시도 게을리하지 않고 일을 처리하여 송시열 일파인 산릉제조山陵提調 민유중閔維重마저도 그 성실함에 찬탄할 정도였다. 이런 그가 현종 9년 정월, 겨우 40세의 나이에 관직을 그만두었다. 문신으로서 월과月課를 세 차례나 내지 않았다는 이유로 파직당한 것이긴 하지만, "재력才力이 치졸하여 세상에 큰일을 할 수 없을 뿐만 아니라 세상 또한 날로 퇴폐하여 바로잡아 구할 수 없음을 깨달았기 때문이다"라는 자찬묘표自撰墓表로 볼 때, 오래 전부터 관직을 그만둘 생각을 해왔던 듯하다. 연보에서는 향곡鄕曲에 물러나서도 조정의 의론을 좌우하던 송시열과의 갈등 때문이었다고 하는데, 박세당은 송시열을 상식 이하의 인물로 평가하고 있었다. 그러나 송시열은 유림의 영수로 많은 동조자를 거느리고 영향력을 행사하는 권력자이기도 했다. 때문에 박세당은 관직 생활을 계속하기 위해서는 현실과 타협해야 한다는 것을 알고 있었지만, 자신의 성격상 용납할 수 없었다.

박세당은 사직한 뒤에도 여러 차례 관직을 제수받았지만 나아가지 않았다. 잠시나마 관직에 나간 것은 현종 11년 8월에 통진현감通津縣監으로 1년간 재임한 것, 숙종 6년(1680) 10월에 중전의 승하로 입경하였다가 승정원承政院 동부승지同副承旨를 임명받아 보름 정도 근무하고 병으로 체직한 것이 고작이다. 특히 현종 9년 10월에 충절사充節使 서장관書狀官으로 북경北京에 사행使行을 간 것이 주목되는데, 그는 청나라의 문물을 보고 청과의 사대 관계를 원만히 이루어야 한다는 자신의 현실관을 재확인하고 돌아온 듯하다. 그러나 박세당을 포함한 사행 일행은 상원절上元節에 길에서 관등觀燈과 잡희雜戲를 하였다 하여 내간의 탄핵을 받았고, 이 일은 그로 하여금 자신의 현실관과 처세로는 관직 생활을 계속할 수 없다는 사실을 재확인시켜 주는 계기가 되었다.

박세당은 현종 7년에 첫 부인 남씨의 장례를 치르면서 눈여겨보아 두었던 수락산水落山 서록西麓 장자곡長者谷을 석천동石泉洞으로 개명하고 두 번째 부인 정씨와 함께 그곳에 은거하였다. 호號도 '서계西溪'에서 '초수樵叟'로 바꾸고 농사를 지으며 생활하던 그는 농사에 필요한 지식을 담은 농서農書『색경穡經』을 저술하였는데, 초고를 완성한 것이 48세 때인 숙종 2년(1676)이었다. 이 책을 편찬하면서 주로 참고한 자료는『농상집요農桑輯要』였으며, 사직을 결심한 뒤 홍문관에서 참고할 만한 농서로 얻어 두었던『제민요술齊民要術』,『농상촬요農桑撮要』,『예기월령禮記月令』,『전가오행田家五行』등도 참고하였다.『색경』은 뒤에 자신의 농사 경험을 반영하여 보충한 것으로 보인다.

박세당은 숙종 12년에 생육신의 한 사람인 김시습金時習을 모시는 사우祠宇를 수락산에 세우기도 하였다. 당시에 이미 퇴락하여 없어졌지만 수락산 동봉東峰에 매월당梅月堂이라는 암자가 있었다. 박세당은 김시습의 절의를 백이숙제伯夷叔齊나 우중虞中에 비길 만큼 높이 평가하여 석림사石林寺 곁에 그를 기리는 사우를 세우려고 하였으나 재력을 충당할 길이 없어 추진하지 못하고 있었다. 이에 보시를 청하는 모연문募緣文을 짓고 석림사의 승려들에게 재물과 식량을 시주받아 오도록 조처하면서 사우를 짓기 시작하였다. 모승립사募僧立祠하는 것에 대해 이의를 제기하는 친우들도 있었으나 박세당은 별 문제가 아닌 것으로 받아 넘겼고, 사우가 완성되자 그와 뜻을 같이하는 수십 명의 사람들이 모여 예를 행하였다고 한다.

박세당이 46세 되던 현종 15년(1674) 이후는 제2차 예송禮訟으로 서인西人이 남인南人에게 실권한 기간이기도 한데, 이 때를 전후하여 그의 사생활에 많은 변화가 생긴다. 삼자三子 태한泰翰을 45세에 보았고, 차자 태보가 선천宣川으로 유배된 것이 49세 때의 일이며, 계부인繼夫人 정씨가 세상을 떠난 것이 50세 때의 일이다. 특히 그의 학문과 명성을 듣고 많은 후생들이 가르침을 청해 옴에 따라 마침내 숙종 5년(1679)에는 계곡 위에 관란정觀瀾亭과 궤산정蕢山亭이라는 서재를 지어 문생들을 가르치게 되었다.

점점 그 수가 불어나 서재를 가득 메운 문생들은 대부분 평민의 자제(京華子弟)이거나 관료의 자제(縉紳子弟)들로서 주로 과거 공부가 목적이었지만, 박세당은 경사經史와 제술製述은 물론 강론을 문답하며 열심히 가르쳤고, 공부가 끝난 저녁에는 담소를 나누며 함께 즐기었다. 그는 문생들에게 문예나 사장詞章보다는 독서와 궁리窮理의 학습법을 강조하는 한편 자신이 늘 가슴에 품고 있던 충忠과 신信의 가치관을 전달했다.

박세당은 문생들을 교육하는 동시에 저술에도 힘을 기울였다. 숙종 6년 곧 52세에 『대학사변록大學思辨錄』을 짓고, 59세 때인 숙종 13년에는 『중용사변록中庸思辨錄』을 지었으며, 이어 60세에는 『논어사변록論語思辨錄』을, 61세에는 『맹자사변록孟子思辨錄』을, 63세에는 『상서사변록尙書思辨錄』을 각각 저술하였다. 숙종 19년 65세 때는 『시경사변록詩經思辨錄』을 착수하였으나 병 때문에 「소아小雅」 채록편採錄篇에 그치고 완성을 하지는 못했다. 또 그는 윤명재尹明齋 같은 학자로부터 주의까지 받으면서 숙종 7년에 『노자도덕경老子道德經』을, 이듬해에는 『장자莊子』를 주해하였으니, 『신주도덕경新註道德經』과 『남화경주해산보南華經註解刪補』가 그것이다.

이 기간에 박세당은 두 아들을 잃는 비운을 맞기도 했다. 그의 나이 58세 때 장자 태유가 시사時事를 논하는 소疏를 올렸다가 고산찰방高山察訪으로 견척見斥된 중에 병들어 죽었으며, 그 슬픔이 채 가시기도 전에 이번엔 차자 태보가 장희빈의 아들을 원자元子로 책봉하려는 숙종의 뜻에 반대하여 판서判書 오두인吳斗寅, 참판參判 이세화李世華 등 100여 명과 함께 소를 올렸다가 사형을 당한 것이다. 태보가 소론疏論을 입안하고 정리하여 작성한 주동자였기 때문이다.

박세당이 66세 되던 숙종 20년 갑술옥사甲戌獄事가 일어난다. 기사년己巳年에 폐위되었던 인현왕후仁顯王后를 남인의 반대를 무릅쓰고 복위시키는 데 성공한 서인들이 다시 대거 기용되면서 득세하였고, 이에 따라 박세당에게도 많은 기회가 주어졌다. 우선 5월에 그의 염퇴恬退와 차자 태보의 대절大節에 대한 특혜가 있어야 한다는 상소로 치사식물致賜食物의 혜惠와 함께 부승지副承旨의 직책을 받은 박세당은 이후에도 계속 관직을 하사받았지만 끝내 나아가지 않았다. 72세 때 이조판서가 주어졌을 때는 여섯 차례나 사소辭疏를 올릴 정도였다. 사실상 야인이었던 박세당에게 정치인으로서의 이런 우대는 이 시기가 최고조이자 마지막이었다. 74세에 백헌白軒 이경석李景奭(1595~1671)의 비문을 지은 것을 계기로 그의 생애는 또 다른 국면 - 실로 이제와는 정반대가 되는 - 으로 접어든다. 정치적 대박해로 비극적인 종말을 맞게 된 것이다.

이경석은 병자호란(1636) 때 부제학으로 「삼전도三田渡의 비문碑文」을 지은 것으로 유명하나 정작 그의 대청 정책에 대한 근본 입장은 척화斥和였다. 효종 원년 북벌 정책이 탄로났을 때는 영의정으로서 스스로 책임을 지고 청에서 감금 생활을 하기도 했었다. 이경석의 후손으로부터 비문의 찬저撰著를 청탁받은 박세당은 그의 행적과 인품을 논하는 자리에서 송시열을 기용시킨 것이 원래 이경석이었음을 밝히고, 기해己亥 상복 문제 등 정견의 차이가 주 원인이기는 했지만 송시열이 이경석에 대한 인신 공격을 서슴지 않은 것은 그가 시사를 논한 소차疏箚에 대한 오해와 함께 그 집안과의 혼인을 거부당한 데 대한 누적된 사감私憾 때문이었다고 기록하였다. 특히 송시열이 영릉지寧陵誌를 통해 이경석의 「삼전도의 비문」을 비난했다는 사실을 지적하고, 그에 비해 이경석은 부끄러움을 소차疏箚로 표현하였을 뿐이며 평소 송시열의 행위는 개의치 않았다고 기술하였다. 결국 박세당은 은연중에 송시열이 이경석을 지나치게 대하였다고 논한 셈이다.

비문의 서두 또한 특이하였다. 그는 『시경詩經』과 『서경書經』에 있는

"노성老成은 또 전형이 나오는 곳이다"(老成又典刑所自出)와 "노성인老成人을 모멸하지 말라"(無侮老成人)는 구절을 인용하면서 "노성인의 귀중함이 이와 같도다. 그럼데도 불구하고 만일 노성인을 모욕하는 자가 있다면, 천하의 상서롭지 못함(不詳)이 막대하도다. 상서롭지 못한 짓을 감히 한다면 반드시 응보가 따를 것이다. 이것이 하늘의 도이니, 두렵지 않은가!"라고 하였다. 이 말은 보기에 따라 선배였던 이경석은 노성인이요, 후배였던 송시열은 그 노성인을 모욕하는 사람으로 해석할 수 있으며, 따라서 보는 사람들로 하여금 송시열을 비난하고 있다고 생각하게 한다. 비문의 마지막에서는 이경석을 비방한 사람은 불선자不善者로서, 그와는 올빼미와 봉황 같은 차이가 있다고도 하였다.

마침내 이 비문은 당시 큰 세력을 얻고 있던 송시열측 당인들의 감정을 자극하면서 엄청난 반발을 샀다. 75세 때인 숙종 29년(1703) 2월 관학유생館學儒生들의 소척疏斥이나 김창협金昌協, 김창흡金昌翕 형제를 위시한 김진규金鎭圭 등의 소척이 그것이다. 결국 삭탈 관직을 당하고 문외출송門外黜送의 명을 받아 성외에서 대죄待罪하던 박세당은 곧 대각臺閣의 원찬계청遠竄啓請으로 옥과玉果에 유배당하게 되었다.

그런데 박세당이 이와 같이 소척을 비롯한 탄핵을 받게 된 명목상의 이유는 비문 내용에만 그치는 것이 아니었다. 당시 박세당을 공격하던 사람들은 비문을 계기로 그가 이전에 저술했던 『사변록』까지 비판의 대상으로 삼았다. 김창흡은 그가 주희를 능멸하고 싶은 나머지 그 방법으로 주희의 존봉자인 송시열을 공격한 것이라고 주장했고, 결국 박세당에게 사문난적斯文亂賊이라는 이단異端의 죄명이 붙게 되었다. 이에 이탄李坦, 이익명李翼明 등 박세당의 문인들은 그에 대한 비난이 오직 비문의 몇 구절에만 근거함을 강조하는 한편, 경전 해석의 동이同異는 예부터 있어 왔다는 사실을 역설하였다. 특히 판서 이인엽李寅燁은 박세당의 40년 가까운 휴퇴지절

休退之節과 일흔이 넘은 고령과 노환, 차자 태보의 공을 들어 유배가 지나친 처사임을 지적하고 유배의 명만은 거둘 것을 소청하였다. 이것이 받아들여져 그 해 5월 석천石泉으로 귀가한 박세당은 8월 21일 마침내 세상을 떠났고, 후손과 문인들에 의해 석천동의 북쪽 언덕에 두 부인과 함께 합장되었다. 이곳은 지금의 의정부 장암동으로, 그 아래 박세당이 살던 곳에는 직계 후손이 아직 살고 있다.

2. 박세당의 사상

일명 『통설通說』로 불리는 박세당의 주저 『사변록』은 『주역周易』을 제외한 사서삼경을 원시 유학의 관점에서 해석한 책이다. 주희가 리기론理氣論이나 체용론 같은 형이상학적 사유 방법을 사용한 것과 달리 그는 초학자들도 쉽게 이해할 수 있는 평이한 방법으로 경서를 풀이하면서, 그것이 성인聖人이 사람들을 인도하는 길이라고 하였다. 결국 주희의 형이상학적 사유 방법은 성인의 법에 어긋난다는 비판인 것이다. 후세에 이르러 『사변록』은 실학의 선구로서 성리학에 대한 비판의 효시를 이루는 저작으로 평가받게 되었다.

이 밖에도 박세당은 당시 이단의 학문으로 배척받던 『도덕경』과 『장자』의 전문을 처음으로 주석함으로써 세상을 놀라게 했다. 그 결과물인 『신주도덕경』과 『남화경주해산보』는 조선 중기 이후의 노장 사상 연구에 귀중한 자료가 되고 있다. 몇 편의 논문에서도 지적되었듯이 그는 여기서 『사변록』과 달리 주희의 체용론과 리기론을 그대로 수용하였는데, 이런 사실은 『주역』과 「태극도설太極圖說」에 대한 주희주와 『도덕경』에 대한 박세당의 주를 비교해 보면 분명하게 드러난다. 이는 『사변록』에서 주희를 비판하던 것과는 상반된 점으로, 박세당의 사상을 연구하는 데 매우 중요하다. 그럼에도 불구하고 지금까지는 주희주에 대한 비판과 수용이라는 양면성이 박세당의 사상이라는 전체의 관점에서 다루어진 적은 거의 없다.

기존의 연구에서는 박세당을 반주자학자 또는 탈주자학자로 평가하는데, 이런 평가는 그가 『사변록』에서 주희의 사유 방법을 고원하다고 비판한 데에 근거한다. 하지만 『신주도덕경』에서 주희의 형이상학적 방식을 그대로 수용한 것을 볼 때, 이런 평가는 다소 문제가 있는 듯하다. 곧 박세당이 『도덕경』의 주석에 주희의 방식을 원용한 것만은 틀림없기 때문에 이에 대한 그의 입장이 분명하게 설명되지 않는다면 반주자학자 혹은 탈주자학자로 평가되는 박세당의 사상은 근거가 불분명해지는 것이다.

기존의 연구 결과를 종합해 보면 박세당이 문文보다 질質을 중시한다는 것을 확인할 수 있다. 이런 관점은 '문질빈빈文質彬彬'이라는 공자孔子의 말에 근거해 문文에 치우친 당시 시대상을 비판하려는 것으로 보인다. 『사변록』에서 주희의 사유 방식을 비판한 것도 같은 맥락 위에 있다. 당시는 현실과는 유리된 공허한 명분(文)을 근거로 권력 다툼이 매우 치열하였다. 이런 정쟁政爭의 직접적 원인이 고원한 주희주를 통해 경전을 이해하는 데 있다고 본 박세당은 『사변록』으로 이에 대한 반성을 나름대로 표현한 것이다.

당시의 학자들은 숭유억불이라는 조선 왕조의 창업 이념에 따라 모두 주희주를 통해 경서를 연마했다. 그런데 박세당이 보기에 주희주는 평이한 성인의 말씀을 리기론이나 체용론 같은 사유 방법으로 풀이함으로써 현실을 도외시하는 부작용을 낳았다. 곧 주희주는 그 형이상학적 특성 때문에 성인의 말씀을 설명하려는 본래의 의도와는 상관없이 사람들을 사변적으로 만든 것이다. 박세당에게는 예송禮訟과 같은 공허한 정쟁도 주희주의 영향으로 사람들이 형이상학적 사변에 익숙해졌기 때문에 파생한 것에 지나지 않았다. 박세당이 『사변록』을 저술한 것은 바로 이런 잘못을 바로잡기 위해서였으니, 주희의 고원한 사유 방법을 버리고 평이한 성인의 교육 방법을 회복시키려는 것이 주요 내용이었다.

옮긴이가 보기에 박세당은 『신주도덕경』에서도 이런 관점을 일관되게 유지하고 있다. 그는 문文보다 질質을 중시하는 『도덕경』의 사상을 통해 자신의 소신을 피력하고자 하였다. 곧 문文에 치우친 당시 사람들에게 질質의 중요성을 외침으로써 '문질빈빈'을 이룩하려 한 것이다. 비록 『도덕경』을 주희의 사유 방법인 체용론으로 풀이했을지라도 그의 의도는 사람들에게 문文에서 질質로의 복귀를 외치는 데 있었다. 박세당은 『신주도덕경』 1장에서 도道를 체體로, 명名을 용用으로 풀이하면서 체용불가분리體用不可分離를 설명하였는데, 이는 문文의 근본이 질質임을 밝힘으로써 '문질빈빈'을 이룩하려는 전제이다. 예禮나 문文으로서의 명분(名)을 도道의 용用으로, 질質로서의 박樸을 도道의 체體로 풀이한 것은 '문질빈빈'에 근거, 문文의 근본이 바로 질質임을 밝히는 것이다.

박세당이 『사변록』에서 비판한 주희의 사유 방식을 『도덕경』의 주석에 원용한 것은 당시 학자나 관료라면 누구나 익숙한 주희의 방식을 통해 문文의 근본이 바로 질質임을 깨우쳐 주기 위해서였다. 문보다 질을 강조하는 노자의 사상을 바로 주희의 사유 방식대로 주석함으로써 주희주의 잘못된 영향을 바로잡고자 한 것이다. 다시 말해 주희주의 형이상학적 특성 때문에 문에 치우치게 된 당시 학자들로 하여금 거꾸로 주희주를 통해 문의 근본이 바로 질임을 깨우치도록 한 것이다.

박세당은 『신주도덕경』 서문에서 『도덕경』이 비록 수기치인修己治人에 적합한 책이기는 하지만 고원한 특성 때문에 많은 폐단을 남기게 되었다고 하였다. 이런 비판은 『사변록』에서 주희를 바라보는 시각과 동일하다. 박세당이 주희를 비판하는 주 요인은 주희주의 사변적 특성 때문이다. 주희의 설명 방식은 성인의 말씀을 잘 드러낸 것이기는 하지만, 형이상학적 특성 때문에 원래의 목적과는 달리 사람들을 사변적으로 만듦으로써 문文에 치우치게 한다. 마찬가지로 문의 근본이 질이라는 노자의 사상 역시 지극히 당연한 것이지만, 그 내용이 너무 깊기 때문에 도리어 사람들을 허황되게 만든다. 박세당이 주희나 노자의 사상을 근본적으로 부정한 적은 거의 없다. 그가 양자를 비판하는 관점은 대부분 사상을 표현하는 방법이 너무 고원하다는 것이었다.

그런데 박세당이 『도덕경』을 주희의 사유 방식을 따라 주석한 데에는 문文에 치우친 당시의 병폐를 바로잡겠다는 의도뿐 아니라 주희에 대한 혹독한 비판 의식이 저변에 깔려 있는 것으로 보인다. 주희주와 같은 고원한 사유 방식은 성인의 말씀을 주해하는 데 적용할 것이 아니라, 오히려 그와는 거리가 먼 『도덕경』 같은 책을 주해하는 데 사용해야 할 뿐이라는 것이다. 어쨌든 그의 목적은 주희의 계승이 아니라 성인의 말씀에 따라 사는 데 있었다. 비록 『도덕경』의 고원한 내용에 맞추어 주희의 사유 방식을 차용하기는 했지만, 이는 주희의 계승이 아니라 원시 유학으로의 복귀를 의도한 것이다. 이러한 점은 『논어』의 '문질빈빈'으로 명분에 치우친 시대상을 비판한 실학의 출발점으로 평가해야 할 것이다. 따라서 박세당의 학문은 주희를 벗어나 다산茶山 정약용丁若鏞(1762~1836)으로 이어지는 교량 역할을 했다고 보아야 한다.

『신주도덕경』과 다른 주석서와의 관계

　박세당이『신주도덕경』에서 인용한 중국의 주석가는 임희일林希逸, 주희朱熹, 소철蘇轍, 이간李衎, 사마광司馬光, 여혜경呂惠卿 등으로 '혹왈或曰'을 제외하면 모두 6명이다. 서문에 언급된 것으로 보아「왕필주」와 진심陳深의『노자품절老子品節』또한 참고한 듯하다. 따라서 박세당이『도덕경』주석에 참고한 주석서는 주희의 것을 제외하더라도 최소 일곱 종 이상이된다. 하지만 이 주석서들은 임희일주를 제외하면 두 번 이상 언급된 것이별로 없으므로 큰 영향을 미친 것 같지는 않다. 이를 좀더 자세히 살펴보기 위해 제1절에서는『신주도덕경』과 이들 중국 주석서와의 관계를 다루었다.

　『신주도덕경』에서 성씨姓氏와 함께 거론되는 주석가들이 모두 중국의학자인 것으로 보아 박세당은 국내의 주석, 곧 이이李珥(1536~1584)의『순언醇言』은 참고하지 않은 듯하다. 그러나『신주도덕경』과『순언』을 비교해 보면 몇 가지 유사점이 발견된다. 우연일 수도 있지만 이 가운데는 서명응徐命膺(1716~1787)으로 이어지는 점도 있어 이들의 관계를 사상사의측면에서 검토해 볼 필요가 있다. 따라서 제2절을 별도로 나누어 국내 주석서와『신주도덕경』의 관계를 살펴보고자 한다.

1. 중국 주석서와의 관계

박세당이 『신주도덕경』 주석에 인용한 중국의 주석가들은 임희일, 주희, 소철, 이간, 사마광, 여혜경 그리고 혹자이다. 그런데 혹자의 경우는 39장에서 인용한 것을 제외하면 진심의 『노자품절』과 내용이 같거나 비슷하다. 따라서 '혹왈'로 인용한 여섯 개의 주 가운데 다섯은 대부분 진심의 것으로 보인다.[1] 『신주도덕경』의 경문을 주로 『노자품절』의 경문으로 한 것으로 보아, 박세당과 『노자품절』은 특별한 관계가 있는 듯하지만 아직 그 이유는 발견하지 못했다.

박세당은 두 번 이상 언급한 주가 별로 없는[2] 데 비해 유독 임희일의 주석을 열두 장에 걸쳐 인용하고 있다.[3] 따라서 그가 서문에서 "임희일의 주석은 열 중 하나도 제대로 된 것이 없다"[4]고 비판한 것과는 달리, 오히려 어느 정도 그의 영향을 받은 것으로 보인다. 또한 서문에서 진대晉代의 학學을 현학이라고 부정적으로 평한 것[5]으로 볼 때, 왕필주도 보았을 것으로 추측된다. 이상에 대해 편의상 임희일주와의 관계, 왕필주와의 관계 그리고 그 밖의 주석과의 관계로 나누어 살펴보겠다. 임희일주는 『신주도덕경』에서 가장 많이 인용된 점을 고려, 『도덕진경구의道德眞經口義』에 나타난 그의 사상과 함께 간략하게 살펴볼 것이며, 비록 본문에서 인용되지

---

1) 17장 주에 두 번, 18장·70장·76장의 주에 한 번씩 보인다. 그 빈도수로 볼 때 임희일주 다음으로 가장 많이 인용되었다.
2) 6장의 주에서 주희가 한 번, 23장의 주에서 소철이 한 번, 30장의 세주에서는 이간이 한 번, 소철이 두 번, 그리고 31장의 세주에서는 사마광과 여혜경이 한 번씩 인용되었다. 그리고 17장의 주에서 두 번, 39장·70장·76장의 주에서 한 번씩 인용된 혹자는 39장을 제외할 경우 대부분 陳深으로 보인다. 박세당이 혹자를 陳深으로 분명히 밝히지 못한 것은 「新注道德經序」에서 나타나듯이 『諸子品節』의 주를 陳深의 작으로 확신하지 못했기 때문일 것이다.
3) 3장, 5장, 6장, 19장, 21장, 27장, 28장, 46장, 49장, 68장, 69장 그리고 70장에 걸쳐서 인용하였다.
4) 『新註道德經』, 「新註道德經序」, "及林希逸所註, 皆舛謬, 不足以得其十一."
5) 같은 책, 같은 곳, "及晉之世, 士之狂誕者, 託爲玄虛無實之談, 眇茫不可涯之說, 以飾其僞, 以欺一世. 天下翕然同趨, 而風俗大亂. 晉室遂傾. 老子之道, 夫豈然哉. 其遺風餘烈, 歷世猶存. 是以後之說老子者, 多宗晉人, 以爲微言妙義, 訛而又訛, 益可悲也."

는 않았지만 위진대魏晉代의 대표적인 노자주로서 박세당의 위진 현학에 대한 혹독한 비난과 직결되는 왕필주 또한 그 특징과 기본 사상을 대략 살펴보겠다. 그 밖의 주석은 혹자의 것을 포함하여 『신주도덕경』에서 언급한 구절만 살펴보겠다. 여기서 진심의 주석 곧 『노자품절』은 혹자와 함께 크게 비중을 두지 않았다. 옮긴이가 확인한 바로는 『신주도덕경』에서 '혹왈'로 표현된 것의 대부분이 진심의 주로 보이며,[6] 또 『노자품절』의 경문을 위주로 한 것 같기는 하지만 내용상으로 아직 양자의 상관 관계를 발견하지 못했기 때문이다.

1. 임희일주와의 관계

조선의 유학자들에게 무난하게 읽혔다는 점,[7] 심하게 비판하면서도 다른 주석에 비해 훨씬 자주 인용되었다는 점에서 임희일의 주석은 당연히 『신주도덕경』과 함께 고찰해야 할 것이다. 임희일주에 대한 비판과 인용이라는 박세당의 이중성은 아마도 그것이 널리 통용된 데 대한 대응으로 보인다. 사람들에게 깊은 영향을 미친다는 점에서 시비를 구분할 필요가 있었기 때문이다. 우선 『신주도덕경』에 인용된 임희일주를 살펴보자.

박세당이 임희일의 주석을 인용한 데에는 다음의 몇 가지 목적이 있다. 첫째는 비슷한 관점에서 단순히 인용하거나 일반의 관점에서 자신의 입장을 보강하기 위해 인용하는 경우, 또는 그렇게 풀이해도 의미가 통한다는 입장에서 인용하는 경우이다. 둘째는 상식이나 유가의 논리에 어긋나기 때문에 남의 입장을 빌려 자신의 입장이 잘못되지 않았음을 보여 주는 경우, 셋째로 자신이 풀이하지 못하는 구절을 대신해 인용하는 경우가 있다.

첫째는 6장의 "면면약존綿綿若存, 용지불근用之不勤"에 대한 주석의 경

---

6) 39장의 혹왈은 그 내용이 임희일주와 유사하다.
7) 이강수, 「徐命膺의 老子觀」, 『韓國道敎와 道家思想』 V (서울: 亞細亞文化社, 1991), 378쪽.

우이다. 그는 이 구절의 '근勤' 자에 대해 "근이라는 글자는 힘들고 지친다는 뜻이다"(勤勞敝也)라고 주석하면서, "곧 이른바 (5장의) 비어 있으되 끝이 없으며, 움직이면 움직일수록 더욱 잘 나온다는 것이다"라는 임희일의 말을 인용함으로써 자신의 입장이 옳음을 밝히고 있다.[8] 21장의 "공덕지용孔德之容, 유도시종惟道是從"에 대해서는 자신의 주해는 생략하고 "공孔은 '성대하다'는 뜻이다. 도를 아는 선비는 오직 도를 따를 뿐인데……"(孔盛也. 知道之士, 唯道是從, 而……)라는 임희일의 주석을 인용하는 것으로 대신했다. 27장에서는 '습명襲明'에 대해 '중명重明'으로 주석하면서, "습襲이란 '감추다'는 의미이다"(襲者藏也)라는 임희일의 주석도 의미가 통한다는 점에서 인용하였다. 이하 28장, 46장, 49장, 68장, 69장 그리고 70장에서 인용된 것이 같은 경우에 해당한다고 볼 수 있다.

둘째, 상식이나 유가의 논리에 어긋나는 구절에 대해 적극적으로 자신의 주석을 내기보다 대체로 이런 의미라고 풀고 넘어가는 경우로, 3장의 '불상현不尙賢'에 대한 주석이 여기에 해당한다. '불상현'은 유학의 '존현사능尊賢使能'에 어긋난다. 곧 박세당은 "윗사람이 현명하고 유능한 사람들을 높이지 않는다면 아랫사람들이 명예를 바라고 사람을 높이는 마음이 없어져서 다툼이 그친다"[9]고 풀이해 놓고는, 다시 "마음을 비운다(虛其心)는 것은 바라는 것이 없게 한다는 뜻"[10]이라는 임희일의 주를 빌려 그것이 노자 사상에 대한 일반적인 이해임을 보여 주고 있다. 5장의 "천지불인天地不仁, 이만물위추구以萬物爲芻狗, 성인불인聖人不仁, 이백성위추구以百姓爲芻狗"에서도 이런 점은 동일하게 나타난다. 박세당은 "천지가 만물에 대해, 성인이 백성에 대해 무심하기가 이와 같다"[11]고 하고는, "장자가 '아주 큰 어짊은 어질지 않다'고 했고, 또 '지극한 덕의 시대에는 서로 사

---

8) 『新註道德經』, 6장 주, "勤勞敝也. 朱子曰…… 林氏曰, 所謂虛而不屈, 動而愈出, 是也."
9) 같은 책, 3장 주, "上不尊尙賢能之士, 則下無慕名上人之心, 而爭止矣."
10) 같은 책, 같은 곳, "林氏曰, 虛其心, 無思慕也."
11) 같은 책, 5장 주, "天地於萬物, 聖人於百姓, 亦如是也."

랑하면서도 그것이 어짊(仁)인 줄 모른다'고 했는데, 이 또한 같은 뜻이다'[12]라는 임희일의 주를 인용함으로써 역시 자신의 관점이 일반적인 관점에 어긋나지 않음을 보여 주고 있다. 다시 말해 천지나 성인의 불인不仁을 무심無心으로 풀이하고 다시 임희일의 주를 통해 자신의 관점이 일반적인 이해임을 입증하는 것이다. 임희일본이 유행하던 당시 상황에서 이는 자신의 견해를 뒷받침할 좋은 방법이었을 것이다.

셋째, 자신이 풀이하지 못하는 부분에 대해 대신 인용한 경우로, 19장의 "절성기지絶聖棄智, 민리백배民利百倍, 절인기의絶仁棄義, 민복효자民復孝慈, 절교기리絶巧棄利, 도적무유盜賊無有, 차삼자此三者, 이위문부족以爲文不足, 고영유소속故令有所屬"에 대한 주석이 여기에 해당한다. 여기서 박세당은 "'이위문부족以爲文不足, 고영유소속故令有所屬' 두 구절은 무슨 뜻인지 잘 모르겠다'고 하고는, 이어서 임희일의 견해로 그에 대한 풀이를 대신하였다.

> 임씨는 "성스러움과 지혜·어짊과 의로움·교묘함과 이로움이라는 세 가지는 도를 기준으로 보았을 때 꾸밈(文)이기 때문에 세상을 다스리기에 부족하다. 따라서 백성을 모아(屬) 소박함을 알고 유지하며 사욕을 줄이게 해서 온 세상에 저절로 일이 없어지는 것만 못하다"고 했다.
> 林氏曰, 聖智仁義巧利三者, 以道觀之, 是文也, 不足以治天下, 不若屬[13]民而使之見素抱樸, 少私寡欲, 而天下自無事矣.

그런데 박세당이 이 부분에 대해 잘 모르겠다고 하면서 임희일의 주석을 완전히 인정하지도 않은 것은 그 주가 본문의 맥락과 다소 차이가 있

---

12) 같은 책, 같은 곳, "林氏曰, 莊子云大仁不仁, 又曰, 至德之世, 相愛而不知以爲仁, 亦是此意也."
13) 『道德眞經口義』, 19장 주, "屬 자는 『周禮』에서 백성들을 '모아 놓고'(屬) 법을 읽어 주었다고 할 때에 屬의 의미이다."(屬猶周禮屬民讀法之屬也.)

기 때문인 듯하다. 곧 경문 "차삼자此三者, 이위문부족以爲文不足, 고영유소속故令有所屬"을 임희일의 관점에서 구두하면 "차삼자此三者, 이위문以爲文, 부족不足, 고영유소속故令有所屬"이라고 해야 한다. 다시 말해 임희일은 '차삼자'를 앞 구절의 "절성기지絶聖棄智와 절인기의絶仁棄義 그리고 절교기리絶巧棄利'로 보지 않고, "성지聖智·인의仁義·교리巧利'로 보면서, 다시 경문의 '부족不足'에 대해 '이치천하以治天下'를 첨가해서 "부족이치천하不足以治天下"라고 주했는데, 이는 다소 자신의 주관에 따라 경문을 변형한 것으로 볼 수 있다. 이 때문인지 박세당은 '차삼자'를 임희일과 반대로 본 듯하다. 그런데 문제는 그렇게 했을 때 경문의 뒷 구절과 연결이 되지 않는다는 점이다.

위의 세 경우에서 알 수 있는 것은 박세당이 임희일주를 모두 긍정적으로 수용했다는 점이다. 그런데 도리어 서문에서는 "임희일의 주석은 열 중에 하나도 제대로 된 것이 없다"고 비판한 것을 볼 때, 인용하지 않은 대부분의 주는 자신의 관점에 어긋났을 것으로 추측된다. 이런 추측이 어떻게 가능한지 임희일의 『도덕진경구의』를 간단히 살펴보자.

『도덕진경구의』에는 유·불·도의 사상이 혼재한다. 임희일은 한편으로 『도덕경』은 노자의 관점에서 봐야 한다고 하면서[14) 다른 한편으로는 유가의 논리에 어긋나지 않는다고도 하였다.[15) 동시에 『장자莊子』[16)와 불

---

14) 같은 책, 21장 주, "맹자는 '動容하고 周旋하여 禮에 맞는 것이 지극한 盛德이다'라고 했는데, 이 구절과는 다르다. 老莊을 읽을 경우에는 당연히 노장의 字義로 보아야 한다. 만약 孔孟에 부합시키려 한다면 文意에 대부분 막힌다"(孟子曰, 動容周旋, 中禮, 盛德之至也, 與此句差異. 但讀莊老者, 當以莊老字義觀之. 若欲合之孔孟, 則字多窒礙矣); 같은 책, 38장 주, "노자가 仁義와 禮를 말하였는데 그 자의는 공맹과 같지 않으니, 『道德經』에서 그 뜻을 구해야 한다. 만약 논하면서 자의를 그대로 대응시킨다면 모두 의미를 잃게 된다."(老子言仁義禮, 其字義皆與孔孟不同, 就其書而求其意, 可也. 若論正當字義, 則皆失之)

15) 같은 책, 發題, "노자가 말하는 無爲而自化와 不爭而善勝은 모두 '유학의 글'과 이반되지 않는다. 다른 것은 세속을 교정하려 하고 비분강개하는 말이 때로 너무 지나치다는 점뿐이다." (老子所謂, 無爲而自化, 不爭而善勝, 皆不畔於吾書, 其所異者, 特矯世憤俗之辭, 時有太過耳.)

16) 같은 책, 5장 주, "生物仁也. 天地雖生物, 而不以爲功, 與物相忘也. 養民仁也. 聖人雖養民,

가의 사상[17]으로도 풀이하였는데, 이런 임희일의 관점은 박세당에게 비판을 받을 수밖에 없었다. 박세당은 철저하게 유학의 관점에서 『도덕경』을 주해하기 때문이다.

박세당의 관점에서 볼 때, 임희일주의 또 다른 특징은 『도덕경』에서 본체에 관해 언급한 것을 곧바로 수양론적인 것으로 환원시켜서 이해한다는 점이다. 이 때문에 임희일에게 천지는 곧 인간의 마음이다.

> 천지의 시작은 태극이 아직 분화되지 않은 때이니, 사람의 마음에 있어서는 고요히 움직임이 없는 경지이다.……『도덕경』에서 천지라고 한 것은 천지만 말한 것이 아니라 이런 마음을 비유하기 위해서였다. 음양이라는 이름이 있으면 천변만화千變萬化가 모두 그로 말미암아 나오게 되고, 인의라는 이름이 있으면 천조만단千條萬端이 여기서부터 시작된다.[18]

이는 우주론적 전개를 인간사에 동일하게 적용한 것이다. 곧 존재론적 의미에서, 천지에서 유형의 '사물'(物)이 나오는 것을 인간의 마음에서 사물에 대한 분별이 생기는 것과 같게 본 것이다. 아마도 조선 시대에 임희일본이 유행한 이유가 여기에 있는 듯하다.

> 상무常無와 상유常有, 이 두 구절은 바로 노자가 사람들에게 궁극의 교훈을 주는 부분이다. 사람이 살아가면서 생기는 모든 일은 곧 유有이니, 이 유有가 무無에서 시작되었다는 걸 누가 알겠는가?…… 그러므로 도를 배우는 자가 항상

不以爲恩, 與民相忘也."

17) 같은 책, 4장 주, "無塵而不自潔, 故曰同其塵. 此佛經所謂不垢不淨也"; 같은 책, 7장 주, "…… 乃釋氏翻出來, 則無此等語矣. 故謂之眞空實有. 眞空便是無私之意, 實有便是能成其私之意"; 같은 책, 21장 주, "故曰, 其中有象, 其中有物, 其中有精, 此則眞空而後實有也"; 같은 책, 22장 주, "此皆能不足, 而後能有餘, 能眞空, 而後實有之意"

18) 같은 책, 1장 주, "天地之始, 太極未分之時也. 其在人心, 則寂然不動之地…… 其謂之天地者, 非專言天地也, 所以爲此心之喩也. 旣有陰陽之名, 則千變萬化, 皆由此而出, 旣有仁義之名, 則千條萬端, 自此而始."

'마음에 아무 일도 없을 때'(無時) 무無의 궁극에 나아가면 그것(無)이 유有를 낳는 묘妙함을 보게 된다. 또 항상 '마음에 무엇인가 있을 때'(有時) 유有의 궁극에 나아가면 그것(有)이 무無에서 나오는 요徼를 보게 된다. 여기서 요徼는 『예기』에서 '요어산천徼於山川'이라 할 때의 요徼로, '어디에서 나온다'(所自出)는 말이다.[19]

이런 해석은 1장의 "무명천지지시無名天地之始, 유명만물지모有名萬物之母"의 유有와 무無를 본체론의 관점에서 보지 않고 수양론의 관점에서 인간사로 풀이한 것이다. 곧 인용문에서 유有는 사건과 관계된 것으로서 일체의 행위를 하는 것이고, 그와 달리 무無는 마음이 고요한 상태이다. 이런 해석은 임희일이 '마음'(心)과 천지天地를 동일하게 보았기 때문에 당연한 것으로, 마음에는 천지의 의미가 들어 있고 천지에는 마음의 의미가 들어 있다. 그러므로 이런 양면성은 이와 관련된 모든 것에 적용할 수 있다.

6장은 바로 수양 공부가 시작되는 부분이다. 노자의 처음 의도는 수양만을 위한 것이 아니다. 정精은 곧 채움(實)이고 신神은 곧 비움(虛)이다. 곡谷은 비움(虛)이니, 곡신谷神이란 ``비어 있는 가운데 신령함'(虛中之神)이다. '사람의 신령함'(人之神)은 '비어 있는 가운데'(虛中)에서 나온다는 말이다. 그러므로 항상 존재하고 죽지 않는다. '현玄'은 심원하고 극極이 없는 것이다. '빈牝'은 텅 비어 차 있지 않은 것이다. (玄과 牝 두 글자는 허虛라는 한 글자를 형용한 것이지만 천지도 이로부터 나오기 때문에 근根이라고 한 것이다.[20]

위에서 '노자의 처음 의도는 수양만을 위한 것이 아니다'라고 한 것은

---

19) 같은 책, 1장 주, "常無常有兩句, 此老子敎人究竟處. 處人世之間, 件件是有, 誰知此有自無而始…… 故學道者, 常於無時, 就無上究竟, 則見其所以生有者之妙. 常於有時, 就有上究竟, 則見其自無而來之徼, 徼卽禮記所謂徼於山川之徼也, 言所自出도"
20) 같은 책, 6장 주, "此章乃修養一項功夫之所自出. 老子之初意, 却不專爲修養也. 精則實, 神則虛. 谷者虛也, 谷神者, 虛中之神者也. 言人之神, 自虛中而出. 故常存而不死, 玄遠而無極者也. 牝虛而不實者也. 此二字, 只形容一箇虛字. 天地亦自此而出. 故曰根"

수양론적인 언급 안에서 본체론적인 것을 동시에 보아야 한다는 뜻이다. 곧 임희일은 6장21)의 곡신谷神과 현빈玄牝을 수양론적인 면과 본체론적인 면으로 연결시킨 것이다. 이와 함께 리理와 기氣를 분명하게 구분하지 않는다는 점 또한 임희일의 두드러진 특징이다. 그는 42장의 충기沖氣에 대해 '리'로 주석하기도 하고 '기'로 주석하기도 하였다.22)

지금까지 살펴본 임희일의 『도덕진경구의』의 특징은 다음의 세 가지로 요약할 수 있다. 첫째, 『도덕경』 풀이에 유·불·도의 사상을 모두 적용하였다. 둘째, 본체론의 특성과 수양론의 특성을 구분하지 않고 동시에 적용하였다. 셋째, 리와 기를 구분하지 않았다. 임희일의 이 같은 특성은 대부분 박세당에게 용인받을 수 없는 것으로, 이는 박세당이 『도덕경』을 유학, 그것도 정주程朱 성리학의 관점에서 해석하기 때문이다.

우선 첫 번째 특징, 곧 유·불·도의 사상으로 『도덕경』을 풀이하는 것을 용인할 수 없는 이유는 박세당이 『장자』의 사상을 수용하고 있기는 하지만 불가의 사상은 용인하지 않기 때문이다.23) 리와 기를 명확하게 구분하지 않는 것 또한 정주 성리학의 관점에서 인정할 수 없다. 이와 함께 본체론의 특성과 수양론의 특성을 동시에 적용하는 세 번째 특징을 인정할 수 없는 것은 왕필(226~249)의 사상과 관련이 있는 것으로 보인다. 곧 박세당이 『신주도덕경』 서문에서 "진대晉代의 유풍 때문에 후대의 사람들까지 계속 『도덕경』을 곡해하게 되었다"고 한 것을 보면, 그는 임희일의 두

---

21) 『道德經』, 6장, "谷神不死, 是謂玄牝. 玄牝之門, 是謂天地根, 綿綿若存, 用之不勤."
22) 『道德眞經口義』, 42장 주, "만물의 탄생에는 모두 음양의 기를 앞뒤로 함께하여 '충허의 리'(沖虛之理)가 그 사이에서 행해지니, 이 때문에 조화가 이루어진다.…… 그 의미는 천지인이 모두 無로부터 있다는 말이니, 만물은 음양을 質로 삼으며 (만물을) 낳고 낳는 것은 모두 '충허의 화기'(沖虛之和氣)이다."(萬物之生, 皆抱負陰陽之氣, 以沖虛之理, 行乎其間, 所以爲和也…… 其意蓋謂天地人, 皆自無而有, 萬物以陰陽爲質 而其所以生生者, 皆沖虛之和氣)
23) 『南華經註解』, 「在宥」, 568쪽, "至道之精, 窈窈冥冥, 至道之精香, 昏昏默默"에 대한 주, "송대부터 禪을 하는 자들이 적지 않았다. 그들은 갑자기 禪으로 다른 '글(文)'을 해석하였는데, 老莊에 대한 해석이 특히 심했다. 하지만 그들은 잘못되었다는 것을 알지 못했다."(盖宋代以來, 人少有不爲禪者. 輒復以此釋他文, 其解老莊爲尤甚, 不知其實非也)

번째 특징을 진대의 학풍과 연관시켜 파악한 듯하다. 왕필주를 통해 이 점을 살펴보자.

2. 왕필주와의 관계

박세당은『도덕경』곡해의 근본 원인이 진대의 학풍에 있다고 비판하면서 구체적으로 특정인을 거론하지는 않았다. 그러나 이런 비판은 하안何晏이나 왕필 혹은 두 사람 모두를 겨냥했을 가능성이 높다. 우선 위진시대의 유명한 주석이나 글 가운데 배위裵頠의「숭유론崇有論」은 왕필을 비판한 짧은 논문에 지나지 않으며, 곽상郭象의 주석은『장자』에 대한 것으로『도덕경』과는 별 관련이 없다. 더욱이 홍석주洪奭周(1774~1816)가 "『도덕경』의 주석 가운데 왕필주가 최고로 불린다"[24]고 한 것을 보면 박세당이 왕필주를 보고 비판했을 가능성이 커진다. 이 말은 조선의 유학자들 사이에 왕필주에 대한 인식이 널리 퍼져 있었다는 것을 뜻하기 때문이다. 물론 중국의 학자들을 기준으로 말했을 수도 있겠지만, 홍계희洪啓禧(1703~1771)가 쓴『순언』의 발문을 참고하면 그럴 가능성은 작아진다.

> 율곡 선생이『순언』을 편집하실 때, 구봉龜峯 송 선생이 "노자의 원래 의미가 아니라 구차하게 (유학에) 일치시킨 혐의가 있습니다"라고 만류하셨는데, 역시 한마디로 잘라 잘 표현한 말씀입니다.[25]

위에서『순언』의 편집을 만류한 구봉 송익필의 말이나 그에 대한 홍계희의 평가는『도덕경』을 노자의 시각에서 보는 관점이 조선 유학자들 사

---

24)『洪氏讀書錄』,「老家」, "註其書者, 自河上公以下殆數十家, 而王弼注號最精云."

25)『醇言』, 跋, "先生之編此也, 龜峯宋先生止之曰, 非老子之本旨, 有苟同之嫌. 其言亦直截可喜."

이에 어느 정도 확립돼 있었음을 의미하는 것이다. 이이李珥 당시 이미 조선 유학자들 사이에 그 같은 시각이 퍼져 있었다면, 왕필주를『도덕경』주석의 최고로 본다는 홍석주의 말을 중국이 아닌 조선의 유학자들을 기준으로 한 말로 받아들일 수 있다. 그렇다면 박세당이 왕필주를 보았을 뿐만 아니라 임희일에 대한 비판 또한 왕필주의 연장선상에서 했을 가능성이 커진다. 바로 이런 점 때문에 왕필주에 대한 고찰은 당연한 일이다. 또한 도가의 입장에서『도덕경』을 주석한 최고의 필독서가 왕필주라는 측면에서도 이유석노以儒釋老인 박세당의 관점을 비교하는 잣대로 언급해야 한다.

왕필의 사상은 귀무론貴無論이라는 이름에서 보듯 무無에 집중한다. 여기에 대해서는 학자마다 다양하게 해석하고 있는데, 크게 두 가지로 나누어 볼 수 있다. 하나는 무를 본체론의 관점에서 해석하는 것이고, 다른 하나는 인식론 혹은 관념론의 관점에서 해석하는 것이다. 전자의 대표적인 학자는 루우열[26]과 허항생,[27] 김항배[28] 등으로 저마다 조금씩 관점은 다르지만, 무無와 유有를 본말本末과 연관하여 체용體用으로 해석하는 입장이라 할 수 있다. 후자의 경우는 송항룡[29]과 임채우[30] 등으로 역시 약간의 차이는 있지만 절대 혹은 도道로서의 무가 분별로 인해 오도된 관념의 세계로 빠지게 된다는 입장이다.

옮긴이의 입장은 후자에 가깝다. 왕필에게 무無는 '마음 비움'이며 다른 한편으로는 마음 비움을 통해 도달한 '물아일체의 상태'(一)이다.[31] 그에게

---

26) 樓宇烈,『老子周易王弼注校釋』(華正書局, 中華民國 72년),「前言」참조.
27) 許抗生,『노자철학과 도교』, 노승현 옮김(서울: 예문서원, 1995), 126쪽.
28) 金恒培,「佛教와 老莊哲學에 관한 一考察」,『哲學思想』제14집(東國大學校哲學會, 1993), 5~9쪽.
29) 宋恒龍,「西溪 朴世堂의 老・莊 研究와 道家哲學」,『韓國道教哲學史』, 136~138쪽.
30) 林采佑,『王弼 易 哲學 研究 ― 以簡御繁 사상을 중심으로』(연세대학교 박사학위 논문, 1996).
31) 金學睦,「王弼注를 통해 본『道德經』의 이해」,『道教文化研究』제11집(韓國道教文化研究會, 1997).

46 박세당의 노자

마음 비움의 궁극 목적은 물아일체의 상태에서 자연과 합일하는 것이다. 마음 비움은 자연과 합일하는 수단이지만 마음이 완전히 비워지는 순간에는 그 자체로 목적이 된다. 마음이 완전히 비워진 상태에서는 자연과의 합일이 저절로 이루어지기 때문이다. 『도덕경』 42장의 "도생일道生一…… 삼생만물三生萬物"에 대한 왕필주는 마음 비움과 물아일체의 상태를 설명하고 있는데, 이는 『장자』 「제물론齊物論」의 논리를 그대로 응용한 것이다.[32] 42장의 왕필주를 보자.

> 만물은 가지각색으로 드러나지만 그 귀착점은 '하나'(一)이다. 무엇으로 말미암아 하나에 이르게 되는가? '무無'로 말미암는 것이다. 무로 말미암아야 하나가 되니, 하나를 무無라고 할 수 있다. 그런데 그것(無)을 하나라고 말해 버리면 어찌 말이 없을 수 있겠는가? 말이 있고 하나가 있으니 '둘'(二)이 아니고 무엇이겠는가? 하나가 있고 둘이 있으니 마침내 셋이 생긴다. 무無에서 유有로 가는데 셈이 여기서 다하니, 그 다음부터는 도道의 갈래가 아니다.[33]

「제물론」에서 장자는 만물과 내가 하나인 상태 곧 물아일체의 상태가 분별로 분화된다고 설명했다. 이는 왕필주에서도 마찬가지이다. 다만 왕필은 물아일체의 상태에 도달하는 과정을 앞에 첨가했을 뿐이다. 세상 만물은 가지각색이지만 모두 물아일체의 상태에서 분별로 분화된 것들이다. 따라서 만물의 근본은 분별로 구분되지 않은 물아일체의 상태이다. 인용

---

32) 『莊子』, 「齊物論」, "천지가 나와 함께 나왔고 만물은 나와 하나(一)이다. 이미 하나인데, 말이 있을 수 있겠는가? 이미 그것을 하나라고 말하였는데, 말이 없을 수 있겠는가? 하나는 말(言)과 둘이 되고 둘은 하나와 함께 셋이 된다. 그 다음 단계부터는 셈을 잘하는 자라도 셀 수 없으니 凡人들은 말해 무엇하겠는가?"(天地與我幷生, 而萬物與我爲一. 旣已爲一矣, 且得有言乎. 旣已謂之一矣, 且得無言乎. 一與言爲二, 二與一爲三. 自此以往, 巧歷不能得, 而況其凡乎.)

33) 『道德經』, 42장 왕필주, "萬物萬形, 其歸一也. 何由致一. 由於無也. 由無乃一, 一可謂無. 已謂之一, 豈得無言乎. 有言有一, 非二如何. 有一有二, 遂生乎三. 從無之有, 數盡乎斯, 過此以往, 非道之流"

문에서 왕필은 무無 곧 마음 비움을 통해 자신의 근본으로 되돌아가 자연과 합일할 수 있는 방법을 설명하였다. 또한 무를 통해 되돌아간 물아일체의 상태는 분별이 사라진 상태이기 때문에 더 이상 말로 표현할 수 없다고 하였다. 곧 물아일체의 상태를 말로 설명할 경우, 그것은 이미 분별로 표현한 것이기 때문에 분별이 전혀 개입되지 않은 물아일체와는 전혀 다르다는 것이다. 다시 말해 왕필은 물아일체의 상태를 개념으로서가 아니라 체득의 경지로 설명하고 있는 것이다.

대부분의 동양 사상이 그러하듯 왕필의 사상도 수양론의 관점에서 마음을 문제삼고 있다. 왕필은 궁극적으로 본체나 존재의 시원이 아니라 자연에 따라 사는 방법에 관심이 있었다. 그는 사람들이 분별 때문에 자연에서 벗어나게 된다고 보고, 마음 비움을 통해 분별을 없애야 한다고 주장하였다. 수양론의 관점에서 자연과의 합일을 설명한 것이다. 사실 이런 점에서 왕필의 사상은 본체론보다 인식론의 관점에서 논해야 한다. 그가 말하는 무 곧 물아일체의 상태를 존재의 시원이라는 점에서 본체라고 할 수도 있겠지만, 이 같은 설명은 왕필이 의도하는 바가 아니기 때문이다.

배위의 「숭유론」은 바로 왕필의 마음 비움과 물아일체의 상태를 부정한다. 배위가 "지욕知欲은 끊어서는 안 된다"[34]고 하고, 무無를 '마음'(心)으로 주석한 것[35] 등[36]은 모두 유학자의 입장에서 왕필의 마음 비움을 비

---

[34] 『崇有論』, "是以賢人君子, 知欲不可絶"
[35] 같은 책, "마음은 일이 아니지만 일을 하는 데는 반드시 마음을 경유한다. 그렇지만 일이 아닌 것으로 일을 할 수는 없으니 마음은 無라고 하는 것이다."(心非事也, 而制事必由心, 然不可以制事以非事, 謂心爲無也)
[36] 같은 책, "만약 이에 (분별심을) 절제하지 않고 제멋대로 사용하면 차츰 위태로워지고 해를 입게 된다. 그러므로 의욕이 한도를 벗어나면 환난이 빨리 닥치고 情이 방일하면 여기저기서 원망을 받으며, 방자하게 행동하면 다툼이 일어나고 이익을 독점하면 도둑을 불러들이게 되니, 삶을 두텁게 하려다 잃게 되는 경우라 할 수 있다. 한가로운 무리는 이 같은 '폐단'(弊)에 경악을 금치 못하고 競爭의 원인을 탐색했다. (분별심이) '형질을 한쪽으로만 추구하는 것'(偏質)의 폐단과 '분별심을 간략하게 줄이는 것의 좋은 점'(簡損之善)을 발견하고, 마침내 '마음 비움을 귀하게 여기는 의론'(貴無之論)[1]과 '마음 비우지 못함을 천시하는 의론'(賤有之論)[2]을 열어 내세웠다."(若乃淫抗陵肆, 則危害萌矣. 故欲衍則速患, 情佚則怨博, 擅恣則興攻, 專利

판한 것이다. 이는 왕필 사상의 출발점을 부정하는 것이다. 자연에 따라 살기 위해 마음을 비워야 한다는 왕필의 주장은 사려 작용과 그것을 통해 이룩한 모든 문화를 부정한다. 원시 유가 곧 맹자와 순자荀子의 경우 사려 작용은 문화를 이룩하는 출발점이다.[37] 그러나 왕필에게 세상의 혼란은 마음을 비우지 못하고, 분별로 이룩한 문文을 강조하는 데서 시작한다. 유가의 인仁과 의義도 내면의 본성에서 발한 것이지만, 그것을 일삼을 경우 작위가 되기 때문에 부정해야 한다.[38] 하지만 배위는 유학의 입장에서 『도덕경』을 해석함으로써 이런 왕필의 관점을 비판한 것이다.

또 배위가 "지극한 무는 생장 변화할 방법이 없다"[39]고 한 것은 왕필의 '물아일체의 상태'(至無)를 비판한 것이다. 왕필에게 물아일체의 상태는 수양론의 관점에서 언급한 것이기 때문에 존재론의 관점에서의 유물혼성有物混成이 아니라 일체의 분별이 사라졌다는 의미에서의 유물혼성이다. 배위와 달리 왕필의 물아일체의 상태는 존재의 세계가 아니라 마음의 상태인 것이다. 따라서 배위에게 왕필의 물아일체의 상태는 당연히 존재의 시원이 될 수 없다.

총체적으로 뒤섞여 있는 모든 바탕은 종극의 도이며, '틀 지워져'(方) 군집으로 나뉘어진 것은 모든 종류의 사물이다. 그러니 제각각 형상이 드러난 것은 '유

則延寇, 可謂以厚生而失生者也. 悠悠之徒, 駭乎若玆之驟, 而尋艱爭所緣. 察夫偏質有弊, 而 視簡損之善, 遂闡貴無之議, 而建賤有之論.)

① 배위에게 無는 '마음(心) 곧 마음의 활동으로서 有를 유용하게 하기 때문에 세상을 살아가는 데 반드시 있어야 하는 것이다. 그러나 왕필에게 '마음 비움'으로서의 無는 분별심, 곧 마음의 활동을 없애는 것이다. 배위는 위에서 열거한 폐단 때문에 분별심을 없애는 貴無論이 등장한 것으로 보았다.

② 왕필에게 有는 분별심에 의해 대상화된 것이다.

37) 『孟子』, 「告子章句上」, "心之官則思, 思則得之, 不思則不得也"; 『荀子』, 「正名」, "性之好惡喜怒哀樂謂之情. 情然而心爲之擇謂之慮. 心慮而能爲之動謂之僞. 慮積焉能習焉而後成謂之僞."

38) 『道德經』, 38장 왕필주, "夫禮也所始, 首於忠信不篤…… 夫仁義發於內, 爲之猶僞, 況務外飾而可久乎. 故禮者忠信之薄, 而亂之首也"

39) 『崇有論』, "夫至無者無以能生, 故始生者自生也"

有의 생장·변화 그 자체'(有生之體)이며, 변화와 감응이 뒤섞인 것은 '리理의 자취 그 자체'(理迹之原)이다.[40]

여기서 배위는 존재론의 관점에서 전체로서의 도道 곧 총혼군본總混羣本과 개별자로서의 사물 곧 유有와의 관계를 다루고 있다. 그에게 총혼군본으로서의 도는 항상 개별 사물이 뒤섞여 변화하는 모든 바탕이며, 개별자로서의 사물은 그 바탕이 뒤섞이면서 부분적으로 자신의 모습을 드러낸 것이다. 사물은 도의 부분으로서 항상 총혼군본인 전체와 영향을 주고받는다. 이렇게 전체로서의 총혼군본과 사물로서의 개체가 상호 의존 관계에 있는 것이 리理이며, 이는 개별자인 사물을 통해 파악할 수 있다.

여러 사물로 나뉘어 군집이 되면 '총혼군본總混羣本에서 갈라져 나온 바탕'(所稟者)이 치우친다. 치우치면 자족함이 없으므로 '외부의 바탕'(外資)에 의지하게 된다. 이것은 '생장·변화하는 것'(生)으로 찾아볼 수 있으니 이것이 이른바 리理이다.[41]

배위에게 사람들이 도에 따라 산다는 것은 바로 전체로서의 총혼군본과 개별자로서의 사물이 주고받는 관계 곧 리를 파악해 그에 따라 사는 것이다. 리는 개별자인 사물을 통해 마음의 활동으로 파악하는 것이기 때문에 마음의 활동인 지욕知欲은 절대 끊어서는 안 된다. 따라서 배위에게 마음은 왕필처럼 비워야 할 대상이 아니라 리를 파악하기 위해 적극적으로 활용해야 할 수단이다. 배위는 유학자로서 맹자나 순자처럼 사려 작용을 긍정할 수밖에 없기 때문에 이런 주장은 당연하다.

지금까지 왕필의 무無를 배위와의 비교를 통해 살펴보았다. 배위는 왕

---

40) 같은 책, "夫總混羣本, 宗極之道也. 方以族異, 庶類之品也. 形象著分, 有生之體也. 化感錯綜, 理迹之原也."
41) 같은 책, "夫品而爲族, 則所稟者偏, 偏無自足, 故憑乎外資. 是以生而可尋, 所謂理也."

필 사상을 최초로 본체론의 관점에서 비판하였으나, 이런 관점은 왕필의 사상을 곡해한 것이다. 왕필의 물아일체(無)는 수양론 혹은 인식론의 관점에서 다루어야지 본체론의 관점에서 다루어야 할 대상은 아니기 때문이다.

옮긴이가 보기에 왕필의 사상과 임희일의 사상을 연결지을 수 있는 것은 바로 수양론의 측면이다. 사상사적으로 보건대 왕필 사상의 영향이 아니라면 임희일이 『도덕경』의 본체론적 부분을 수양론으로 환원하여 해석하기가 쉽지 않았을 것이다. 임희일이 왕필의 영향을 받은 것이 아니라면 박세당이 굳이 진대의 학풍을 비판할 이유가 없다. 임희일이 '마음에 아무 것도 없는 때'(無時)에 무의 궁극에 나아간다고 한 것은 왕필의 물아일체의 상태를 의미하는 것이다.

> 그러므로 도를 배우는 자가 항상 '마음에 아무 일도 없을 때'(無時)에 무의 궁극에 나아간다면 그것(無)이 유를 낳는 묘妙를 보게 된다. 또 항상 '마음에 무엇인가 있을 때'(有時)에 유의 궁극에 나아간다면 그것(有)이 무에서 나오는 요徼를 보게 된다.[42]

마음에 아무것도 없을 때 무의 궁극에 나아간다는 것은 존재론의 의미에서 무에 나아갔다고 볼 수 없다. 이는 마음이 완전히 빈 상태, 곧 왕필의 물아일체와 동일한 것으로 봐야 한다. 다음의 인용문도 왕필과 비슷한 관점을 보이고 있다.

6장은 바로 수양 공부가 시작되는 부분이다. 노자의 처음 의도는 수양만을 위한 것이 아니다. 정精은 곧 채움(實)이고 신神은 곧 비움(虛)이다. 곡谷은 비움(虛)이니 곡신谷神이란 '비어 있는 가운데 신령함'(虛中之神)이다. '사람의 신령함'(人之神)은 '비어 있는 가운데'(虛中)에서 나온다는 말이다. 그러므로 항상 존

---

42) 『道德眞經口義』, 1장 주, "故學道者, 常於無時, 就無上究竟, 則見其所以生有者之妙. 常於有時, 就有上究竟, 則見其自無而來之徼."

재하고 죽지 않으며, 현묘하고 심원하고 극極이 없는 것이다. 빈牝은 텅 비어 차 있지 않은 것이다. (谷과 牝 두 글자는 허虛라는 한 글자를 형용한 것이지만 천지도 이로부터 나오기 때문에 근根이라고 한 것이다.[43]

인용문에서 임희일이 수양만을 위한 것이 아니라고 한 것은 천지의 시원을 마음과 연관짓기 위해서이다. 마음 비움으로서의 신神을 언급하면서 천지도 '비어 있음'(虛)에서 나온다고 한 것이 바로 그것이다. 이는 표현만 다를 뿐 왕필의 마음 비움이나 물아일체의 상태와 비슷하다. 임희일이 마음 비움으로 언급하는 『장자』의 상망相忘이나 불가의 진공眞空 또한 왕필의 무無와 흡사하다.

박세당이 임희일처럼 천지를 마음으로 보거나 마음을 천지로 본 경우는 『신주도덕경』 어디에도 없다. 그는 언제나 체용불리體用不離의 관점에서 체體인 리理가 용用인 만상萬象을 포함하고, 용用인 상象이 체體에 근원함을 보라고 한다. 이 때의 체와 용은 수양론이 아닌 존재론적 관점에서 언급하고 있는 것이다.

상무常無라고 한 것은 위의 상도常道와 무명無名을 아울러 체體를 말한 것이다. 그러니 여기에 지극히 묘한 리理가 만상萬象을 포함하고 있음을 보도록 할 것이다. 상유常有라고 한 것은 위의 상명常名과 유명有名을 아울러 용用을 말한 것이다. 그러니 여기에 지극히 두드러지는 상象이 하나의 리에 근원하고 있음을 보도록 할 것이다. 체體는 용用을 떠나지 않고 용은 체를 떠나지 않으니, 유有와 무無 양자의 근본은 하나이다.[44]

---

43) 같은 책, 6장 주, "此章乃修養一項功夫之所自出. 老子之初意, 却不專爲修養也. 精則實, 神則虛. 谷者虛也, 谷神者, 虛中之神者也. 言人之神, 自虛中而出. 故常存而不死, 玄遠而無極者也. 牝虛而不實者也. 此二字, 只形容一箇虛字. 天地亦自此而出. 故曰根"
44) 같은 책, 1장 주, "常無云者, 該上常道無名, 以言體, 於此欲以觀至妙之理, 包含萬象. 常有云者, 該上常名有名, 以言其用, 於此欲以觀至著之象, 根原一理. 體不離用, 用不離體, 有無兩者其本一."

곧 박세당은 현상 속에 본체인 리가 있고, 본체에서 모든 현상이 드러남을 깨달아야 한다고 한 것이다. 그는 이 같은 체용의 관계를 마음 비움을 통해 파악하라고 한다. 이런 관점은 그것을 체득할 수 있는 마음 비움과 존재의 세계를 명확하게 구분한 것으로서, 임희일이나 왕필의 그것과는 분명히 다르다. 왕필에게 사물은 물아일체의 상태가 분별로 대상화됨으로써 분화한 것이며, 이런 점은 임희일이 천지를 마음으로 보는 것과도 비슷하기 때문이다. 박세당에게 천지의 시원은 리이다. 곧 지극히 묘한 리가 만상萬象을 포함하는 것이다. 여기서 마음 비움은 리를 직관하고 리와 상象의 관계를 파악하는 수단이지 리 자체가 될 수는 없다. 다시 말해 왕필에게 마음 비움은 존재의 시원으로서의 물아일체의 상태가 될 수 있지만, 박세당에게 마음 비움은 존재의 시원인 리가 될 수 없는 것이다.

임희일이 불가의 진공으로 마음 비움을 풀이한 것도 박세당은 왕필의 영향으로 파악했을 것이다. 왕필의 물아일체의 상태는 마음에서 모든 분별이 사라진 상태로서 불가의 진공과 유사하기 때문이다. 그러나 박세당에게 마음 비움이란 모든 것을 비워 버리는 것이 아니라 리를 직관하기 위한 수단이다. 곧 정靜만을 주로 하는 것이 아니라 궁리窮理까지 하는 것이다. 마음을 비움으로써 밝게 하고, 그것으로 다시 리를 직관하기 때문이다.

이상으로 볼 때 박세당은 임희일이 왕필의 영향을 받은 것으로 파악하고 동일선상에서 부정했을 가능성이 매우 크다. 임희일이 마음 비움을 불가의 진공으로 해석한 것이나 천지의 시원을 마음 비움으로서의 신神과 함께 설명한 것 모두가 왕필의 사상과 유사하기 때문이다. 임희일이나 왕필의 이런 관점은 유가의 수양론에 정면으로 어긋난다. 박세당이 서문에서 『도덕경』이 진대의 유풍 때문에 후대에도 계속 곡해되어 왔다고 비판한 것은 이렇게 추측할 수밖에 없다.

3. 그 밖의 주석과의 관계

아직까지 다루지 않은 주석가는 주희, 소철, 이간, 사마광, 여혜경과 혹
자이다. 6장의 주에서 주희가 한 번, 23장의 주에서 소철이 한 번, 30장의
세주에서 이간이 한 번, 소철이 두 번, 그리고 31장의 세주에서 사마광과
여혜경이 한 번씩 인용되었으며, 혹자는 17장의 주에서 두 번, 18·39·7
0·76장의 주에서 각각 한 번씩 인용되었다.

17장과 76장에서 글자의 시비 때문에 혹자의 말을 인용한 것45)을 제외
하면, 임희일 이외에 여러 주석가들의 주석을 인용한 것도 앞에서처럼 대
부분 박세당 자신의 논점을 강화하거나, 그렇게 풀이해도 뜻이 통한다는
의미에서였다. 6장의 "(谷神不死, 是謂玄牝. 玄牝之門, 是謂天地根) 면면약존
綿綿若存, 용지불근用之不勤"을 풀이하면서 "지극히 묘한 이치에는 낳고
낳는다는 뜻이 들어 있다"46)는 주희의 말을 인용하였는데, 이는 6장의 전
체 의미에 대한 박세당의 주와 특별히 다르지 않은 것으로 주희 또한 자
신과 비슷한 관점을 가지고 있었음을 강조한 것이다. 그런데 임희일의
『도덕진경구의』에 주희의 이 말이 그대로 실려 있는47) 것으로 보아 이 주
는 주희의 저술이 아니라 임희일주에서 인용한 것으로 보인다.

또 30장48)의 경문 '기사호환其事好還'을 풀이하는 세주에는 이간과 소
철의 주를 인용하고, "과이물긍果而勿强, 물장즉로物壯則老"를 풀이하는 데

---

45) 17장의 경문 "太上下知有之"에서 인용한 혹자의 말은 '下'를 '不'로 보아야 한다는 것인데,
박세당은 이를 옳지 않다고 본다(下或云, 當作不, 非是.) 또 76장의 경문 "木强則共"의 '共'
자에 대해서는 잘 모르겠다고 하면서, "'折'로 봐야 할 것 같다. 『列子』에서는 '나무가 강하면
부러진다'(木强則折)고 했다"는 혹자의 말을 인용하고 있다.(共字, 未詳其義. 或曰, 共疑作折.
列子曰木强則折.)
46) 『新註道德經』, 6장 주, "朱子曰, 至妙之理, 有生生之意存焉."
47) 『道德眞經口義』, 6장 주, "晦翁曰, 至妙之理, 有生生之意存焉."
48) 『新註道德經』, 30장, "以道佐人主者, 不以兵强天下, 其事好還, 師之所處, 荊棘生焉, 大軍之
後, 必有凶年, 故善者果而已矣, 不敢以取强焉, 果而勿矜, 果而勿伐, 果而勿驕, 果而不得已,
果而勿强, 物壯則老, 是謂不道, 不道早已."

에는 소철의 주를 인용하였다. 이는 그들의 주가 "전쟁을 좋아하고 승리를 구하면 그 화가 이와 같다"고 한 자신의 관점과 비슷하기 때문이다. 곧 이간은 호환好還을 "자신이 남의 아비를 죽이면 남도 그의 아비를 죽일 것"이라는 인과응보의 의미로 풀고, 소철은 "전쟁이 있는 곳엔 백성의 일이 망쳐지므로 농토가 거칠어지고"[49] 등으로 풀었는데, 이 모두가 박세당과 비슷하다. 31장의 세주에서 사마광과 여혜경을, 39장에서 혹자를 인용한 것도 마찬가지 이유에서이다.

17장[50]의 주에서는 그렇게 풀이해도 의미가 통한다는 뜻에서 박세당 자신의 주와 상반되는 혹자의 말을 인용하였다. 경문 "고신부족언故信不足焉, 유불신有不信, 유혜기귀언猶兮其貴言"에 대해 "말을 아끼면 내게 믿음이 확립되어 백성이 모멸할 수 없다. 어떤 사람은 '백성에게 믿지 못하는 마음이 있는데도 여전히 말로 설득하려 한다'고 해석했는데 이 또한 뜻이 통한다"[51]고 하였다. 곧 박세당은 "유혜기귀언猶兮其貴言"의 '귀언貴言'을 '말을 아끼다'로 풀이하면서 '말로 설득하다'라는 혹자의 풀이도 의미가 통한다는 입장을 취한 것이다.

한편 70장의 '피갈회옥被褐懷玉'에 대한 주에서는 보충 설명을 위해 혹자의 말을 인용하였다.[52] 그런데 이 인용문은 경우에 따라 노자의 말을 권모술수로 보기도 하는 정주程朱의 관점[53]과 관련된 것으로 보인다. 박세당에게 정주의 이런 견해는 당연히 부정해야 하는 것이었다. 박세당은

---

49) 같은 책, 30장 세주, "息齋曰, 殺人之父, 人亦殺其父…… 蘇氏曰, 兵之所在, 民事廢, 故田不修."
50) 같은 책, 17장, "太上下知有之, 其次親之譽之, 其次畏之, 其次侮之, 故信不足焉, 有不信, 猶兮其貴言, 功成事遂, 百姓皆曰我自然."
51) 같은 책, 7장 주, "貴言則信立於我, 民不能侮也. 或曰, 民有不信之心, 而猶未免於有言, 亦通."
52) 같은 책, 70장 주, "어떤 사람은 '행색은 초라하지만 가슴속에 진리를 품고 있다는 말은 끝까지 알 수 있는 형태로 드러내지 않는다는 뜻이지, 그것을 비밀로 해서 남들이 알지 못하도록 한다는 뜻은 아니다'라고 했다."(或曰, 被褐懷玉, 終不示以可知之形, 非秘之而不使人知也)
53) 曺玟煥, 『유학자들이 보는 노장철학』(서울: 예문서원, 1996), 268~273쪽.

『도덕경』을 수기치인의 서적으로 보고, 이것을 기반으로 자신의 사상을 피력하였기 때문이다.

23장의 '희언자연希言自然'에 대해 인용한 소철의 주는 박세당 사상의 특징과 잘 일치한다.

소씨는 "자연스럽게 나온 말은 간략하면서도 도리에 맞을 것이며, 자연스럽지 않게 억지로 하는 말은 번잡스럽기만 하고 믿기 어렵다.…… 이것이 이른바 '말이 별로 없는 것'(希言)이다"라고 했다.[54]

소철의 주석은 경전을 쉽게 풀이해야 한다는 박세당의 관점에 잘 부합한다. 박세당 또한 '희언希言'에 대해 "'말이 별로 없다'(希言)는 것은 말을 간략하고 담담하게 하는 것이니, 17장의 이른바 '말을 소중하게 여긴다'(貴言)는 것이 이런 뜻이다"[55]라고 하였다.

지금까지로 보아 『신주도덕경』에 인용한 주석들 대부분이 긍정적으로 받아들여지고 있음을 알 수 있다. 그런데 70장 '피갈회옥被褐懷玉'의 풀이에서 혹자의 견해를 인용한 것은 특별한 의미가 있다고 본다. 경우에 따라 『도덕경』을 권모술수의 책이라고 보기도 하는 정주의 견해와 완전히 배치되기 때문이다. 또한 경문 23장의 '희언'에 대해 소철의 주석을 인용한 것은 경전을 주석하는 데 있어 자신의 사상과 일치했기 때문으로 보인다.

2. 국내 주석서와의 관계

도가 철학이 한국에 들어온 것은 삼국 시대까지 거슬러 올라간다. 기록

---

54) 『新註道德經』, 23장 주, "蘇氏曰, 言出乎自然, 則簡而中, 非其自然, 而强言之, 則煩而難信矣.…… 此所謂希言矣."
55) 같은 책, 23장 주, "希言簡淡之言也, 所謂貴言是也."

을 보면 중국에서 도가의 서적이 들어온 것이 고구려 영류왕榮留王 7년 (624)의 일이다. 당고조唐高祖 이연李淵의 명으로 도사가 천존상天尊像과 도법道法을 가지고 고구려에 와서『도덕경』을 강술하자 왕을 비롯한 국인 도속 수천인이 듣고, 다음해 당에 사신을 보내서 도법을 구해 오게 했다는 기록이 남아 있다.[56] 또 도교의 전래 경위나 연대를 직접 밝혀 주는 자료는 없지만 백제 근초고왕近肖古王 때(346~374) 장군 막고해莫古解가 태자에게 올린 간언에서 노자의 말을 인용하는 것으로 보아, 백제에는 일찍부터 부분적으로나마『도덕경』의 내용이 소개되었던 듯하다.[57] 이런 사실을 도가 철학의 출발로 볼 수는 없지만, 이미 삼국 시대부터 도가 사상이 종교적 혹은 문화적으로 관심의 대상이 되었다는 것은 확인할 수 있다.

도가 사상을 학문으로서 다루기 시작한 것은 조선 시대 초라고 할 수 있다. 그러나 이 때의 도가 사상은 벽이단闢異端의 대상으로서 관심을 모은 것이기 때문에 학문으로서보다는 정치적 목적으로 연구되었다. 순수하게 학문적 관심을 갖고 도가 철학을 연구한 것은 이이(1536~1584)의『순언』에서 비롯하였다. 이후 비교적 활발해진『도덕경』연구는 박세당(1629~1703)의『신주도덕경』을 거쳐 서명응(1716~1787)의『도덕지귀道德指歸』, 이충익李忠翊(1744~1816)의『담노談老』[58] 그리고 홍석주(1774~1842)의『정노訂老』로 이어졌다.[59]

이이는『도덕경』81장 가운데 필요한 구절만 가려내서 자신의 성리학 체계에 따라 40장으로 재편집하고『순언』이라 했다. 발문을 지은 홍계희에 따르면 유학에 어긋나지 않는 '순수한 구절'만을 골라『순언』이라 했을

---

56)『三國史記』,「高句麗本紀」권8, ‘建武王條’;『三國遺事』권3, ‘寶藏奉老條’;『舊唐書』,「東夷傳」, ‘高句麗條’;『唐書』,「東夷傳」, ‘高麗條’.
57)『三國史記』,「百濟本紀」, 近肖古王條, “將軍莫古解諫曰, 臣聞道家之言, 知足不辱, 知止不殆. 今所得多矣, 何必求多. 太子喜之, 止焉云云.”
58)『談老』는 지금까지「談老後序」만 발견되었다.
59) 이 밖에도 西山大師 休靜(1520~1604)의『道家龜鑑』이 있다.

것이라 한다.[60] 『순언』은 한글로 번역 출판되었으며,[61] 그에 대한 몇 편의 논문도 발표되었다.[62] 그 가운데 김석중은 석사학위 논문에서 『순언』이 이이 자신의 『성학집요聖學輯要』의 체계에 따라 편집되었음을 자세하게 밝히고, 『도덕경』에서 유학에 일치하는 내용만으로 『순언』을 편집했다는 홍계희의 견해가 잘못되었음을 논증하였다.

　김석중은 율곡이 『순언』에 싣지 않은 부분을 ①유학에 어긋나는 것, ②유학에 일치할 수 있는 것, ③중복되거나 불필요한 것으로 나누었다. 5장의 "천지불인天地不仁, 이만물위추구以萬物爲芻狗, 백성불인聖人不仁, 이백성위추구以百姓爲芻狗"와 18장의 "대도폐大道廢, 유인의有仁義, 혜지출慧智出, 유대위유有大僞, 육친불화六親不和, 유효자有孝慈, 국가혼란國家昏亂, 유충신有忠臣" 전문, 19장의 "절성기지絶聖棄智, 민리백배民利百倍, 절인기의絶仁棄義, 민복효자民復孝慈, 절교기리絶巧棄利, 도적무유盜賊無有, 차삼자이위문부족此三者以爲文不足"과 20장의 "절학무우絶學無憂, 유지여아唯之與阿, 상거기하相去幾何, 선지여악善之與惡, 상거약하相去若何", 그리고 38장의 "고실도이후덕故失道而後德, 실덕이후인失德而後仁, 실인이후의失仁而後義, 실의이후예失義而後禮"가 유학에 어긋난다고 밝히면서 나머지는 대부분 유사하거나 중복되기 때문에 싣지 않은 것이라고 추측하였다.[63] 『순언』에 싣지 않은 내용 가운데 ①에 속하는 것은 주로 유학의 덕목인 인의나 충효, 성지聖智, 학學 등을 부정하였거나 그와 관련된 것이며, ②혹은 ③에 해당하는 것은 ①의 경우를 제외한 대부분이다. 이 같은 점에 대해 이미 송항룡 교수는 이이가 『도덕경』의 내용 가운데 난해한 요체만

---

60) 『醇言』, 跋.
61) 『醇言』은 이주행의 번역으로 1993년 도서출판 인간과 사랑에서 원제 그대로 출판되었다.
62) 金吉煥, 「栗谷의 老子觀」, 『한국학보』 5집(1976년 겨울); 宋恒龍, 「栗谷 李珥의 老子研究와 道家哲學」, 『韓國道教哲學史』(成大 大東文化研究院, 1987); 金洛必, 「栗谷 李珥의 『醇言』에 나타난 儒·道 交涉」, 『圓佛敎思想』, 제20집; 金碩中, 「『醇言』을 통해 본 栗谷의 老子理解」(延世大學校 敎育大學院 碩士學位論文, 1994).
63) 金碩中, 「『醇言』을 통해 본 栗谷의 老子理解」, 85~100쪽.

을 뽑아 일반인이 이해하기 쉽도록 풀이한 것이 『순언』이라고 언급한 바 있다.[64]

철저하게 유학의 관점에서 『도덕경』을 풀이하였다는 점에서 『순언』은 박세당의 『신주도덕경』과 맥을 같이한다. 박세당이 유학의 관점에서 『도덕경』을 주해하는 데 가장 어려웠던 부분은 5장의 '성인불인聖人不仁'과 이미 김석중이 지적한 18·19장의 구절, 그리고 80장의 '소국과민小國寡民'과 관련된 내용이다. 이 부분은 김석중의 결론과 대략 일치한다. 곧 김석중이 유학에 어긋나기 때문에 실리지 않은 것으로 본 것은 5·18·19·20·38장인데, 여기에는 박세당이 주해하기 어려웠던 80장을 제외한 나머지 5·18·19장이 모두 들어 있다. 그런데 80장의 '소국과민'과 관련된 내용 역시 유학의 관점에서는 주해하기 어려운 부분으로, 이이도 마찬가지였을 것으로 추측된다. 통치자가 덕의 감화로 백성을 귀의시키는 유학의 이념과 어긋나기 때문이다. 아마도 김석중이 미처 주의를 기울이지 못하고 지나친 것으로 보인다.

김석중이 유학에 어긋나기 때문에 『순언』에 싣지 않았다고 분류한 내용은 유학자로서 그럴 수밖에 없는 것에 속한다. 여기서 만약 김석중의 입장을 그대로 수용한다면 박세당이 이이와 동일한 관점에서 『도덕경』을 해석했기 때문에 양자가 거의 맥을 같이한다고 하겠지만, 거의 대부분의 장을 유학의 관점에서 풀이하여 주석했다는 점에서 박세당이 이이보다는 좀 더 폭넓게 『도덕경』을 소화한 것으로 평가해야 한다. 또 『도덕경』에서 본체론의 핵심인 42장의 "도생일道生一…… 삼생만물三生萬物"이나 그와 관련된 구절을 설명할 때, 『역易』과 「태극도설」의 논리를 사용하였다는 것도 박세당과 이이의 공통점인데, 홍석주의 경우는 다소 다르지만 서명응까지도 이런 입장은 이어지고 있다.

---

64) 宋恒龍,「栗谷 李珥의 老子硏究와 道家哲學」,『韓國道敎哲學史』, 122쪽.

박세당의 주: 하나(一)는 태극이다. 노자의 도는 무無를 으뜸(宗)으로 삼기 때문에 "도道에서 하나가 나온다"고 하였다. 둘(二)은 음과 양兩儀이고 셋(三)은 삼재三才이다. "셋에서 만물이 나온다"는 말은 '세 가지 극'(三極)이 확립되어 만물이 나온다는 뜻이다.[65]

서명응의 주: 도道란 『역』에서 말하는 태극이 이것이다.[66]

서명응의 주: 일一이란 '양의 일'(陽之一)이고, 이二란 '음의 이'(陰之二)이며, 삼三이란 충기가 음양이 교섭하는 가운데 서 있는 것이다. 음양이 충기를 얻은 다음에 만물이 나온다.[67]

인용문을 보면 박세당과 서명응이 『역』이나 「태극도설」의 논리로 『도덕경』의 도와 관련된 구절들을 풀고 있음을 확인할 수 있다. 이에 비해 홍석주의 입장은 다음과 같이 다소 다르게 나타난다.

도란 자연일 뿐이다.[68]

도는 바로 일一이다. 노자는 음양이 아직 나누어지지 않은 기氣를 일로 보았기 때문에 도가 일을 낳는다고 하였다. 이二는 음양이다. 순수한 양陽이 하나가 되고, 순수한 음陰이 하나가 되며, 음양의 묘합妙合이 또 하나가 되기 때문에 삼三이라고 한 것이다.[69]

---

65) 『新註道德經』, 42장 주, "一太極, 老子之道, 以無爲宗, 故曰道生一. 二兩儀. 三三才. 三生萬物, 三極立, 而萬物生也."
66) 『道德指歸』, 1장 주, "道者, 易所謂太極是也."
67) 같은 책, 42장 주, "一者, 陽之一也. 二者, 陰之二也. 三者, 冲氣立乎陰陽之交也. 陰陽得冲氣, 然後萬物生焉."
68) 『訂老』, 1장 주, "道者自然而已矣."
69) 같은 책, 42장 주, "道卽一也. 老子以陰陽未分之氣爲一, 故曰道生一也. 二者陰陽也. 純陽爲一, 純陰爲一, 陰陽之妙合者, 又爲一, 故曰三."

"『도덕경』을 주해한 사람은 하상공河上公 이하 수십 명에 이르지만 왕
필주가 가장 정밀하다고 일컬어진다"[70]고 한 것으로 보아, 홍석주는 근본
적으로 이이나 박세당, 서명응과 다른 입장에서 『도덕경』을 풀이하고 있
는 듯하다.

이이는 수양을 지知와 행行으로 나누어 보는데,[71] 이는 유학의 기본 관
점으로 『중용中庸』의 "박학지博學之, 심문지審問之, 신사지愼思之, 명변지
明辨之, 독행지篤行之"를 주희가 지知와 행行으로 분류[72]한 데서 비롯한다.
이이는 『도덕경』 48장의 "위학일익爲學日益, 위도일손爲道日損, 손지우손
損之又損, 이지어무위以至於無爲"로 『순언』 6장을 편집하고 이를 유학의
지知와 행行으로 풀이했다. 원래 도덕경에서 '위학일익爲學日益'은 학學을
부정하기 위한 것이지만 이이는 반대로 긍정의 의미로 해석했다.

이는 매우 특이한 관점으로, 조선시대 유학자들의 『도덕경』 해석에 새
로운 실마리를 제공하는 것이었다. 유학의 시각으로 『도덕경』을 해석하는
데 큰 장애가 되는 것이 바로 학學에 대한 부정인데, 이이는 『중용』의 구
절을 적용해 이것을 긍정적으로 풀이해 낸 것이다. 이런 관점은 홍석주를
제외한 이후의 주석가들 또한 마찬가지이다.

이이의 주: 지식은 문文으로 넓히기 때문에 날마다 더하려 하고, 행동은 예로
단속하기 때문에 날마다 줄이려 한다.[73]

박세당의 주: 배우는 자는 도를 탐구하려고 하기 때문에 날마다 더하려 하고,

---

70) 『洪氏讀書錄』, 「老家」, "註其書者, 自河上公以下殆數十家, 而王弼注號最精云."
71) 『栗谷全書』 권20, 「聖學輯要」, 摠論修己第一, "신이 생각해 보니, 修己 공부에는 지와 행이
   있습니다. 지는 선을 밝히는 것이고 행은 자신을 진실하게 하는 것입니다. 이제 지와 행을 취
   합하여 첫머리에 드러냈습니다."(臣按, 修己工夫, 有知有行. 知以明善, 行以誠身. 今取合知
   行而言者, 著于首)
72) 『中庸』, 주희주, "此誠之之目也. 學問思辨, 所以擇善而爲持, 學而知也. 篤行, 所以固執而爲
   仁, 利而行也."
73) 『醇言』, 6장 주, "知是博之以文, 故欲其日益. 行是約之以禮, 故欲其日損."

도를 행하는 자는 배운 것을 행하려고 하기 때문에 날마다 줄이려 한다.74)

서명응의 주: 지식을 넓히기 때문에 날마다 더하니 이것은 유가의 박문博文에 해당하는 일이다. 겸허를 지키기 때문에 날마다 줄이니 이것은 유가의 반약反約에 해당하는 일이다.75)

인용문에서 보듯 서명응의 관점은 바로 『논어』의 '박문약례博文約禮'를 이이와 동일하게 적용한 것이며, 박세당의 입장 또한 이와 마찬가지이다. 이이의 독특한 관점을 박세당이나 서명응이 똑같이 따른 것으로 보아 서로 영향을 주고받은 듯하다. 홍석주의 관점을 여기에 비교해 보자.

알지 못하던 것을 날마다 알게 되고 하지 못하던 것을 날마다 할 수 있게 되니, 이것이 배움을 일삼는 자의 '날마다 더함'이다. 욕심을 절제하고 사려를 줄이며, 정精을 오로지 하고 일一을 지킴으로써 마음을 보존하고 정신을 편하게 하니 이것이 자신을 닦는 자의 '날마다 줄임'이다.76)

홍석주 또한 "위학일익爲學日益, 위도일손爲道日損"을 긍정적으로 해석」한다는 점에서는 다른 주석가들과 비슷하지만 그 내용은 차이가 있다. 그의 관점은 이간李衎의 주석과 비슷하다.

이간의 주: 학문을 하는 것은 앎을 구하는 것이기에 날마다 더해 간다. 도를 행하는 것은 망념을 제거하는 것이기에 날마다 줄여 간다. 앎이 지극하지 못하면 줄임 또한 완전하지 못하니, 따라서 날마다 더하는 것은 날마다 줄이기 위해서

---

74) 『新註道德經』, 48장 주, "爲學者, 將求此道, 故欲其日益. 爲道者, 將行所學, 故欲其日損."
75) 『道德指歸』, 48장 주, "廣知識故日益, 此儒家博文之事也. 守謙虛故日損, 此儒家反約之事也."
76) 『訂老』, 48장 주, "日知其所不知, 日能其所不能, 此爲學者之日益也. 節嗜欲, 省思慮, 專精守一, 以存其心, 而寧其神也, 此修己者之日損也."

이다.77)

인용문을 보면 "알지 못하던 바를 알고 욕심을 절제하고 사려를 줄인
다"는 점에서 홍석주의 입장은 "지를 보태고 망념을 제거한다"는 이간의
입장과 비슷하다. 본체론적인 구절에 대한 주석에서 이미 살펴보았듯 여
기서도 홍석주의 견해는 다른 사람들과 그다지 관련이 없어 보인다. 이는
사상사의 측면에서도 주목할 만한 일이다.

지금까지『신주도덕경』과 국내 주석서의 관계를 대략 살펴보았다. 박세
당이 본체론의 측면에서『도덕경』을『역』이나「태극도설」의 논리로 설명
한 것과 '위학일익爲學日益, 위도일손爲道日損'의 풀이에『논어』와『중용』
의 사상을 응용한 것은 이이의 영향으로 보인다. 이런 특징은 서명응까지
이어지는데, 이에 대해서는 사상사적으로 더욱 자세한 고찰이 필요하다고
생각한다.

---

77)『老子翼(漢文大系, 九)』, 48장 이간주, "爲學所以求知. 故日益. 爲道所以去妄. 故日損. 知不
極則損不全. 故日益者所以爲日損也."

『신주도덕경』의 판본 문제

앞에서 이미 언급했듯이 박세당은 『신주도덕경』을 쓰면서 진심陳深의 『노자품절』을 주요 판본으로 참고한 것 같다. 『신주도덕경』에 인용된 빈도나 당시 유행하던 판본이라는 점을 감안하면 임희일의 『도덕진경구의』를 참고로 할 법한데, 그렇게 하지 않은 이유는 아직 알지 못하겠다. 다만 10장의 "천문개합天門開闔, 능무자호能無雌乎"와 13장의 "하위총욕何謂寵辱, 욕위하辱爲下, 득지약경得之若驚, 실지약경失之若驚" 두 구절을 근거로 『노자품절』이 판본이라고 추측할 뿐이다. 우연인지는 모르겠으나 『신주도덕경』과 『노자품절』은 특별한 사정이 없는 한 경문의 줄바꿈 또한 같다.

『신주도덕경』 13장의 "하위총욕何謂寵辱, 욕위하辱爲下, 득지약경得之若驚, 실지약경失之若驚"은 다른 판본의 경문과 비교해 매우 특이한 부분인데, 『노자품절』과 정확히 일치한다. 『도덕진경구의』에는 "하위총욕何謂寵辱, 총위하寵爲下, 득지약경得之若驚, 실지약경失之若驚"으로 되어 있다. 만약 이것을 판본으로 했다면 "욕위하辱爲下는 생략된 문장이니, 이 구절 위에 총위상寵爲上이라는 세 글자가 탈락되었거나 아니면 약경若驚이라는 두 글자가 있고 욕위하辱爲下라는 글자는 없어야 하는데, 두 경우 모두 알 수 없다"라고 하지는 않았을 것이다. 또 10장의 "천문개합天門開闔, 능무자호능무자호無雌乎"에서 '무자無雌'의 '무無'를 '위爲'로 하지 않은 것도 특이하다. 『도덕진경구의』나 『노자품절』에는 모두 박세당과 같이 '무無'로 되어 있다.

이렇게 『신주도덕경』과 『노자품절』의 경문을 대조해 보면, 모두 11곳에서 차이를 발견할 수 있다. 하지만 이 가운데 다소 문제가 될 만한 부분은 15·20·26·32·74장뿐이며, 여기서도 실질적으로 크게 문제가 되는 구절은 별로 없다. 아래의 표를 살펴보자.

『신주도덕경』과 『노자품절』에서 경문이 다른 곳

장	『신주도덕경』	『노자품절』	비 고
7	"非以其無私耶"의 '耶'가	'邪'로 되어 있다.	林蘇董王焦本同
8	"夫惟不爭"의 '惟'가	'唯'로 되어 있다.	林蘇董本作惟
15	"豫兮若冬涉川"의 '豫'가	'與'로 되어 있다.	蘇本亦同
20	"我獨昏昏"에서 앞의 '昏'이	'若'으로 되어 있다.	林蘇董王焦本亦同
26	"是以君子行不離輜重"에서 '君子' 다음에	'終日'이 더 있다.	林蘇董王焦本亦同
32	"侯王若能守"의 '守' 다음	'之'가 더 있다.	林蘇董焦本無之字
49	"信者吾亦信之"의 '亦'이	없다.	설명 참조
65	"深矣遠矣"의 앞에	'玄德'이 더 있다.	林蘇董王焦本亦同
71	"夫惟病病"의 '惟'가	'唯'로 되어 있다.	林董本作惟
74	"夫代大匠斲"의 '斲' 다음에	'者'가 더 있다.	林蘇王本亦同
75	"夫惟無以生爲者"의 '惟'가	'唯'로 되어 있다.	蘇王焦本亦同

* 비고에서 林은 임희일, 蘇는 소철, 董은 동사정, 王은 왕필, 焦는 초횡을 가리킨다.

위의 표에서 진심본陳深本은 『노자집성老子集成』의 『노자품절老子品節』을, 임희일본林希逸本과 동사정본董思靖本은 『도장道藏』의 『도덕진경구의道德眞經口義』와 『도덕진경집해道德眞經集解』를, 소철본蘇轍本은 『사고전서四庫全書』의 『노자해老子解』를, 왕필본王弼本은 『제자집성諸子集成』의 『노자주老子注』를, 초횡본焦竑本은 『한문대계漢文大系』의 『노자익老子翼』을 참고로 했다.

일단 7·8·71·75장의 차이는 같은 뜻을 가진 글자들이기 때문에 별 문제가 되지 않는다. 또 20장에서 『노자품절』의 '약若'이 '혼昏'으로 바뀐 것은 이어지는 '아독민민我獨悶悶'의 '민민悶悶'에 따라 '약혼若昏'까지 '혼혼昏昏'으로 한 듯하다. 곧 "속인소소俗人昭昭, 아독약혼我獨若昏"을 "속인찰찰俗人察察, 아독민민我獨悶悶"의 대구로 보고 "속인소소俗人昭昭, 아독혼혼我獨昏昏"으로 수정한 듯하다. 임씨본과 동사정본, 소철본 그리고 『한문대계』의 『노자익』이 모두 『노자품절』과 같은 것으로 보아 아마도 박세당이 임의로 수정한 것 같다. 그렇지 않다면 왕필본을 참고하였을 수도 있다. 『사변록』에서 주희를 비판한 것을 볼 때 박세당에게 이 정도는 충분히 가능하였을 것이다.

49장의 "신자오역신지信者吾亦信之" 또한 앞의 구절 "선자오역선지善者吾亦善之, 불선자오역선지不善者吾亦善之, 득선의得善矣"와 뒤에 이어지는 "불신자오역신지不信者吾亦信之, 득신의得信矣"에 맞추어 수정한 것으로 볼 수 있다. 임희일본은 "선자오선지善者吾善之, 불선자오역선지不善者吾亦善之, 득선의得善矣. 신자오신지信者吾信之, 불신자오역신지不信者吾亦信之, 득신의得信矣"로 되어 있기 때문에 수정하지 않아도 앞뒤의 구절과 잘 부합한다. 곧 앞의 '선자오선지善者吾善之'에 따라 '신자오신지信者吾信之'에서도 '역亦'이 없는 것이다. 소철본이나 동사정본, 『노자익』의 경문은 '득得'이 '덕德'으로 되어 있는 것 외에는 임희일본과 같다.

이밖에 26·32·65·74장의 차이점도 문맥이나 전체 내용에 별 영향을 미치지 않는다. 아마 다른 판본과 비교하면서 자신의 취향에 따라 수정한 것 같다. 그렇다면 문제는 15장의 '예豫'에 대한 것뿐인데, 이 차이도 "여혜약동섭천與兮若冬涉川은 하기 어려워한다는 의미이다"(與兮若冬涉川, 爲之難也)라는 진심의 주를 보면 풀릴 것이다. 곧 '여與'는 의미상 '약동섭천若冬涉川'과 잘 연결되지 않는데, 이에 대해 설명도 하지 않고 진심처럼 주석하기보다는 차라리 '여與'를 '예豫'로 하는 것이 분명하기 때문이다.

전체적으로 『신주도덕경』의 주와 『노자품절』의 주를 비교해 보면, 진심의 주를 "혹왈或曰"로 인용한 것 외에도 유사한 부분이 많이 발견된다. 이 또한 『노자품절』이 『신주도덕경』의 판본이라는 추측을 가능하게 한다. 비록 앞의 표에서 보았듯이 둘 사이에 열한 부분의 다른 점이 있기는 하지만 이것이 그 같은 추리를 가로막는 것은 아니다. 13장의 "하위총욕何謂寵辱, 욕위하辱爲下, 득지약경得之若驚, 실지약경失之若驚"이 『노자품절』과 일치하는 사실이 다른 판본과 비교할 때 결정적인 단서가 되기 때문이다. 또 대개의 경우 『노자품절』과 『신주도덕경』의 줄바꿈이 일치하는 것도 우연으로만 보이지 않는다. 서문에서 『노자품절』을 특별히 언급한 것 또한 '혹왈'로 인용해서뿐만 아니라 이런 이유도 있는 듯하다.

옮긴이는 박세당이 진심의 『노자품절』로 『신주도덕경』의 경문을 삼았다고 확신한다. 그러나 모든 판본을 대조한 것은 아니기 때문에 단정할 수는 없다. 혹시 박세당이 주로 참조한 것으로 추정되는 또 다른 판본을 발견한다면 전문을 확인하기 전에 먼저 위의 13장의 구절과 10장의 "천문개합天門開闔, 능무자호能無雌乎"를 확인한 후 위의 표에 있는 구절을 확인하고, 다음에 전문을 확인하는 것이 시간과 수고를 아낄 수 있는 길이다.

新註道德經

『신주도덕경』[1] 서序

　　노자는 주周의 쇠퇴기에 도서관장을 지냈을 뿐 늙도록 정치 일선에 등용되지 않았다. 그는 은둔할 즈음 책을 지음으로써 자신이 지키는 도를 밝히고 뜻을 드러냈는데, 비록 그 도가 성인의 법에 합치하지는 않지만 의도는 역시 수기치인修己治人에 있다. 대체적으로 노자의 말은 간략하면서도 심오한 뜻이 있다. 그 때문에 한대漢代 이전부터 그의 도술을 중히 여겨 사용하였으니, 위로 임금된 자는 '공손하고 말없는 교화'(恭默之化)를 행할 수 있었고 밑으로 신하된 자는 '청정한 정치'(淸靜之治)를 행할 수 있었다.

　　그런데 진대晉代에 이르러 '속없이 뜻만 큰 선비'(士之狂誕者)들이 공허한 담화와 끝이 없이 요원한 담설에 기대어 행동함으로써 거짓을 그럴 듯하게 꾸미며 한 시대를 속였다. 여기에 마음을 빼앗긴 세상 사람들이 동조하면서 풍속이 크게 혼란스러워지고, 마침내 진晉 왕실은 무너지고 말았다. 어찌 노자의 도가 그렇게 만들었겠는가. 진대의 유풍이 여러 세대를 지나도록 뚜렷이 남아 있음으로써 후세에 노자를 말하는 자들까지 대부분 진대의 사람들처럼 '뜻이 함축된 말'(微言)과 미묘한 뜻으로 여기면서 와전시키고 또 와전시켰으니, 정말 서글픈 일이다.

　　명대明代 진심陳深이 지은 『제자품절諸子品節』을 보니, 『도덕경』 81장을 싣고 그 주석에 (주석자의) 성씨를 기입하지 않았는데, 아마도 진심의 자작인 듯하다. 임희일의 주석 같은 경우는 모두 잘못되어 열 중 하나도 제대로 된 것이 없다. 노자의 도는 성인의 도가 아니지만 그의 책이 이미 세상에 나왔으니, 중요한 건 그 뜻을 불명확하게 하여 다시 후세를 잘못되게 해서는 안 된다는 점이다. 그래서 틈나는 대로 간략하게 주석하게 된 것이다.

이상 서계西溪 초수樵叟가 서문을 적었다.

老子當衰周之時, 老於守藏, 不用於世. 至其將隱, 猶著書以明其所守之道, 用見其志. 其道雖不合聖人之法, 其意亦欲修身治人. 盖其言約, 其旨深. 自漢以前, 尊用其術, 上而爲君, 能行恭默之化, 下而爲臣, 能爲淸靜之治. 及晉之世, 士之狂誕者, 託爲玄虛無實之談, 眇茫不可涯之說, 以飾其僞以欺一世. 天下翕然同趨, 而風俗大亂, 晉室遂傾. 老子之道夫豈然哉. 其遺風餘烈, 歷世猶存. 是以後之說老子者, 多宗晉人以爲微言妙義, 訛而又訛, 益可悲也. 余觀明陳深[2]所爲諸子品節, 載道德經八十一章. 其箋解不著姓氏, 疑亦是深所自爲者. 及林希逸[3]所註, 皆舛謬, 不足以得其十一. 老子雖非聖人之道, 其書旣行於世, 要不可使其意不明, 重誤後世. 故輒於暇日, 略爲疏釋云爾. 西溪樵叟序.

1) 『新註道德經』은 太學社에서 영인한 『西溪全書』를 참고로 하였다.
2) 陳深은 明代의 사람으로서 字는 子微, 別號는 淸全이다.
3) 林希逸은 宋代의 사람으로서 字는 肅翁, 號는 竹溪이다.

해설

서문에서 박세당이 "노자의 도가 성인의 법에 맞지 않는다"고 한 것은 『도덕경』의 내용이 평범하지 않고 심원深遠하기 때문이다. 『사변록』에서 주희를 비판한 주요지 또한 마찬가지이다. 박세당이 보기에 체용론이나 리기론 같은 주희의 주석은 평범하지 않기 때문에 사람들이 쉽게 이해하지 못할 뿐만 아니라 원래의 목적과 다른 폐단을 낳는다. 사상이나 경전에 대한 설명 방법이 너무 어려우면 공부하는 사람들이 그것을 이해하기 위해 이론적으로 깊이 사색해야 한다. 박세당은 『도덕경』이나 주희주의 폐단이 바로 여기에 있다고 보았다. 깊은 이론적 사색에서 나온 것은 현실과 무관하기 때문에 심오하기는 하지만 대부분 공허하다. 따라서 이론에 익숙한 사람들은 현실의 문제를 처리하는 데도 절실한 현 상황보다 공허하거나 요원한 것을 추구하게 마련이다. 진대晉代의 학자들이 바로 그 본보기이다.

『논어』에 나타난 성인의 교육 방법은 지극히 평범하고 일상적이다. 박세당이 생각하는 바람직한 교육 방법은 공자의 그것으로, 일상의 것을 익힘으로써 심원한 것을 저절로 터득하게 하는 것이다. 이렇게 할 경우 위와 같은 폐단은 생기지 않는다. 노자에 대한 박세당의 비판은 바로 이런 관점에서 이루어진 것이다. 그러면서 『도덕경』이 수기치인에 어긋나지 않는다고 한 것은 소박함(樸)을 강조하는 내용 때문이다. 주희주가 고원하기는 하지만 성인이 전하고자 하는 내용을 잘 드러냈듯이, 『도덕경』 또한 심원하기는 하지만 소박함이 만물의 근본임을 잘 일깨우고 있다. 박세당은 『도덕경』의 이런 사상을 문文에 치우친 당시의 시대상을 비판하는 데 사용하였다. 당시는 예禮에 대한 지식을 집권의 도구로 사용할 만큼 문文에 치우친 시대였고, 박세당은 그 이유가 난해한 주희주의 영향 때문이라고 생각했다. 곧 난해한 주희주를 익히다 보니 공허한 사변에만 능하게 되었다는 것이다. 박세당은 이런 폐습을 바로잡기 위해 소박함을 강조하는 『도덕경』의 사상을 이용한 것이다. 『도덕경』의 가치는 바로 문文에 치우친 사람들이 그 잘못을 깨우치도록 박樸을 강조하는 데 있기 때문이다.

박세당이 "진심의 『노자품절』 주석에 주석자의 성씨를 기입하지 않았는데 아마도 진심의 자작인 듯하다"고 말한 것은 나름대로 이유가 있다. 비록 여섯 번밖에 인용되지 않았지만, 『신주도덕경』에 인용된 혹자의 말이 대부분 『노자품절』의 주이기 때문이다. 아마도 『노자품절』의 주를 진심의 주로 확신하지 못했기 때문에 '혹왈或曰'로 표현한 것 같다. 또 다른 이유는 『신주도덕경』을 지을 때 주로 참조한 경문이 『노자품절』이라는 사실이다. 몇 부분이 일치하지 않기는 하지만 『신주도덕경』의 경문을 『노자품절』에서 가져온 것은 틀림없어 보인다. 임희일에 대해서는 호된 비판에도 불구하고 가장 자주(열두 번) 인용하였는데, 이는 많이 통용되는 것에 대해 그 시비를 분명히 가려야 한다는 취지를 따른 것으로 생각된다.

마지막 단락에서 『도덕경』이 세상에 널리 유행하고 있기에 바로잡아 후세를 잘못되지 않게 하겠다는 말은 유학자의 시각에서 『도덕경』을 주석하겠다는 박세당의 의지를 드러내는 구절이다. 박세당이 『사변록』에서의 강한 비판과는 달리 주희의 형이상학적 사유 방식으로 『도덕경』을 주석하였다는 것은 1장에서 이미 드러난다. 하지만 앞에서도 밝혔듯이 이는 주희 사상의 계승이 아니라, 단지 문文에 치우친 당시 세태를 비판하기 위해 그들에게 가장 익숙한 사유 방식을 원용한 것일 뿐이다. 곧 주희가 뿌린 씨를 주희의 방식으로 거두게 하는 것이다.

　　박세당은 『남화경주해산보』 「거협胠篋」 "고왈故曰, 어불가탈어연魚不可脫於淵, 국지리기불가이시인國之利器不可以示人"에 대한 주에서 노자를 사적인 사람으로, 장자를 공적인 사람으로 평가하고 있는데 그 이유는 다름이 아니다. 장자는 혜시惠施의 허황된 논변에 사람들이 미혹당하지 않도록 어쩔 수 없이 고원한 사상을 언급했지만, 노자는 그런 이유도 없이 성인의 법에 어긋나는 고원한 사상을 언급했기 때문이다. 이런 관점에서 본다면 주희의 잘못은 노자보다 훨씬 크다. 다른 사람도 아니고 성인의 평이한 말씀을 도리어 고원하게 만들었기 때문이다. 그러면 이런 점이 『신주도덕경』에 어떻게 나타나는지 직접 살펴보자.

上經

1장

도道라고 해서 도가 될 수 있다면 상도常道가 아니다. 명名이라고 해서 명이 될 수 있다면 상명常名이 아니다. 무명無名은 천지의 시작이며 유명有名은 만물의 어미이다. 그러므로 상도와 무명에서 (모든 현상을 포함하는 지극한 이치의) 묘함을 보고, 상명과 유명에서 (하나의 이치에 근원을 두고 있는 지극한 현상의) 드러남을 보려 한다. 이 두 가지는 같은 곳에서 나오지만 이름은 다르다. 그런데 똑같이 현묘하다(玄)고 하니 현묘하고 또 현묘한 것 그것이 모든 묘함의 문門이다.

道可道, 非常道. 名可名, 非常名. 無名天地之始, 有名萬物之母. 故常無欲以觀其妙, 常有欲以觀其徼.[1] 此兩者同出而異名. 同謂之玄, 玄之又玄, 衆妙之門.

---

1) 원문 "常無欲以觀其妙, 常有欲以觀其徼"에서 常無를 常道와 無名으로, 常有를 常名과 有名으로 보고 각각 體와 用으로 주석한 것이 특이하다. 『道德經』 입문의 최고의 주석서로 꼽히는 왕필주에서는 박세당과 구두부터 다르다. 왕필은 본문을 無欲과 有欲으로 끊고 인간의 知欲과 관련지어 노자의 사상을 설명하고 있다. 예컨대 『道德經』 3장의 "無知無欲"이 바로 知欲과 관련된 것이다.

도道는 '본체'(體)를, 명名은 '작용'(用)을 가리킨다. 도는 명을 작용으로 하고 명은 도를 본체로 하는데, 본체와 작용 이 두 가지는 어느 하나도 없앨 수 없는 것이다. 따라서 도만으로 도가 된다면 작용이 없어서 본체 스스로 확립될 수 없으니 이른바 상도가 아니다. 또 명만으로 명이 된다면 본체가 없어서 작용 스스로 이루어질 수 없으니 이른바 상명이 아니다. 본문에서 상상常은 '통하다'(通), '장구하다'(久)라는 뜻이다. 통하면 막히지 않고 장구하면 변하지 않는 것이다.

　무명의 본체는 리理가 천지에 앞서 갖추어지는 것이고, 유명의 작용은 상象이 만물의 초기에 생겨나는 것이다. 본문의 상무常無는 앞에 나온 상도常道와 무명無名을 아울러 '본체'를 얘기한 것으로, 거기에서 지극히 묘한 이치(理)가 모든 현상(萬象)을 포함한다는 것을 보려 하였다. 또 본문의 상유常有는 그 앞에 나온 상명常名과 유명有名을 아울러 '작용'을 말한 것으로, 거기에서 지극히 드러나는 현상들이 하나의 이치에 근원한다는 것을 보려 하였다.

　본체는 작용을 떠나지 않고 작용은 본체를 떠나지 않는다. 유와 무 양자의 근본은 하나이니, 이름은 다르지만 똑같이 현묘하다고 하는 것이다. 본문의 요徼는 '모이다'(際), '돌아가다'(歸)의 뜻이다. 현玄은 '심오하다'(深), '미묘하다'(微)의 뜻이다. "현묘하고 또 현묘하다"(玄之又玄)는 것은 지극히 심오하고 미묘하다는 말이다. 문門은 출입하는 곳이니, 모든 묘함(衆妙)이 여기서 비롯한다는 말이다.

　道者體, 名者用. 道以名爲用, 名以道爲體, 體用二者, 廢一不可. 故道而但可爲道, 則無其用而體不能自立, 非所謂常道矣. 名而但可爲名, 則無其體而用不能自行, 非所謂常名矣. 常, 通也, 久也. 通則不窒, 久則不變.

　無名之體, 理具於天地之先, 有名之用, 象生於萬物之初. 常無云者, 該上常道無名, 以言其體, 於此欲以觀至妙之理, 包含萬象. 常有云者, 該上常名有名, 以言其用, 於此欲以觀至著之象, 根源一理.

　體不離用, 用不離體. 有無兩者, 其本一, 而異其名, 同謂之玄. 徼, 際也, 歸也. 玄, 深也, 微也. 玄之又玄, 謂深微之極. 門謂所出入, 言衆妙皆由此也.

박세당은 위에서 도道를 체體로, 명名을 용用으로 분속시키면서 동시에 체와 용이 서로 분리될 수 없다고 하였다. 또 이어서 체體를 리理로, 용用을 상象으로 연결시키면서 다시 리理와 상象이 분리될 수 없다고 하였다. 결국 그는 1장의 도・상도・무명을 체에, 명・상명・유명을 용에 해당하는 것으로 보고 리理와 상象으로 그것들의 관계를 설명하였다. 이는 정이程頤가 「역전서易傳序」에서 "지극히 은미한 것은 리理이고 지극히 드러나는 것은 상象이니, 체와 용의 근원은 하나이며 드러나는 것과 은미한 것은 차이가 없다"(至微者理也, 至著者象也, 體用一源, 顯微无間)고 한 것과 직결되며, 또한 이 구절에 대한 주희주와도 이어진다. 주희주를 살펴보자.

주자는 다음과 같이 말했다. "'(程伊川이) 지미자리야至微者理也, 지저자상야至著者象也, 체용일원體用一源, 현미무간顯微无間(이라고 한 것)'은 리理로 말하면 체體에 용用이 내재함을 뜻하니 이것이 이른바 '일원一源'이다. 또 상象으로 말하면 '드러나는 것'(顯)에 '은미한 것'(微)이 포함될 수밖에 없음을 뜻하니 이것이 이른바 '무간无間'이다." 또 이렇게도 말하였다. "체용일원體用一源이라는 것은 지극한 이치로 말하자면, 고요하게 비어서 조짐은 없지만 이미 만상萬象을 분명하게 갖추고 있다는 뜻이다. 또 현미무간顯微无間은 지극히 드러나는 상象을 기준으로 말하자면 모든 사물에 리理가 존재한다는 뜻이다. 리를 말할 때는 체體를 앞세우고 용用을 뒤로 한다. 따라서 체를 예로 들었지만 용의 리 또한 이미 갖추고 있으니, 이것이 근원(源)이 하나인 이유이다. 또 사事를 말할 때는 드러나는 것을 앞세우고 은미한 것을 뒤로 한다. 따라서 사事에 나아갔지만 리라는 체 또한 알 수 있으니, 이것이 무간无間인 이유이다."

朱子曰, 至微者理也, 至著者象也, 體用一源, 顯微无間. 蓋自理而言, 則卽體, 而用在中, 所謂一源也. 自象而言, 則卽顯, 而微不能外, 所謂无間也. 又曰, 體用一源者, 以至微之理言之, 則沖漠无朕, 而萬象昭然已具也. 顯微无間者, 以至著之象言之, 則卽事卽物, 而此理无所不在也. 言理, 則先體而後用. 蓋舉體, 而用之理已具, 是所以爲一源也. 言事, 則先顯而後微. 蓋卽事而理之體可見, 是所以爲无間也.

박세당이 이와 같이 주석에 주희의 경전 해석 방식을 원용한 데에는 『도덕경』을 주희의 성리학으로 풀이하려는 의도가 들어 있다. 그런데 여기서 간과하지 말아야 할 것은 이것이 주희를 계승하고자 한 것은 아니라는 점이다. 박세당은 문文에 치우친 당시 세태를 박樸(질質)을 강조하는 『도덕경』의 사상을 이용해 바로잡고자 하였을 뿐이다. 이는 참으로 특이하면서도 높이 평가할 만한 일이다. 유학과 상극의 관계인 『도덕경』의 전문을 유가 형이상학의 정수인 주희의 경전 해석 방법으로 주석한다는 것은 결코 쉬운 일이 아니기 때문에 더욱 주목해야 하는 것이다.

2장

세상 사람들은 모두 아름다운 것이 아름답게 된다고 알고 있지만, 이런 앎은 추할 뿐이다. 또 (세상 사람들은) 선한 것이 선하게 된다고 알고 있지만, 이런 앎은 선하지 않을 뿐이다. 따라서 유有와 무無는 서로(相) 낳고, 어려움과 쉬움은 서로 이루어 주며, 긺과 짧음은 서로 드러내고, 높음과 낮음은 서로 차이가 나며, 음절(音)과 음률(聲)이 서로 조화를 이루고, 앞과 뒤가 서로 연결된다. 이 때문에 성인은 무위로 일을 처리하고 말없이 교화를 행하면서, 만물이 그에게서 흥기하여도 말하지 않고, 낳아 놓고도 소유하지 않으며, 위해 주면서도 내세우지 않고, 일이 완성되어도 자처하지 않는다. 자처하지 않기 때문에 선함과 아름다움이 그에게서 떠나지 않는 것이다.

天下皆知美之爲美, 斯惡已.[1] 皆知善之爲善, 斯不善已. 故有無相生, 難易相成, 長短相形, 高下相傾, 音聲相和, 前後相隨. 是以聖人處無爲之事, 行不言之敎, 萬物作焉而不辭, 生而不有, 爲而不恃, 功成而不居. 夫惟不居, 是以不去.

---

1) 왕필주를 따른다면 원문 "天下皆知美之爲美, 斯惡已"는 "세상 사람들은 아름다운 것이 본래 아름답다고 알고 있는데, '아름다운 것이 아름다운 것이 됨'(斯: 美之爲美은

단지 추한 것 때문이다"로 해석해야 한다. "세상 사람들이 모두 아름다운 것이 아름다운 줄 알고 있지만 이것은 흉한 것일 뿐이다"라는 해석은 박세당의 그것과 비슷하다. 그런데 이런 식의 해석은 "故有無相生" 이하와 자연스럽게 연결되지 않을 뿐만 아니라 박세당처럼 부연 설명이 필요하다. 왕필처럼 有無가 상생하듯이 美醜도 상생한다고 보아야 더 이상의 설명이 필요없는 것이다. 박세당의 주석에 관한 설명은 다음 해설을 참조하기 바란다.

아름다운 것을 아름답다고 여기는 것은 (도를 모르는) 남의 경우라면 추한 것의 추함을 더욱 두드러지게 하고 (도를 아는) 자신의 경우에는 아름다움이 줄어 오히려 추함이 된다는 말이며, 선한 것을 선하다고 여기는 것은 남의 경우라면 선하지 않은 것의 선하지 않음을 더욱 두드러지게 하고 자신의 경우라면 선함이 줄어 오히려 선하지 않게 된다는 말이다. 이는 곧 유와 무·어려움과 쉬움·깊과 짧음·높음과 낮음·음절과 음률·앞과 뒤가 각각 상대적으로 존재하는 것이나 마찬가지이다.

변별하면 남들이 원망하고 자랑하면 남들이 싫어한다. 무위로 일을 처리하고 말없이 교화를 행하는 것은 변별하고 싶지 않기 때문이다. 자신에게서 흥기해도 말하지 않고, 낳고도 자기 것으로 여기지 않으며, 위해 주면서도 내세우지 않고, 일이 완성되어도 자처하지 않는 것은 스스로 자랑하지 않기 때문이다. 본문의 작作은 '흥기하다', 사辭는 '말하다'라는 뜻이니, 곧 만물이 자신에게서 흥기해도 말하지 않는다는 의미이다. 생生은 '그것을 낳다', 위爲는 '그것을 위하다'라는 뜻이다. 불유不有는 '소유하지 않는다', 불시不恃는 '자신을 내세우지 않는다', 불거不居는 '자처하지 않는다'는 뜻이다. 거去는 '떠나다'(離)의 뜻이다. 선함과 아름다움을 자처하지 않기 때문에 그것들이 자신에게서 떠나지 않는 것이다. 여기서 단지 "자처하지 않는다"라고만 말한 것은 그 하나로 나머지까지 아울러 표현한 것이다. 다른 장에서도 이 같은 유형은 마찬가지 방식으로 이해해야 한다.

言以美爲美, 在人, 則惡益著其惡, 在己, 則美反損而爲惡, 以善爲善, 在人, 則不善益著其不善, 在己, 則善反喪爲不善. 如有無難易, 長短高下, 音聲前後 之相有, 而不能相無也.

辨別則人怨之, 矜伐則人惡之. 處無爲之事, 行不言之教, 所以不欲辨別也.
作不辭, 生不有, 爲不恃, 成不居, 所以不自矜伐也. 作, 興起也. 辭, 言也. 言萬
物由我興起, 而不自以爲言也. 生, 生之也. 爲, 爲之也. 不有, 不自有也. 不恃,
不自恃也. 不居, 不自居也. 去, 離也. 不自居其善美, 是以善美不離於其身也.
秖言不居者, 擧一而該其餘也. 他章此類, 意皆倣此

☞ 해설

"세상 사람들은 모두 아름다운 것이 아름답게 된다고 알고 있지만, 이런 앎은 추
할 뿐이다"라는 본문 구절에 대해, 박세당은 "아름다운 것을 아름답다고 여기는 것
은 (도를 모르는) 남의 경우라면 추한 것의 추함을 더욱 두드러지게 하고, (도를 아
는) 자신의 경우에는 아름다움이 줄어 오히려 추함이 된다"라고 주석하였다. 이것을
이해하기 위해서는 1장의 내용과 함께 문文보다 질質을 중시하는 박세당의 사상에
유념해야 한다.

박세당은 1장의 도道와 명名을 체體와 용用으로 주석하고, 체와 용이 분리되어
서 안 된다고 하였다. 여기에는 문文에 치우친 당시 시대상을 비판하고자 하는 의
식이 짙게 깔려 있다. 이 같은 비판 의식은 28장에서 '박樸'을 '도체道體'로 주석하
고, 38장에서 "형식(文)이 기승을 부리고 본질(質)이 등한시되어 형벌과 법이 많아
진다……옛날의 사례를 많이 아는 것을 예禮로 여기면서 도의 내용이 아니라는
것을 모르니, 자신을 어리석게 만들고 나서 후대의 사람까지 어리석게 만든다"고
한 데서도 드러난다. 이러한 주석은 2장의 주석과 긴밀한 관련이 있다.

체용의 관계 속에서 현상을 볼 때, 현상 속에 나타나는 모든 것은 본질 곧 본체를
기반으로 성립한다. 따라서 현상은 도의 본질이 아니라 겉껍질에 지나지 않는다. 그
런데 세상 사람들은 이것을 모르고 자신이 아는 전고典故를 근거로 자신의 주장만
이 옳고 그 밖의 것은 잘못되었다고 한다. 이에 대한 비판이 "아름다운 것을 아름답
다고 여기는 것은 (도를 모르는) 남의 경우라면 추한 것의 추함을 더욱 두드러지게"
한다는 주석으로 나타나는 것이다. 반대로 체용의 관계를 아는 경우에는 전고를 근
거로 자신의 주장만이 옳다고 할 수 없다. 그런 주장 자체가 잘못이기 때문이다. "아
름다운 것을 아름답다고 여기는 것은 (도를 아는) 자신의 경우에는 아름다움이 줄어
오히려 추함이 된다"는 주석은 이 같은 생각을 반영한다.

도道의 체體가 아니라 용用으로서 나타나는 문文은 유무有無나 장단長短처럼 언

제나 상대적으로 존재하는 것이기 때문에 절대화할 수 없다. 문文에 대해 절대적으로 시비를 변별하려는 사람은 도를 모르거나 다른 욕심이 있는 사람이다. 이런 관점은 당시의 예송 논쟁에도 동일하게 적용할 수 있다. 상복에 대해 기년설朞年說을 주장하든 삼년설三年說을 주장하든, 그것은 목숨을 걸고 싸워야 할 절대적인 가치가 아니라 형편에 따라 정할 수 있는 상대적인 것일 뿐이다. 박세당이 보기에 상복 문제에 목숨을 걸고 매달리는 것은 그 명분을 이용해 정치적 입지를 세우기 위한 것에 지나지 않았다. 예송에 관한 박세당의 견해를 보면 이런 점을 확인할 수 있다. 자세한 것은 『한국철학 연구』 2집에 실려 있는 윤사순 교수의 「박세당의 실학사상」을 참고하기 바란다.

3장

    현명하고 유능한 사람을 높이지 않음으로써 백성이 다투지 않게 하고, 얻기 힘든 재화를 귀중하게 여기지 않음으로써 백성이 도적이 되지 않게 하며, 욕심 부릴 만한 것을 알아보지 않음으로써 마음이 어지럽지 않게 한다. 때문에 성인의 다스림은 백성의 마음을 비우고 배를 채워주며, 의지를 약하게 하고 뼈를 튼튼하게 해서 늘 그들이 알려는 것도 하려는 것도 없게 하고, 지식인들이 감히 작위를 하지 못하게 한다. 무위를 실천하면 다스려지지 않는 것이 없다.

    不尙賢, 使民不爭, 不貴難得之貨, 使民不爲盜, 不見可欲, 使心不亂. 是以聖人之治, 虛其心, 實其腹, 弱其志, 强其骨, 常使民無知無欲, 使夫知者不敢爲也. 爲無爲, 則無不治.

    상尙은 '그를 높이다', 귀貴는 '그것을 귀중하게 여기다'라는 말이다. 윗사람이 현명하고 유능한 사람(士)들을 높이지 않는다면 아랫사람들이 명예를 바라고 사람을 높이는 마음이 없어져서 다툼이 그친다. 또 임금이 구하기 어려운 재화를 귀중하게 여기지 않는다면 백성이 보화를 탐하고 이익을 바라는 마음이 없어져 도적이 사라진다는 말이다. 이는 무엇 때문인가? 모든 사람들이 욕심 부릴 만한 물건을 알아보지 못한다면 마음이 어지럽지 않게 된다. 따라서 내가 현명한 사람을 높이지 않고 재화를 귀중하게 여기지 않으면 욕심 부릴 만한 것을 백성에게 보여 준다 해도 그들의 마음이 어지럽게 되지 않아서 저절로 다투고 도적질하는 환란이 없어지는 것이다.

임씨는 다음과 같이 말했다. "'마음을 비운다'(虛其心)는 것은 바라는 것이 없게 한다는 뜻이고, '배를 채워 준다'(實其腹)는 것은 배불리 먹게 한다는 뜻이다. 또 '의지를 약하게 한다'(弱其志)는 것은 경쟁하지 않게 한다는 뜻이며, '뼈를 튼튼하게 한다'(强其骨)는 것은 힘을 배양시킨다는 뜻이다. 성인은 그저 백성이 배불리 먹어서 달리 바라는 것이 없고, 모두 기운이 충분해서 다투는 일이 없도록 한다는 말이다. 그렇기 때문에 백성은 순박하여 아는 것도, 욕심 부릴 것도 없어지니 비록 그 사이에 내심 재주를 부리려는 자가 있더라도 감히 하지 못한다. 이것이 바로 성인이 무위를 행하는 까닭이니, 이렇게만 되면 온 세상에 다스려지지 못할 게 없다."

尙, 尊尙之也. 貴, 貴重之也. 言上不尊尙賢能之士, 則下無慕名上人之心, 而爭止矣. 君不貴重難得之貨, 則民無貪寶嗜利之心, 而盜息矣. 如此者, 何也. 凡人不見可欲之物, 其心不亂. 我不尙賢貴貨, 以示可欲於民, 則使民心不亂, 而自無爭盜之患矣.

林氏曰,[1] 虛其心, 無思慕也. 實其腹, 飽以食也. 弱其志, 不趨競也. 强其骨, 養其力也. 言(太古)[2]聖人但使民飽於食, 而無他思慕, 力皆壯而無所趨競. 故其民淳樸,[3] 而無所知, 無所欲, 雖其間有機巧之心者,[4] 亦不敢有所[5]爲也. 此聖人所以爲無爲也, 如此則天下無不治矣.

---

1) 林氏는 서문에서 언급한 林希逸이다.
2) 인용문에서 ( ) 속의 글자는 원래의 주석 곧 임희일의 경우 『道德眞經口義』에서 인용하면서 생략된 것이다. 임희일의 『道德眞經口義』는 『道藏』본을 참고로 했다.
3) 『道德眞經口義』에는 '淳樸'이 '純朴'으로 되어 있다.
4) 『道德眞經口義』에는 '雖其間有機巧之心者' 다음에 "所知雖萌於心, 而(亦)不敢有所爲也"로 되어 있다. 박세당이 인용하면서 '所知雖萌於心'을 생략한 것이다.
5) 『道德眞經口義』에는 '所'가 '作'으로 되어 있다.

☞ 해설

3장은 전통 유학의 입장을 견지하면서 주석하기에 결코 쉽지 않은 내용이다. 유가의 존현사능尊賢使能에 어긋나기 때문이다. 그러나 박세당은 체용으로 『도덕경』을 주석하면서 도道의 용用으로서의 문文이나 예禮를 상대적인 것으로 평가 절하했기 때문에 이미 많은 어려움을 제거했다고 할 수 있다. 도道의 용用으로서의 현상(象)이 도의 체體로서의 이치(理)에 근원을 두고 있을 때, 현상에 드러나는 것은 모두 상대적인 것에 지나지 않는다. 이런 시각에서 박세당에게 가장 중요한 것은 오히려 체體 속에 용用이 있고 용用 속에 체體가 있음을 깨닫는 것이며, 따라서 3장을 주석하는 것이 용이해진다. 그런데 임희일의 주를 길게 인용하여 보충 설명한 것을 보면 박세당이 자신의 주석에 그다지 만족스러워하지 않은 것 같다. 사실 유학 특히 주자학을 절대시하던 상황에서 더 이상의 주석은 삼가야 했을 것이다.

4장

    도는 비어 있으면서 작용하니 아무것도 채우지 않겠지? 깊고 깊으니 만물의 근본이겠지? 날카로움을 없애고 분란을 해소하며 번뜩이는 지혜를 부드럽게 하고 더러운 세속과 함께하는구나. 비어 있으면서 조용하니 있는 것 같은가? 누구의 자식인지 모르겠으니, 하늘보다도 앞서는 것이겠지?

    道沖而用之, 或不盈. 淵乎, 似萬物之宗. 挫其銳, 解其紛, 和其光, 同其塵. 湛兮, 似若存. 吾不知誰之子, 象帝之先.

    충沖은 '비어 있다'(虛)는 뜻이다. 도체道體는 본래 비어 있기 때문에 작용하여도 항상 채워지지 않는다. 혹或과 사似 두 글자는 모두 의문사이다. 연淵은 '깊다'(深), 종宗은 '근본'(主)의 뜻이다. 만물이 모두 그것에게 의지하지만 없어지지 않기 때문에 '만물의 근본'이라고 한 것이다. '날카로움을 없앤다'는 말은 모난 부분을 갈아 없앤다는 뜻이며, '분란을 해소한다'는 말은 평온하고 조용하게 어지러움을 처리한다는 뜻이다. '번뜩이는 지혜를 부드럽게 한다'는 말은 자신의 번뜩이는 지혜를 드러내지 않는다는 뜻이고, '더러운 세속과 함께한다'는 말은 사물의 더러운 부분을 받아들인다는 뜻이다. 잠湛은 텅 비어 조용한 모습이다. '있는 것 같은가'(似若存)라는 말은 있는 듯 없는 듯하여 알 수 없다는 뜻이다. '누구의 자식인가'(誰之子)라는 말은 '누구네 자식인가'와 같은 뜻이다. 象은 似와 마찬가지로 의문사이다. 제帝는 '하늘'(天)의 뜻으로, 도가 천지보다 먼저 존재하기 때문에 "하늘보다도 앞서는 것이겠지?"라고 말하였다. 이 장에서 혹或과 似, 象으로 네 차례 의문문을 만든 것은 강경하게 말하려고 하지 않았기 때문이다. 노자는 본래 겸허하기도 하려니와, 도는 쉽게 형용할 수 없다는 뜻까지 드러낸 것이다.

冲, 虛也. 道體本虛, 故用之常不盈. 或, 似, 皆疑辭. 淵, 深也. 宗, 主也. 萬物皆往資焉, 而不匱, 故曰萬物之宗. 挫其銳, 言磨礱以去圭角, 解其紛, 言恬靜以處膠擾. 和其光, 謂韜己之光, 同其塵, 謂受物之垢. 湛, 虛靜之貌. 似若存, 言若有若無, 不可見也. 誰之子, 猶言誰氏子也. 象, 似也, 亦疑辭. 帝, 天也. 道在於天地之先, 故曰象帝之先. 章內曰或曰似曰象, 凡四設疑辭者, 盖不敢硬言. 老子本執謙虛, 又以見道未易形容之意.

5장

천지는 어질지 않아서 만물을 짚으로 만든 개처럼 여긴다. 성인은 어질지 않아서 백성을 짚으로 만든 개처럼 여긴다. 천지의 사이는 아마도 풀무와 같겠지! 비어 있으면서 다함이 없으며, 움직이면 움직일수록 더욱 잘 나온다. 말이 많으면 궁색해지게 마련이니, 중심(中)을 지키는 것만 못하다.

天地不仁, 以萬物爲芻狗. 聖人不仁, 以百姓爲芻狗. 天地之間, 其猶橐籥乎. 虛而不屈, 動而愈出. 多言數窮, 不如守中.

인仁은 자애롭고 은혜롭다는 뜻이다. '짚으로 만든 개'(芻狗)는 제사를 지낼 때 사용했다가 제사가 끝나면 버리는 것이니, 사람들이 그것에 자애롭고 따뜻한 은혜를 품어 본 적이 없다는 뜻이다. 천지가 만물에 대해, 성인이 백성에 대해 무심하기가 이와 같다. 임씨는 "장자가 '아주 큰 어짊은 어질지 않다'고 하고, 또 '지극한 덕의 시대에는 서로 사랑하면서도 그것이 어짊(仁)인 줄 모른다'고 한 것 또한 같은 뜻"이라고 해석하였다. 풀무(橐籥)는 바람을 일으키는 도구로, 속은 비어 있으면서 중심(中)을 지킬 수 있어서 작용에 끝이 없기 때문에 움직일 때마다 바람이 더욱 잘 나온다. 하늘이 만물을 낳는 작용도 비유하자면 이와 같다. 풀무는 빈 곳에서 바람을 일으키고 하늘은 무심無心으로 만물을 낳으니 그 방법이 같다. 말 많은 자들의 경우는 조리 있게 사적인 은혜와 하찮은 자애를 베풀려 하지만 어쩔 수 없이 자꾸 궁색해진다. 그러니 다함이 없는 풀무처럼 속은 비어 있으면서 중심을 지키는 것만 못하다.

仁, 慈愛恩煦之意. 人之於芻狗, 祭則用之, 已祭則棄之, 盖未嘗有慈愛恩煦之意. 天地之於萬物, 聖人之於百姓, 無心亦如是也. 林氏曰, 莊子云大仁不仁,[1] 又曰, 至德之世, 相愛而不知以爲仁,[2] 亦是此意也.[3] 橐籥所以鼓風者, 能虛而守中, 其用不屈, 故每動而風愈出. 天之生物, 譬亦如此 橐籥以虛鼓風. 天以無心生物, 其道同也. 若夫多言者, 則呴呴然欲行其私恩小慈, 而未免數窮, 不如虛而守中, 如橐籥之不屈也.

1) 『莊子』, 「齊物論」, "夫大道不稱, 大辯不言, 大仁不仁, 大廉不嗛, 大勇不忮."
2) 『莊子』, 「天地」, "至德之世, 不尙賢, 不使能. 上如標枝, 民如野鹿, 端正而不知以爲義, 相愛而不知以爲仁, 實而不知以爲忠, 當而不知以爲信, 蠢動而相使, 不以爲賜. 是故行而無迹, 事而無傳."
3) 『道德眞經口義』에는 "莊子云大仁不仁, 又曰, 至德之世, 相愛而不知以爲仁, 亦是此意也"가 "莊子齊物曰, 大仁不仁, 天地曰, 至德之世, 相愛而不知以爲仁, 亦是此意"로 되어 있다.

☞ 해설

5장 또한 인仁을 부정하는 내용이기 때문에 유학자의 입장에서 주해하기가 쉽지 않다. 그래서인지 박세당은 천지가 만물에 대해 성인이 백성에 대해 불인不仁한 것을 무심無心으로 주석하고, 임씨의 주석으로 더 이상의 언급을 대신하였다.

6장

비어 있는 신묘함(谷神)은 죽지 않으니 이것을 현묘한 암컷이라고 하고, 이 현묘한 암컷의 문을 바로 천지의 근본이라 한다. 있는 듯 없는 듯 면면히 이어지면서 작용은 지치지 않는다.

谷神不死, 是謂玄牝, 玄牝之門, 是謂天地根. 綿綿若存, 用之不勤.

곡谷은 '비어 있다'(虛), 신神은 '묘하다'(妙)는 뜻이다. '죽지 않는다'(不死)는 말은 5장의 '끝이 없다'(不屈)는 말과 같다. (곡신이) 본체는 비어 있으되 작용은 미묘하기 때문에 다함이 없다는 점을 들어 도를 설명하고 있다. (현빈에서) 현玄은 '신神', 빈牝은 '곡谷'과 같다. 문門은 1장에 나오는 '모든 묘함의 문'(衆妙之門)과 같다. 도는 천지가 나오는 곳이므로 본문에서 '근본'(根)이라고 한 것이다. 면면綿綿은 끝나지도 않고 끊어지지도 않는다는 뜻이며, 약존若存은 있는 듯 없는 듯하다는 뜻이다. 근勤은 힘들고 지친다는 뜻이다. 주자는 "지극히 묘한 이치에는 낳고 낳는다는 뜻이 들어 있다"고 했고, 임씨는 "(5장의) 이른바 비어 있으되 끝이 없으며, 움직이면 움직일수록 더욱 잘 나온다는 것이다"라고 했다.

谷, 虛也. 神, 妙也. 不死, 猶上章不屈也. 其體虛, 而其用妙, 故能不屈, 以言道也. 玄卽神, 牝卽谷. 門猶衆妙之門. 道乃天地所由生, 故曰根. 綿綿, 不已不絶之意. 若存, 若有若亡也.[1] 勤, 勞敝也. 朱子[2]曰, 至妙之理, 有生生之意存焉.[3] 林氏曰卽所謂虛而不屈, 動而愈出, 是也.

1) 임희일의 『道德眞經口義』에도 "綿綿, 不已不絶之意. 若存者, 若有若無也"라는 구절이 있다.

2) 朱子는 南宋의 유학자 朱熹를 말한다. 字는 元晦 또는 仲晦이며, 號는 晦庵·晦翁·考亭 등이다. 經學에 정통하여 宋學을 집대성하였는데 그것을 주자학이라 한다. 주자학은 조선 시대 유학에 큰 영향을 미쳤다.

3) 『道德眞經口義』에 "晦翁曰, 至妙之理, 有生生之意存焉"라는 구절이 있는 것으로 보아, 박세당이 임희일의 인용문을 재인용한 것으로 보인다.

7장

　천지는 장구하다. 천지가 장구할 수 있는 것은 그 스스로 아무것도 낳지 않기 때문이다. 그러므로 장생할 수 있는 것이다. 때문에 성인은 자신을 앞세우지 않는데도 남보다 앞서게 되고, 자신을 도외시하는데도 보존된다. 이는 사사로움이 없기 때문이 아니겠는가? 따라서 사사로운 것도 이룰 수 있는 것이다.

　天長地久. 天地所以能長且久者, 以其不自生. 故能長生. 是以聖人後其身, 而身先, 外其身, 而身存. 非以其無私耶,[1] 故能成其私.

1) 『老子品節』에는 '耶'가 '邪'로 되어 있다.

　천지는 사물을 낳지만 스스로 낳지 않기 때문에 장구할 수 있다. 성인은 자신을 앞세우지 않지만 남들이 모두 그(我)를 추대하고, 자신을 도외시하지만 사물이 그를 해치지 않는다. 또 남을 위하고 자신을 위하지는 않으므로 앞서고 보존될 수 있다. 곧 천지나 성인 모두가 사사로움을 없앰으로써 사사로움을 이룰 수 있는 것이다.

　天地生物, 而不自生, 故能長且久. 聖人後其身, 而人皆戴我. 外其身, 而物不害我. 亦以其爲人, 而不自爲, 故能先且存. 是則天地聖人, 皆以無私而成其私也.

8장

최상의 선은 물과 같다. 물은 만물을 잘 이롭게 하면서도 다투지 않고, 뭇 사람들이 싫어하는 곳에 머무르니 도에 가깝다. 거처는 지세를 따르고, 마음가짐은 연못의 고요함을 따르며, 사물과 함께할 때는 어짊을 따르고, 말은 신의를 따르며, 정사는 다스려짐을 따르고 일은 능숙함을 따르며, 움직임은 때를 따르니, 그저 다투지 않을 뿐이다. 그러므로 허물이 없는 것이다.

上善若水. 水善利萬物, 而不爭, 處衆人之所惡, 故幾於道矣. 居善地, 心善淵, 與善仁, 言善信, 政善治, 事善能, 動善時, 夫惟[1]不爭. 故無尤.

1) 『老子品節』에는 '惟'가 '唯'로 되어 있다.

물은 만물에 은택을 잘 베풀면서 아랫자리에 가 있기를 즐기기 때문에 만물을 이롭게 하면서도 다투지 않고 뭇 사람들이 싫어하는 곳에 머무른다고 하였다. 부쟁不爭은 물의 성질이 부드러워 사물을 거스르지 않는다는 뜻이다. 기幾는 '가깝다'(近)는 말이다. '도에 가깝다'(幾於道)는 것은 물이 사물에 은택을 베풀면서도 아랫자리에 있으니, 도에 가깝다는 말이다. 선善은 '따르다'(順), 연淵은 '고요하다'(靜)의 뜻이다. 거처는 가리지 않고 지세를 따르며, 마음가짐은 조급하지 않고 고요함을 따르며, 사물과 함께하되 어짊

(仁)을 따르고, 말은 하되 신의를 따르며, 정사는 다스려짐(治)을 따르고, 일은 능숙함을 따르며, 움직임은 때를 따른다. 이 일곱 가지가 모두 만물을 이롭게 하면서도 다투지 않는 까닭이다. 이 가운데 함께함은 어짊을 따르고, 말은 신의를 따르고, 정사는 다스려짐을 따르고, 일은 능숙함을 따르는 것은 만물을 이롭게 하는 것이다. 또 거처는 지세를 따르고, 마음가짐은 연못의 고요함을 따르고, 움직임은 때를 따르는 것은 다투지 않는다는 것이다. 이렇게 하면 허물이 없어진다. 이 장의 끝에 '다투지 않는다'고만 하였는데, 이것 역시 2장에서처럼 하나로 둘을 아울러 표현한 것이다.

水善澤物, 而好趨下, 故曰利物處惡. 不爭謂其性柔, 而不忤於物也. 幾, 近也. 幾於道, 言水能澤物, 而處下, 近於道也. 善順也, 淵靜也. 居不擇而順乎地, 心不躁而順乎靜, 與物而順乎仁, 出言而順乎信, 政順乎治, 事順乎能, 動順乎時. 此七者, 皆所以利物而不爭. 與善仁, 言善信, 政善治, 事善能, 利物也. 居善地, 心善淵, 動善時, 不爭也. 如此, 則爲無尤矣. 章末唯言不爭, 亦猶第二章之意, 擧一而該其二也.

9장

손으로 움켜잡고 채우는 것이 그만두는 것만 못하고, 손으로 헤아려 날카롭게 하면 오래 보존할 수 없다. 금과 옥이 집안에 가득하면 누구도 지킬 수 없으며, 부귀하고 교만하면 스스로 허물을 남기게 된다. 그러니 공적과 명성이 성취되면 당사자는 물러나는 것이 하늘의 도이다.

持而盈之, 不如其已, 揣而銳之, 不可長保. 金玉滿堂, 莫之能守, 富貴而驕, 自遺其咎. 功成名遂, 身退, 天之道.

지持는 손으로 물건을 움켜잡는다는 뜻이고, 취揣는 손으로 헤아린다는 뜻이다. 움켜잡고 채우기만 하니 가득 차면 반드시 넘치는 법이다. 또 손으로 헤아려 보면서 날카롭게 하니 날카롭게 되면 반드시 꺾이는 법이다. 금과 옥이 집안에 가득해서 아무도 지킬 수 없다면 차서 넘치는 지경에 이른 것이다. 부귀하고 교만해서 스스로 허물을 남긴다면 날카로워서 꺾이는 지경에 이른 것이다. 만족할 줄 알고 멈출 줄 알면 이렇게 넘치고 꺾이는 우환은 없다. 공적과 명성이 성취되었을 때 당사자가 물러난다는 것은 만족할 줄 알아서 멈출 수 있다는 것이다. 해도 중천에 솟으면 기울고 달도 차면 이지러지는 법이니, 사시四時의 순서는 공을 이루면 물러가는 것이다. 이 때문에 '하늘의 도'라고 하였다.

持, 手執物也. 揣, 手度物也. 執持之, 而求其盈, 盈則必溢. 揣度之, 而求其

銳, 銳則必折. 金玉滿堂, 而莫之守, 則盈而至於溢矣. 富貴而驕, 自遺咎, 則銳
而至於折矣. 知足知止, 則無折溢之憂. 功成名遂, 身退, 則能知足而止矣. 日
中則昃, 月盈則虧, 四時之序, 成功者去. 故曰天道.

10장

영(營: 魂)을 백백(魄)에 싣고 (혼이) 하나를 껴안아 분리되지 않게 할 수 있겠는가? 기를 순수하게 하고 부드러움을 극진하게 해서 아기와 같아질 수 있겠는가? 씻어 버리고 현묘하게 살펴서 흠이 없게 할 수 있겠는가? 백성을 사랑하고 나라를 다스림에 무위할 수 있겠는가? 천문이 열리고 닫힘에 암컷의 성질을 없앨 수 있겠는가? 아주 분명하고 사통팔달하여 앎을 없앨 수 있겠는가? (조화가 만물을) 낳고 기르지만, 낳아 놓고도 소유하지 않고 위해 주면서도 내세우지 않으며, 우두머리가 되었지만 주재하는 흔적을 남기지 않으니 이것을 아득한 덕이라고 한다.

載營魄抱一, 能無離乎. 專氣致柔, 能如嬰兒乎. 滌除玄覽, 能無疵乎. 愛民治國, 能無爲乎. 天門開闔, 能無雌[1]乎. 明白四達, 能無知乎. 生之畜之, 生而不有, 爲而不恃, 長而不宰, 是謂玄德.

---

1) 박세당이 세주에서 "無雌之無, 一作爲"라고 밝히고 있듯이, 『道德眞經口義』나 『老子品節』 외에는 대부분 '無雌'의 '無'가 '爲'로 되어 있다. 박세당이 '無雌'를 '爲雌'로 보지 않은 것은 文質彬彬을 추구하기 위해서이다. 그는 道를 質로, 禮를 文으로 보고, 노자의 사상을 이용해 文에 치우친 당시 시대상을 비판하려 하였다. 그런데 여기서 '無雌'를 '爲雌'로 보지 않은 것은 질만 강조해서도 안 된다, 즉 文과 質은 치우침 없이 조화를 이루어야 한다는 뜻을 나타낸 것이다. 박세당은 암컷(雌)을 道體로 보기

때문에 文의 근본으로 質을 강조한다는 점에서 '爲雌'로 봄이 적절할 것 같지만, 문질의 조화 때문에 그렇게 하지 않은 것이다. 왕필본에는 '無雌'의 '無'가 '爲'로, 곧 "천문이 열리고 닫히는데 암컷처럼 할 수 있는가"(天門開闔, 能爲雌乎)라고 하였다. 노자가 柔弱과 虛靜을 강조하는 것으로 볼 때, 이처럼 '無雌'의 '無'는 '爲'로 보는 것이 옳다.

영營은 '혼魂'이고 '신神'이며, 백魄은 '정精'이고 '기氣'이다. 재영백載營魄은 혼魂을 백魄에 신는다는 뜻으로, 사람을 수레에 태우는 것과 같다. 일一은 잡된 것 없이 순수한 하나를 말하니 곧 도의 본체이다. 백魄이 혼을 신고 혼이 하나를 꺼안을 수 있다면 도와 합일할 수 있다. 분리되면 도에서 멀어지기 때문에 "분리되지 않게 할 수 있겠는가?"라고 말하였다. 능能은 "사람들이 이와 같을 수 있는가?"(人能如此乎)라고 말하는 것과 같다. 다음에 나오는 능能도 모두 마찬가지이다. 전專은 '순수하다'(純), 치致는 '극진하게 하다'(極)라는 뜻이다. 아기는 기氣가 순수하고 부드럽다. 따라서 아이처럼 기를 순수하고 부드럽게 할 수 있으면 하나를 꺼안을 수 있다. 씻어 버리고 현묘하게 살피는 것은 반드시 흠 없이 순수하고 깨끗해지려는 것이다. 백성을 사랑하고 나라를 다스리는 것은 반드시 청정하게 무위하려는 것이다. 천문天門은 6장에 나오는 '현묘한 암컷의 문'(玄牝之門)으로, 천문이 열리고 닫히는 것은 비어 있는 신묘함이 죽지 않기 때문이다. 그런데 온통 암컷의 성질뿐이라면 묘한 작용이 멈추어 버리므로 반드시 암컷의 성질을 없애려는 것이다. 아주 분명하고 사통팔달한 것은 저절로 아는 성인의 경지이다. 그런데 그 앎을 자랑하면 지혜가 생겨나기 때문에 앎이 없는 것처럼 하려는 것이다. 또한 (천지의) 조화가 만물을 낳고 기르지만 스스로 공으로 여기지 않는 것처럼 만물의 우두머리이면서도 재제한 흔적을 보이지 않는다면 현묘한 덕이라고 할 수 있다.

營, 魂也. 神也. 魄, 精也, 氣也.[1] 載營魄, 謂載魂於魄, 猶載人於車. 一謂純一不雜, 道之體也. 魄能載魂, 魂能抱一, 則能與道合. 離則遠於道矣, 故曰能無離乎. 能猶言人能如此乎. 下並同. 專, 純也. 致, 極也. 嬰兒氣純而且柔. 能如嬰兒, 則能抱一矣. 滌除玄覽, 必欲其純潔無疵也. 愛民治國, 必欲其淸靜無爲也.[2] 天門, 卽玄牝之門. 天門開闔, 谷神之所以不死. 而一於雌, 則妙用息矣, 故欲其必無雌也. 明白四達, 聖人之所以自知. 而衒其知, 則智慧作矣, 故欲其如無知也. 又如造化之生養萬物, 而不自以爲功, 爲萬物之長, 而無宰制之跡, 則可以謂之玄妙之德矣.

1) 『道德眞經口義』의 주에도 "營, 魂也. 神也. 魄, 精也, 氣也"가 동일하게 나온다.
2) 『老子品節』에 "愛民治國, 欲其淸靜無爲也"라고 나온다.

☞ 해설

10장의 주에서 주의해서 살펴보아야 할 부분은 바로 "일一은 잡된 것 없이 순수한 하나를 말하니, 곧 도의 본체이다. 백魄이 혼을 싣고 혼이 하나를 껴안을 수 있다면 도와 합일할 수 있다"라는 구절이다. "혼이 하나 곧 도체를 껴안을 수 있다면 도와 합일할 수 있다"고 할 때, 도와 도체의 관계가 문제되기 때문이다. 그런데 이 구절은 『중용사변록』의 "도야지道也者, 불가수유리야不可須臾離也, 가리비도야可離非道也"에 대한 박세당의 주를 보면 쉽게 이해된다. 간략하게 설명하면 여기서 도체는 리理이고 도는 도의 용用이다. 따라서 위 구절은 혼이 도체인 리를 껴안음으로써 그 공용을 실현한다는 의미이다. 쉽게 말해 여기서의 도는 이치에 따라서 매사를 처리하는 것이다. 자세한 설명은 부록을 참고하기 바란다. 『신주도덕경』 전체에서 도가 도의 체 곧 태극이나 리가 아니라 도의 용으로 나타나는 곳은 이 장과 42장뿐이다.

11장

서른 개의 바큇살이 바퀴 구멍 하나를 둘러싸고 있으니, 바로 그 구멍 때문에 수레의 효용이 있다. 진흙을 빚어 그릇을 만들면 가운데 공간 때문에 그릇의 효용이 생긴다. 창과 문을 뚫어 집을 만들어도 가운데 공간 때문에 집의 효용이 있다. 그러므로 '공간을 차지한 것'(有)은 이로움이 되고, 가운데 빈 공간은 효용이 된다.

三十輻, 共一轂, 當其無, 有車之用. 埏埴以爲器, 當其無, 有器之用. 鑿戶牖以爲室, 當其無, 有室之用. 故有之以爲利, 無之以爲用.

수레가 있어 물건을 싣고 그릇이 있어 물건을 담고 집이 있어 거주하니 이 세 가지는 모두 공간을 차지함, 곧 '유有'에 바탕하여 이로움을 삼는다. 그러나 그 효용에 있어서는 모두 가운데 빈 공간에 의지해서 사물을 받아들이는 것뿐이다. '무無'는 비어 있는 중앙을 말한다. 이 장은 비어 있는 중앙의 묘한 작용을 기술한 것으로, '곡谷'이나 '빈牝'이라고 한 것 모두 이러한 뜻이다.

有車以載, 有器以盛, 有室以居, 三者, 皆賚其有, 以爲利. 而至其受用, 則皆賴其虛中, 而容物耳. 無者言其虛中也. 此形容虛中之妙用, 凡曰谷曰牝, 皆此意也.

12장

    오색은 사람의 눈을 멀게 하고, 오음은 귀를 먹게 하며, 오미는 입을 까다롭게 하고, 말타고 사냥하는 것은 마음을 미치게 하며, 구하기 힘든 재물은 사람이 올바른 길을 가지 못하게 한다. 이 때문에 성인은 배를 위하지 눈을 위하지는 않아서 저것을 버리고 이것을 취하는 것이다.

    五色, 令人目盲, 五音, 令人耳聾, 五味, 令人口爽, 馳騁田獵, 令人心發狂, 難得之貨, 令人行妨. 是以聖人爲腹, 不爲目, 故去彼取此

    다섯 가지 잘못은 모두 물욕物欲에 얽매여 삶을 방해하고 덕을 해친 결과이다. 성인은 그렇게 하지 않아서, 몸을 가리기 위해 옷을 입고 배를 채우기 위해 음식을 먹을 뿐 사물로 삶을 방해하고 욕심으로 덕을 해치지 않으므로 "배를 위하지 눈을 위하지는 않는다"고 말한 것이다. 여기서 배와 눈만 언급한 것은 간략하게 줄여서 표현한 것이다. "저것을 버리고 이것을 취한다"는 말은 사치를 버리고 검소를 취한다는 뜻이다.

    五者之過, 皆殉於物欲, 妨生害德. 聖人則不然, 衣取盖體, 食取充腹, 不以物妨生, 不以欲害德, 故曰爲腹不爲目. 言腹言目者, 盖省文也. 去彼取此, 去奢取儉也.

13장

총애나 모욕을 받을 때 두려운 듯이 행동하고, 큰 근심을 제 몸같이 귀하게 여겨라. (1) 총애나 모욕은 무엇을 말하는가? 총애를 받는다는 것은 위가 된다는 것이고, 모욕을 당한다는 것은 아래가 된다는 것이다. 따라서 얻든 잃든 두려운 듯이 행동한다.(何謂寵辱. 寵爲上, 辱爲下, 得之若驚, 失之若驚.) (2) 총애나 모욕을 받을 때 두려운 듯이 행동하라는 것은 무슨 말인가? 얻어도 두려운 듯, 잃어도 두려운 듯 행동하는 것. (何謂寵辱若驚. 得之若驚, 失之若驚.) 이것이 바로 총애나 모욕을 받을 때 두려운 듯이 행동하라는 말이다. 큰 근심을 제 몸같이 귀하게 여기라는 것은 무슨 말인가? 내게 큰 근심이 있는 것은 자신의 몸을 사사롭게 여기기 때문이니, 내 몸을 사사롭게 여기지 않는다면 무슨 근심이 있겠는가? 그러므로 내 몸만큼 세상 사람들을 귀하게 여겨야 (사람들이) 세상을 (내게) 의탁할 것이며, 내 몸만큼 세상 사람들을 사랑해야 (사람들이) 세상을 (내게) 의탁할 것이다.

寵辱若驚, 貴大患若身. 何謂寵辱. 辱爲下, 得之若驚, 失之若驚,[1] 是謂寵辱若驚. 何謂貴大患若身. 吾所以有大患者, 爲吾有身, 及吾無身, 吾有何患. 故貴以身爲天下, 則可寄於天下, 愛以身爲天下, 乃可以託於天下.

약경若驚은 두려워한다는 뜻이다. 총애를 받으면 당연히 기뻐해야 하는
데 기뻐하지 않고 두려워하며, 모욕을 당하면 치욕스럽게 여겨야 하는데 그
렇지 않고 두려워한다. 이는 모두 지극히 겸손하고 삼가서 자신의 몸을 사
사롭게 여기지 않는 것이다. 귀貴는 귀중하게 여긴다는 말이다. 사람들은
제 몸만 중요하게 여길 줄 알았지 큰 걱정거리를 중요하게 여길 줄 모른다.
만약 그렇게 할 수 있다면 걱정거리를 깊이 생각하게 된다. '욕위하辱爲下'
는 생략된 문장이다. 그 위에 '총위상寵爲上'이라는 세 글자가 탈락되었거나
아니면 '약경若驚' 두 글자가 있고 '욕위하辱爲下'는 없어야 하는데, 어떤 경
우인지 알 수는 없다. 얻는다는 것은 총애를 말하고 잃는다는 것은 치욕을
말한다.

무신無身은 제 몸을 사사롭게 여기지 않는 것이다. 사람들이 근심이 있는
것은 모두 제 몸을 사사롭게 여기기 때문이다. 그런 마음이 없다면 근심이
생길 곳이 없다. 그러므로 내 몸을 귀하게 여기는 마음으로 세상 사람들을
귀하게 여긴다면 사람들이 모두 나를 추대하여 세상을 내게 의탁할 것이다.
내 몸을 사랑하는 마음으로 세상 사람들을 사랑한다면 사람들이 모두 나를
사모하여 세상을 내게 의탁할 것이다. 세상을 내게 의탁할 정도라면 단순히
근심이 없는 정도가 아니리라. 이 모두 제 몸을 사사롭게 여기지 않는 데서
오는 효과이다.

若驚, 警懼之意. 寵則當喜, 不以爲喜, 而以爲警懼, 辱則當恥, 不以爲恥, 而
以爲警懼. 皆謙遜畏謹之至, 不有其身也. 貴, 猶言重也. 人但知重其身, 而不
知以大患爲重. 若能以大患爲重, 其慮患也深矣. 辱爲下, 省文也. 此上或脫寵
爲上三字, 或當有若驚二字, 而無辱爲下字, 皆未可知也. 得之謂寵, 失之謂辱.

無身, 不有其身也. 言人所以有患者, 皆爲自私其身. 我無自私之心, 則患無
由至矣. 故以貴吾身之心, 貴天下之人, 則人皆戴我, 而可以寄於天下矣. 以愛
吾身之心, 愛天下之人, 則人皆慕我, 而可以託於天下矣. 可寄可託, 則不但無

患而已. 此皆不私其身之效也.

14장

보아도 보이지 않는 것을 '평편하다'고 하고, 들어도 들리지 않는 것을 '고요하다'고 하며, 만져도 느껴지지 않는 것을 '미소하다'고 한다. 이 세 가지는 따져서 분별할 수 있는 흔적이 없으므로 합쳐서 하나로 여긴다. 그 위는 밝지도 않고 아래는 어둡지도 않으며 끝없이 이어져 무엇이라 이름할 수 없으니, '형체 없는 상태'로 되돌아가는 것이다. 이 것을 조짐(狀) 없는 조짐(狀), 형체(象) 없는 형상(象)이라고 한다. 이것은 황홀함이라, 맞이하여도 앞모습을 볼 수 없고 뒤따라가도 뒷모습을 볼 수 없다. 옛날의 도로 지금의 일(有)을 제어하여 아득한 태초를 알 수 있으니, 이것이 도의 핵심이다.

視之不見, 名曰夷, 聽之不聞, 名曰希, 搏之不得, 名曰微. 此三者不可致詰, 故混而爲一. 其上不皦, 其下不昧, 繩繩不可名, 復歸於無物. 是謂無狀之狀, 無象之象. 是謂惚恍, 迎之不見其首, 隨之不見其後. 執古之道, 以御今之有, 能知古始, 是謂道紀.

이夷는 '평편하다'(平), 희希는 '고요하다'(止), 미微는 '작다'(眇)는 뜻이다. 힐詰은 '분별하다'(辨)와 같으니, 불가치힐不可致詰은 분별할 수 있는 흔적이 없다는 뜻이다. 세 가지 모두 분별할 수 있는 흔적이 없기 때문에 "합쳐서 하나로 여긴다"고 한 것이다. 여기서는 도체가 미묘하여 보고 듣고 만질 수 있는 것이 아님을 표현하였다. 교皦는 '매우 밝다', 매昧는 '매우 어둡다'는 뜻이니, 불교불매不皦不昧란 위는 맑지도 않고 아래는 흐리지도 않다는 말이다. 승승繩繩은 끝없이 이어지는 모양으로, (41장에 나오는) "있는 듯 없는 듯하다"와 같은 뜻이다. 도체는 본래 비어 있다. 그런데 이제 본다·듣는다·만진다고 하고, 하나로 여긴다·밝지 않다·어둡지 않다·끝없이 이어진다고 한 것은 모두 형체(物)가 있는 쪽에 가까우므로 "형체 없는 상태로 되돌아간다"고 하였다.

조짐 없는 조짐과 형체 없는 형상은 이른바 '형이상학의 것'(形而上者)과 같다. 홀황惚恍은 정해지지 않았다는 뜻으로, 있는 듯 없는 듯하기 때문에 홀황이라고 하였다. "맞이하여도 앞모습을 볼 수 없다"는 것은 시작이 없다는 말이고, "뒤따라가도 뒷모습을 볼 수 없다"는 것은 끝이 없다는 말이다. 도는 천지보다 앞서 존재하므로 '옛날'(古)이라고 하였다. "옛날의 도로 지금의 일(有)을 제어한다"는 것은 '무형'(無)으로 '유형'(有)을 제어하고 도로 사물을 제어한다는 뜻이다. 도가 어디에서 생겨났는지를 알기 때문에 '도의 핵심'(道紀)이라고 하였다. 기紀는 강기綱紀를 가리킨다.

夷, 平也. 希, 止也. 微, 眇也. 詰, 猶辨也. 不可致詰, 言無迹可辨也. 三者皆無迹可辨, 故曰混而爲一. 此形容道體之微妙, 非視聽控搏所及也. 皦, 明之至, 昧, 暗之極, 不皦不昧, 言上不至淸, 下不至濁也. 繩繩, 猶綿綿也, 亦若存若亡之意. 道體本虛. 今曰視曰聽曰搏, 曰爲一, 曰不皦, 曰不昧, 曰繩繩, 皆近於有物, 故曰歸於無物.

無狀之狀, 無象之象, 猶所謂形而上者. 惚恍者, 不定之意, 若存若亡, 故曰惚恍. 迎之而不見其首, 無始也, 隨之而不見其後, 無終也. 道在天地之先, 故曰古. 執古之道, 以御今之有, 以無御有, 以道制物也. 知道之所自生, 故謂之道紀. 紀, 綱紀也.

15장

옛날의 훌륭한 선비는 미묘하고 현통하였으니 심오하여 알 수가 없다. 정말로 알 수 없기 때문에 억지로나마 이렇게 표현해 본다. 겨울에 개울 건너듯 망설이고, 사방 인접국을 두려워하듯이 머뭇거리며, 포용하듯이 근엄하고, 얼음 녹듯 풀어지며, 통나무처럼 투박하고, 골짜기처럼 덩그렇고, 흐린 물처럼 뒤섞여 있다. 누가 흐린 그대로 고요하게 있으면서 천천히 맑아지게 할 수 있겠는가? 누가 편안한 그대로 오래 유지하면서 천천히 생기게 할 수 있겠는가? 이런 도를 터득하여 지니고 있는 자는 채우려고 하지 않는다. 오직 채우려 하지 않기 때문에 오래 견딜 수 있으니, 새롭게 완성하지 않는다.

古之善爲士者, 微妙玄通, 深不可識. 夫惟不可識, 故强爲之容. 豫[1]兮若冬涉川, 猶兮若畏四隣, 儼若容, 渙若氷將釋, 敦兮其若樸, 曠兮其若谷, 渾兮其若濁. 孰能濁以靜之徐淸. 孰能安以久之徐生. 保此道者, 不欲盈. 夫惟不盈, 是以能敝, 不新成.

1) 『老子品節』에는 '豫'가 '與'로 되어 있다.

앞장에서 흔적도 없는 도에 대해 설명한 후, 여기서 또다시 도를 터득한 선비에 대해 설명하였다. "미묘하고 현통하다"는 말은 모두 도를 터득한 사람을 찬미한 것으로, 그렇게 심오하므로 알 수가 없다는 말이다. 알 수 없기 때문에 설명을 억지로 할 수밖에 없는 것인데, 이는 『장자』에서 "시험삼아 말해 보자"고 한 것과 마찬가지이다. 용容은 그것을 형용한다는 뜻이다.

다음의 일곱 가지는 모두 도를 터득한 사람을 설명하는 말이다. "겨울에 개울 건너듯 망설인다"는 말은 행하기를 어렵게 여긴다는 뜻이다. "사방 인접국을 두려워하듯이 머뭇거린다"는 말은 매우 조심스럽다는 뜻이다. "포용하듯이 근엄하다"는 말은 엄숙하고 장엄하다는 뜻이다. "얼음 녹듯 풀어진다"는 말은 풀리는 대로 놓아둔다는 뜻이다. "통나무처럼 투박하다"는 말은 깊이 쌓아 놓는다는 뜻이다. "골짜기처럼 덩그렇다"는 말은 본체가 비어 있다는 뜻이다. "흐린 물처럼 뒤섞여 있다"는 말은 4장에 나온 "번뜩이는 지혜를 부드럽게 한다"와 같은 뜻이다.

"흐린 그대로 고요하게 있다"는 말은 천천히 맑아지기를 기다린다는 뜻이며, "편안한 그대로 오래 유지한다"는 말은 천천히 생겨나기를 기다린다는 뜻이니, 무위를 행하여 사물이 저절로 감화된다는 말이다. 능能은 '견디다', 폐敝는 '오래되다'의 뜻이다. 이런 도를 터득하여 지닌 자는 겸허하고 비어 있음을 귀하게 여기며, 차고 넘침을 경계함이 이와 같아서 오래 견딜 수 있다는 말이다. 모든 사물은 낡음에서 새로움을 얻고 허물어짐으로 완성되니, 오래 견딘다면 새롭게 완성하지 않는다.

上章旣形容道之無迹, 此章又形容有道之士.[1] 微妙玄通, 皆所以贊美有道者, 言其如此, 故深而不可識. 由其不可識, 故所形容者, 未免於强, 此亦莊子嘗試言之[2]之意. 容, 形容之也.

此下七者, 皆所以形容有道者之辭. 豫兮若冬涉川, 爲之難也.[3] 猶兮若畏四隣, 謹之至也. 儼若容, 矜莊也.[4] 渙若氷將釋, 委解也.[5] 敦兮其若樸, 蘊藏也. 曠兮其若谷, 虛其體也. 渾兮其若濁, 和其光也.

濁以靜之, 待其徐淸, 安以久之, 待其徐生, 爲無爲, 而物自化也. 能, 耐也. 敝, 久也. 言保持此道者, 貴謙沖, 而戒滿溢, 如此, 則可以耐久也. 凡物由故得新, 由毁得成, 耐久則不新成.

1) 『老子品節』에 "此章形容有道之士"라는 구절이 있다.

2) 『莊子』, 「齊物論」 6장, "齧缺問乎王倪曰, 子知物之所同是乎. 曰. 吾惡乎知之. 子知子之所不知邪. 曰. 吾惡乎知之. 然則物无知邪. 曰. 吾惡乎知之. 雖然嘗試言之. 庸詎知吾所謂知之非不知邪?"; 같은 책, 「至樂」 1장, "天下是非果未可定也. 雖然, 无爲可以定是非. 至樂活身, 唯无爲幾存. 請嘗試言之. 天无爲以之淸, 地无爲以之寧, 故兩无爲相合……" 등.

3) 『老子品節』에 "豫兮若冬涉川, 爲之難也"가 "與兮若冬涉川, 爲之難也"로 되어 있다.

4) 『老子品節』에 "儼若容, 矜莊也"가 그대로 있다.

5) 『老子品節』에 "渙若氷, 將釋通解也"라는 구절이 있다.

16장

    비움을 극진하게 이루고 고요함을 독실하게 지켜서 만물이 함께 흥기할 때, 나는 만물의 복귀를 관찰한다. 만물은 무성하게 뻗어 나가지만 각각 자신의 뿌리로 돌아간다. 뿌리로 돌아가는 것을 '고요함'이라 하고, 고요함은 '명命을 회복하는 것'이라 하며, 명을 회복하는 것은 '항구함'이라 한다. 이 항구함을 아는 것을 '밝음'이라 하는데, 항구함을 모르면 함부로 흉한 행동을 하고, 항구함을 알면 만물을 포용한다. 만물을 포용해야 공평하고, 공평해야 왕이 될 수 있으며, 왕이 될 수 있어야 하늘과 함께하고, 하늘과 함께해야 도에 이를 수 있으며, 도에 이르러야 영원하니 죽을 때까지 위태롭지 않다.

    致虛極, 守靜篤, 萬物並作, 吾以觀其復. 夫物芸芸, 各歸其根. 歸根曰靜, 靜曰復命, 復命曰常. 知常曰明, 不知常, 妄作凶, 知常容. 容乃公, 公乃王, 王乃天, 天乃道, 道乃久, 沒身不殆.

    만물이 함께 흥기할 때 마음을 비우고 밝히며 편안하고 고요하게 함으로써 만물의 복귀를 묵묵히 관찰할 수 있으니, 이것 역시 1장에서 "상명과 유명에서 (하나의 이치에 근원을 두고 있는 지극한 현상의) 드러남을 보려 한다"고 한 것과 같은 의미이다. 만물은 무성함으로써 낳기도 하고 움직이기

112 박세당의 노자

도 하지만, 움직임이 극에 달하면 고요해지고 낳음이 오래되면 그친다. 이는 비유하자면 초목의 잎이 떨어져 뿌리로 돌아가는 것과 같다. 그러므로 "뿌리로 돌아가는 것을 '고요함'이라 하고, 고요함은 '명을 회복하는 것'(復命)이라 한다"고 하였다. '복명'이라고 한 것은, 사물이 생겨날 때 처음에는 아무 것도 없다가 하늘에서 명을 받으면서 각각 자신의 형상을 얻게 되는데, 움직임이 다하고 낳음이 오래되면 다시 처음으로 돌아가니 마치 사람이 명을 받고 되돌아가서 '결과를 보고하는 것'(復命)과 같기 때문이다. 상常은 항구한 이치를 말한다. 음과 양이 열리고 닫힐 때 한 번은 움직이게 하고 한 번은 고요하게 하는 것, 이것이 곧 항구한 이치라는 말이다.

항구한 이치를 아는 자는 충분히 밝기 때문에 "항구함을 아는 것을 '밝음'(明)이라 한다"고 했으니, 이것이 "만물의 복귀를 관찰한다"는 말이다. 이런 이치를 모르는 자는 마음을 비우고 밝을 수도 없으며 편안하고 고요할 수도 없어서 함부로 행동하기 때문에 반드시 잘못을 저지르게 된다. 하지만 이런 이치를 아는 자는 움직임에 고요함이 있고 낳음에 그침(歇)이 있음을 알기 때문에 사물에 맡겨 자연스런 상태를 따르니 그 자신(我)은 하는 일이 없어진다(無爲). 그리하여 만물에 대해 포용하지 못할 게 없어지는데, 이것이 '지극히 공평함'(大公)이다. 크게 공평하면 세상의 왕이 될 수 있다. 공평함으로써 세상의 왕이 되면 하늘과 합치할 수 있으니, 하늘과 합치하는 것이 바로 도道이다. 도는 본래 항구한 것이므로 이렇게 할 수 있는 자는 죽을 때까지 위태롭지 않을 것이다.

能虛明安靜於萬物並作之時, 而默以觀其復, 此亦常有欲以觀其徼之意. 萬物芸芸, 以生以動, 動極而靜, 生久而歇. 譬猶草木之落其葉, 而歸其根. 故云歸根曰靜, 靜曰復命. 復命云者, 物之生, 其初本無, 由受命於天, 各得其形, 及動極生久, 而復其初, 如人受命歸而復命也. 常, 謂常久之理. 言陰陽開闔, 一動一靜, 此乃常久之理也.[1]

能知常久之理者, 足以爲明, 故云知常曰明, 卽所謂觀其復也. 不知此理者, 不能虛明安靜, 而妄有所動作, 必致凶咎. 知此理者, 知動之有靜, 生之有歇, 付物聽其自然, 而我無爲焉. 是以於物無所不容, 是爲大公. 大公, 則能王天下.

以公而王天下, 則能與天合, 合天卽是道. 道本常久, 如此者能沒身而不殆.

---

1) "言陰陽開闔, 一動一靜, 此乃常久之理也"를 글자 그대로 번역하면 "음과 양이 열리고 닫히는데, 한 번은 움직이고 한 번은 고요하니 이것이야말로 항구한 이치라는 말이다"라고 해야 한다. 그러나 여기서 "一動一靜"을 "한 번은 움직이게 하고 한 번은 고요하게 한다"로 번역한 것은 박세당이 주희의 체용론을 원용하여 『道德經』을 주석하였기 때문이다. 『周易』 「繫辭上」의 "一陰一陽之謂道"에 대해 주희는 "陰과 陽이 교대로 움직이는 것은 氣이니, 그것의 理는 이른바 道이다"(陰陽迭運者氣也, 其理則所謂道)라고 주석하였다.

17장

최상의 통치자는 아랫사람들이 그가 있다는 것만 안다. 그 다음 단계의 통치자는 (아랫사람들이) 가깝게 여기며 칭찬한다. 다음 단계의 통치자는 (아랫사람들이) 두려워한다. 다음 단계의 통치자는 (아랫사람들이) 모멸한다. 윗사람의 진실이 부족하기 때문에 아랫사람들이 믿지 못하는 것이다. 머뭇거리며 말을 아끼니, 일이 이루어져도 백성 모두가 "내 스스로 그렇게 되었다"고 말한다.

太上下知有之. 其次親之譽之. 其次畏之. 其次侮之. 故信不足焉, 有不信. 猶兮其貴言, 功成事遂, 百姓皆曰我自然.

어떤 사람은 '하下'가 '부不'이어야 한다고 하는데, 그것은 옳지 않다. 최고의 덕을 가진 통치자(太上)는 백성이 그가 있다는 사실만 알 뿐이니, 위에서 하는 일이 없어 아랫사람이 저절로 잊어버리기 때문이다. 그 다음은 덕과 은혜를 베풀기 때문에 백성이 가깝게 여기며 칭찬한다. 그 다음은 형법을 가다듬기 때문에 백성이 두려워한다. 또 그 다음은 덕과 형법이 모두 없어서 백성이 모멸하기 시작한다. 백성에게 모멸을 받는 것은 통치자 자신의 진실이 부족하기 때문이니, 백성 가운데 통치자인 나를 믿지 않는 사람이 생기게 된다. 유猶는 '머뭇거린다', 귀貴는 '어렵게 여겨 조심한다'는 뜻이다. 말을 많이 하다 자주 궁지에 몰리는 것은 마음을 비워 두느니만 못하니,

말을 아끼면 내게 믿음이 확립되어 백성이 모멸할 수 없다. 어떤 사람은 "백성에게 믿지 못하는 마음이 있는데도 여전히 말로 설득하려 한다"고 해석했는데, 이 또한 뜻이 통한다. 공과 일이 완수되어도 백성 모두가 "내 스스로 그렇게 되었다"고 말하는 것은 세상 사람들이 은연중에 그의 은혜를 입었으면서도 스스로 알지 못하기 때문이다. 이를테면 "임금의 힘이 어떻게 우리에게 미쳤겠는가?"라고 말하는 경우가 이것이다.

下或云當作不, 非是.[1] 太上其民但知有君而已, 上無爲而下自忘也. 其次則施德惠, 故其民親之譽之. 又其次則修刑, 故其民畏之. 又其次則德刑俱亡, 故其民始侮之. 所以受侮於民者, 以己之信不足, 是以人有不信我者. 猶, 猶豫也. 貴, 難愼也. 多言數窮, 不如守中, 貴言則信立於我, 而民不能侮也. 或曰民有不信之心, 而猶未免於有言,[2] 亦通. 功成事遂, 而百姓皆曰我自然者, 天下之人, 陰受其賜, 而不自知. 如帝力何有於我,[3] 是也.

1) 진심의 『老子品節』에는 "下는 不로 해야 할 것 같다"(下字疑作不字)고 되어 있다. 또 『漢文大系』에는 '不知有之'로 되어 있는데, 그 주에서 "어떤 본에는 不知有之가 下知有之로 되어 있는데, 이제 吳幼淸본을 따른다"고 한 것을 보면, 吳幼淸본에도 '下'가 '不'로 되어 있음을 알 수 있다. 그런데 박세당의 주석은 판본이 아니라 혹자의 의견에 대한 비판이기 때문에, 여기서 혹자는 진심을 가리키는 말로 보인다.
2) 역시 『老子品節』에 "백성에게 믿지 못하는 마음이 있는데 또 말로 설득하려 한다"(民有不信之心, 而又不免於有言)는 말이 있는 것으로 보아, 이것을 인용한 듯하다.
3) 『十八史略』 「帝堯陶唐氏」에 나오는 '擊壤歌'의 한 구절이다.

18장

위대한 도가 없어지자 인의가 생기고, 지혜가 나오자 큰 속임수가 있게 되었다. 육친이 화합하지 못하자 효성스러운 자식과 자애로운 부모가 나왔으며, 국가가 혼란스러워지자 충신이 나왔다.

大道廢, 有仁義. 慧智出, 有大僞. 六親不和, 有孝慈, 國家昏亂, 有忠臣.

국가가 혼란한 다음에 충신이 있음을 알게 되니, 잘못은 혼란에 있지 충신의 탓이 아니다. 육친이 화목하지 못한 다음에 효도와 자애가 있음을 알게 되니, 잘못은 불화에 있지 효도와 자애의 탓이 아니다. 위대한 도가 없어진 다음에 인의가 있음을 알게 되니, 잘못은 도가 없어진 데 있지 인의의 탓이 아니다. 이런 점에서 노자는 근본을 제대로 이해하지 못했다는 평을 들을 만하다. 국가가 잘 다스려지면 충신이라는 칭호가 없어도 그것이 충신이 되는 데 방해가 되지는 않는다. 육친이 화목하면 효도와 자애라는 명칭이 없어도 그것이 효도와 자애를 행하는 데 방해가 되지는 않는다. 위대한 도가 행해지면 인의라는 명칭이 없어도 그것이 인의를 실천하는 데 방해가 되지는 않는다. 사람들 모두가 충신이 되려 한다면 국가가 잘 다스려질 것이고, 모두가 효도와 자애를 행하려 한다면 육친이 화목할 것이며, 모두 인의를 실천하려 한다면 위대한 도가 행해질 것이다. 이것이 바로 성인이 인의를 귀중하게 여기는 이유이다. 어떤 사람은 이 장이 노자가 세상에 분개하여 한 말이라고 했다.

國家昏亂, 而後知有忠臣, 失在昏亂, 非忠臣之過也. 六親不和, 而後知有孝慈, 失在不和, 非孝慈之過也. 大道廢, 而後知有仁義, 失在道廢, 非仁義之過也. 老子於此, 可謂不揣其本矣. 國家治, 雖無忠臣之名, 不害其爲忠臣也. 六親和, 雖無孝慈之名, 不害其爲孝慈也. 大道行, 雖無仁義之名, 不害其爲仁義也. 人皆欲爲忠臣, 則國家治矣. 人皆欲爲孝慈, 則六親和矣. 人皆欲爲仁義, 則大道行矣. 此聖人所以貴仁義也. 或曰此老子憤世之辭也.[1]

> 1) 진심의 『老子品節』에 "이 장은 노자가 주의 쇠퇴기에 현실을 걱정하고 옛날을 그리워하며 세상에 분개하여 한 말이다"(此老子處衰周之時, 傷今思古, 憤世之詞)라고 하였는데, 내용이 거의 비슷한 것으로 보아 이것을 인용한 듯하다.

☞ 해설

18장도 유학자의 입장에서 주석하기 어려운 부분이다. 박세당은 다른 장에서 노자의 말을 인정했던 것과 달리 여기서는 잘못이라고 하고 있다. 그런데 왕필의 관점으로 보면 인의와 같은 유가의 덕목은 절대로 인정할 수 없다. 왕필에게 도는 마음을 비워 곧 분별(知)을 제거함으로써 자연에 따라 행동하는 것이기 때문이다. 예컨대 저절로 마음이 우러나와 부모를 섬기는 것은 자연을 따르는 것이지만, 덕목이기 때문에 효를 실천하는 것은 비록 그 덕목이 자연을 바탕으로 할지라도 이미 자연을 벗어난 것이다. 분별에 의해 만들어진 것은 무엇이든 인위적이기 때문이다. 이런 점에서 유가의 덕목은 비록 자연의 본성을 바탕으로 할지라도 모두 인위적으로 변질된 것이다. 따라서 왕필의 관점에서 볼 때 박세당과 같은 주장은 노자의 의도를 전혀 이해하지 못한 것이라고 할 수 있다. 사실 근본적으로 노자의 사상은 유가의 틀로 설명할 수 없는 것이기도 하다.

19장

얇(聖)과 지혜를 끊어 버리면 백성의 이익이 백 배가 되고, 어짊과 의로움을 끊어 버리면 백성이 효성과 자애를 회복하며, 교묘함과 이로움을 끊어 버리면 도적이 없어진다. 이 세 가지는 (以爲文不足. 故令有所屬) 소박함을 알고 유지하며 사사로움과 욕심을 줄이게 한다.

絶聖棄智, 民利百倍, 絶仁棄義, 民復孝慈, 絶巧棄利, 盜賊無有. 此三者以爲文, 不足. 故令有所屬, 見素抱樸, 少私寡欲.

이 장은 앞장과 같은 의미이다. 성얇은 '알다'(知), '통하다'(通)의 뜻이다. 지혜가 나오자 속임수가 생겼기 때문에 얇(聖)과 지혜를 끊어 없애려는 것이다. 속임수가 사라지면 피해(害)가 그치고, 피해가 그치면 이익이 배로 커진다. "이위문부족以爲文不足, 고령유소속故令有所屬" 두 구절은 무슨 뜻인지 잘 모르겠다. 임씨는 "성스러움과 지혜·어짊과 의로움·교묘함과 이로움이라는 세 가지는 도를 기준으로 보았을 때 꾸밈(文)이기 때문에 세상을 다스리기에 부족하다. 따라서 백성을 모아(屬) 소박함을 알고 유지하며 사욕을 줄이게 해서 온 세상에 저절로 일이 없어지는 것만 못하다"고 풀이했다.

此亦猶上章之意. 聖, 知也, 通也. 智慧出而詐僞興, 故欲絶聖去智. 僞息則害止, 害止則利倍. 以爲文不足, 故令有所屬, 兩句未詳. 林氏曰, 聖智仁義巧利三者, 以道觀之, 是文也, 不足以治天下. 不若屬[1]民而使之見素抱樸, 少私寡

欲, 而天下自無事矣.[2]

1) 『道德眞經口義』, 19장 임희일주, "屬은 『周禮』에서 백성들을 모아서(屬) 법을 읽어
   주었다'고 할 때 屬의 의미이다."(屬猶周禮屬民讀法之屬也)
2) 『老子品節』에 "聖智仁義巧利三者, 皆世道日趨於文, 故有此名. 以道觀之, 是文也, 反
   不足以治天下, 不若屬民而使之見素抱樸, 少私寡欲, 而天下自無事矣"라는 구절이 있
   다. 『道德眞經口義』에는 "聖智仁義巧利三者, 皆世道日趨於文, 故有此名. 以知道者
   觀之, 是文也, 及不足以治天下, 不若屬民而使之見素抱樸, 少私寡欲, 而天下自無事
   矣"로 되어 있다.

해설

박세당이 주석에 막힌 것은 본문의 '문文'을 '문질文質'의 '문文'으로 보는 관점
때문이다. 그는 문의 근원을 질로 보고 '문질빈빈'의 관점에서 본문을 주석하려 했
다. 본문에서의 문文을 문질의 문으로 볼 경우, '차삼자此三者' 이전의 구절은 지나
친 문文을 버리고 질質을 추구하는 것으로 풀이할 수 있기 때문에 무리가 없다. 문
제는 다음 구절과의 연결이다. 곧 '이위문부족以爲文不足'을 "문文이 되기에 부족
하다"라고 풀이하면, 앞의 세 가지로는 문文이 부족하므로 다른 방법으로 보충해야
한다는 뜻이 되고 만다. 이런 해석은 앞 구절의 의도와 어긋나기 때문에 잘 모르겠
다고 하고 임희일의 주로 대신한 것이다. 그러면서도 임희일의 주석을 완전히 인정
하지 않은 것은 임희일의 주가 본문의 맥락과 다소 차이가 있기 때문인 듯하다. 경
문 "차삼자此三者, 이위문부족以爲文不足, 고영유소속故令有所屬"을 임희일의 입
장에서 구두하면 "차삼자此三者, 이위문以爲文, 부족不足, 고영유소속故令有所屬"
이라고 해야 한다. 다시 말해 임희일은 '차삼자此三者'를 "절성기지絶聖棄智, 절인
기의絶仁棄義, 절교기리絶巧棄利"가 아닌 "성지聖智, 인의仁義, 교리巧利"로 보고,
'부족不足'에 '이치천하以治天下'를 첨가해 "부족이치천하不足以治天下"라고 주석
했다. 이는 자신의 주관에 따라 경문을 다소 변형한 것으로 볼 수 있다. 때문에 박세
당은 '차삼자'를 임희일과 달리 앞구절 전체로 본 것 같다. 문제는 이렇게 했을 때
뒷구절과 연결되지 않는다는 점이다.

20장

　배움을 끊으면 근심이 없다. 공손하게 대답하는 것(唯)과 대충 대답하는 것(阿)이 얼마나 차이가 있겠으며, 또 선과 악은 얼마나 차이가 있겠는가? 사람들이 두려워하는 것은 두려워하지 않으면 안 되는 것이다.

　황홀해서 궁극을 알지 못하겠지! 뭇 사람들의 희희낙락함이 마치 큰 잔치를 즐기고 봄날 누대에 오른 듯한데, 나 혼자만 웃을 줄 모르는 아기처럼 조용히 어떤 싹도 드러내지 않는다. 두둥실 떠다니며 돌아갈 곳 없는 듯이 행동하네! 뭇 사람들은 모두 넉넉한데, 나 혼자만 버림받은 것처럼 한다.

　나는 어리석은 사람의 마음이라. 정말 아둔하구나! 속인들은 초롱초롱한데 나만 어수룩하고, 속인들은 또랑또랑한데 나만 흐리멍덩하다. 깊고 넉넉함이 바다와 같고, 바람처럼 불어 오름에 그치지 않을 듯하구나. 뭇 사람들은 모두 쓸모가 있는데, 나 혼자만 우둔하고 촌스럽다.

　나 혼자만 남과 달라서 어머니에게 음식 구하는 것을 귀하게 여긴다.

　絶學無憂. 唯之與阿, 相去幾何, 善之與惡, 相去何若. 人之所畏, 不可不畏.

　荒兮其未央哉. 衆人熙熙, 如享太牢, 如登春臺, 我獨泊兮其未兆, 若嬰兒之未孩. 乘乘兮若無所歸. 衆人皆有餘, 我獨若遺.

我愚人之心也哉. 沌沌兮. 俗人昭昭, 我獨昏¹⁾昏, 俗人察察, 我獨悶悶, 澹兮其若海, 飂兮似無所止. 衆人皆有以, 我獨頑且鄙.

我獨異於人, 而貴求食於母.

1) 『老子品節』에는 '昏'이 '若'으로 되어 있다.

유唯와 아阿는 모두 대답하는 말이다. 배우는 자들은 선을 행하고 악을 없애려 하면서도 둘 사이의 차이를 알지 못한다. 공손하게 대답하고 대충 대답하는 것 정도의 차이일 뿐이니, 어찌 뜻으로 삼을 만하겠는가? 진실로 선과 악을 분별하려 한다면 반드시 화와 해를 입을 것이다. 이것은 사람들이 똑같이 두려워하는 것이니, 그 자신도 두려워하지 않으면 안 된다. 배움을 끊기만 하면 분별하는 마음이 없어져서 해도 입지 않게 되니, 근심이 없을 수 있는 것이다.

황荒은 황홀하다는 뜻이고, 앙央은 '궁극'(極)과 같은 말이다. 조兆는 '싹트다'(萌)의 뜻이다. 뭇 사람들이 세상 재미에 빠져 희희낙락하는 모습이 마치 큰 잔치를 즐기고 봄날 누대에 오른 듯하다. 그런데 나 혼자만 아직 웃을 줄도 모르는 아기처럼 조용히 어떤 생각도 싹트지 않았으니, 사람들이 황홀하여 궁극을 알지 못하도록 한다. 승승乘乘은 두둥실 떠다니는 모습이다. "돌아갈 곳이 없는 듯 행동한다"(若無所歸)는 것은 사물에 얽매이지 않는다는 말이다. "뭇 사람들이 모두 넉넉하다"(衆人皆有餘)는 것은 모두가 부귀와 명리名利를 갖고 있다는 말이다. "나만이 처져 있는 듯하다"(我獨若遺)는 것은 마치 버림받은 것처럼 나 혼자만 여기에 함께하지 않는다는 뜻이다. 두둥실 떠다니듯이 사물에 얽매이지 않음이 이와 같다는 얘기이다.

돈돈沌沌은 어리석고 굼뜬 모습이며, 민민悶悶은 분명히 깨닫지 못한다는 뜻이다. 다른 사람들은 모두 초롱초롱하고 또랑또랑한데 나 혼자만 어수룩하고 흐리멍덩하다는 것은, 어리석은 사람의 마음처럼 어수룩하기가 이와 같다는 말이다. "깊고 넉넉함이 바다와 같다"(澹兮其若海)는 구절로 조용해서 그 궁극을 알 수 없음을 말하였다. "바람처럼 불어 오름에 그치지 않을 듯하다"(飂兮其似無所止)는 구절로 두둥실 떠다니듯 사물에 얽매이지 않음을 말하였다. "뭇 사람들은 모두 쓸모가 있는데 나 혼자만 우둔하고 촌스럽다"(衆人皆有以, 而我獨頑且鄙)는 구절로는 다른 사람들은 모두 초롱초롱하고 또랑또랑한데 나 혼자만 바보같이 어리석음을 말한 것이다.

내가 하는 일은 전부 남과 달라서 혼자만 어머니에게 음식을 구하는 것을 귀하게 여긴다. 여기서 어머니란 '도道'이니, 도가 만물을 낳기 때문에 어머니라고 한 것이다. 음식은 몸을 기르는 것이니, 어머니에게 음식을 구한다는 것은 도로 자신을 기르는(養) 것이다.

唯, 阿, 皆諾也.[1] 學者欲爲善去惡, 不知善惡相去. 猶唯阿之間耳, 何足爲意. 苟欲分別善惡, 禍害必至. 此人之所同畏, 己亦不可不畏. 唯絶學, 則無分別之心, 而害不及身, 可以無憂也.

荒, 荒忽也. 央, 猶極也. 兆, 萌也. 衆人樂於世味, 熙熙然, 如享太牢, 如登春臺. 我獨泊然, 百念不萌, 如嬰兒未孩, 使人荒忽, 而未見其極也. 乘乘猶泛泛也. 若無所歸, 言不繫於物也. 衆人皆有餘, 言皆有富貴名利也. 我獨若遺, 言我獨不與於此, 若遭遺棄也. 言泛泛然, 不繫於物也, 如此

沌沌, 愚蠢之貌. 悶悶, 不分曉之意. 人皆昭昭察察, 我獨昏昏悶悶, 言其沌沌然, 若愚人之心, 如此也. 澹兮其若海, 以言夫泊然, 而未見其極也. 飂兮其似無所止, 以言夫泛然, 而不繫於物也. 衆人皆有以, 我獨頑且鄙, 以言夫人皆昭昭察察, 而我獨沌沌如愚也.

凡我所爲, 皆異於人, 而獨貴求食於母. 母者, 道也. 道生萬物, 故曰母. 食所以養身者, 求食於母, 以道自養也.

---

1)『老子品節』에도 "唯阿皆諾也"라는 구절이 있다.

21장

성대한 덕의 모습은 오직 도를 따르는 것일 뿐이다. 도의 됨됨이는 오직 황홀할 뿐이다. 황홀하고 또 황홀하니 그 가운데에 형상이 있고, 황홀하고 또 황홀하니 그 가운데에 사물이 있다. 까마득하고 어슴푸레하니 그 가운데에 정기가 있다. 그 정기는 매우 참되니 그 가운데에 믿음의 징표가 있다. 예부터 지금까지 그 이름이 사라지지 않은 것은 여러 성현들을 거쳐 전해졌기 때문이다. 여러 성현들이 그렇게 했다는 것을 나는 어떻게 알겠는가? 성대한 덕으로 아는 것이다.

孔德之容, 惟道是從. 道之爲物, 惟恍惟惚. 惚兮恍, 其中有象, 恍兮惚, 其中有物. 窈兮冥兮, 其中有精. 其精甚眞, 其中有信. 自古及今, 其名不去, 以閱衆甫. 吾何以知衆甫之然哉. 以此

임씨는 다음과 같이 말했다. "공孔은 '성대하다'(盛)의 뜻이다. 도를 아는 선비는 오직 도를 따를 뿐인데 겉으로 드러나기에 저절로 성대한 덕의 모습이 있게 된다." '도의 됨됨이'(道之爲物) 이하의 모든 구절은, 도의 신묘함은 알 수 없지만 그 이치는 어디에나 사물에 따라 있는 듯하다는 말을 하고 있다. 이는 지극히 비어 있으면서도 지극히 차 있으니, 이른바 (주역의) 형이상학적인 것(形而上者)이다. 염계가 말한 "극이 없어서 가장 큰 극이다"(無

極而太極) 역시 같은 뜻이다. 보보는 남자에 대한 존칭이니, 중보衆甫는 고
금의 성현이다. 예부터 지금까지 도라는 이름이 사라지지 않은 것은 여러
성현들을 거쳐 전해졌기 때문인데, 내가 여러 성현들에게 도가 있었음을 알
수 있는 것은 그들에게 도가 있어 성대한 덕의 모습이 있었기 때문이라고
하였다. 대체적으로 이 장에서는 도는 알 수 없지만 덕은 알 수 있다는 뜻
을 말하고 있다.

　林氏曰, 孔, 盛也.[1] 知道之士, 唯道是從, 而其見於外也, 自有盛德之容. 道
之爲物以下, 皆言其妙不可見, 其理則參前.[2] 盖至虛而至實, 卽所謂形而上者.
濂溪云, 無極而太極,[3] 亦此意也. 甫, 男子之美稱, 衆甫者, 古今聖賢也.[4] 言自
古及今, 道名不去, 閱歷群聖, 吾何以知, 群聖之有道哉, 以道在群聖, 而有盛
德之容故也. 此章盖言, 道不可見而德可見之意.

1) 『老子品節』에도 "孔 盛也"라는 구절이 있다.
2) '參前'은 『論語』「衛靈公」의 "子張問行. 子曰, 言忠信, 行篤敬, 雖蠻貊之邦行矣……
　立則見其參於前也, 在輿則見其倚於衡也, 夫然後行"에서 "立則見其參於前也"를 압
　축해 표현한 것이다. 『老子品節』에도 "道之爲物, 妙不可見, 其理則參前"이라는 글이
　있다.
3) 周敦頤의 「太極圖說」에 나온다.
4) 『老子品節』에 "甫父同, 男子之美稱. 衆父者, 古今歷代之聖賢也"라는 구절이 있다.

22장

꺾으면 온전해지고, 굽히면 곧아지며, 비면 차고, 낡으면 새로워지며, 적게 하면 얻고, 많게 하면 미혹된다. 이 때문에 성인은 하나를 가슴에 안고 세상의 법으로 삼는다. 스스로 드러내지 않아서 밝고, 스스로 옳다고 여기지 않아서 빛나며, 스스로 자랑하지 않아서 공을 갖게 되고, 스스로 자만하지 않아서 오래갈 수 있다. 오직 다투지 않기 때문에 세상 누구도 그와 다툴 수가 없다. 꺾으면 온전해진다는 옛말이 어찌 빈 말이겠는가? 진실로 온전하게 되돌려줄 것이다.

曲則全, 枉則直, 窪則盈, 敝則新, 少則得, 多則惑. 是以聖人抱一爲天下式. 不自見, 故明, 不自是, 故彰, 不自伐, 故有功, 不自矜, 故長. 夫惟不爭, 故天下莫能與之爭. 古之所謂曲則全者, 豈虛言哉. 誠全而歸之.

곡曲은 '꺾다'(折), 왕枉은 '굽히다'(屈), 와窪는 '텅 비다'(虛), 폐敝는 '낡았다'(故)는 말이다. 천도는 가득 찬 것(盈)에서 덜어 내어(虧) 겸손한 것에 보탠다. 그러므로 꺾은 것은 온전해질 수 있고, 구부린 것은 곧아질 수 있으며, 빈 것은 찰 수 있고, 낡은 것은 새로워질 수 있으며, 적은 것은 많아질 수 있으니, 모두 겸손하여서 보탬을 얻은 경우이다. 많은 것은 도리어 미혹되니, 가득 차서 덜리는 경우이다. 이 때문에 성인은 도를 가슴에 안고서 세상을 다스리는 법으로 삼는다. 스스로 드러내지 않으면 총명聰明이 광대해지고, 스스로 옳다고 여기지 않으면 덕과 선이 빛나며, 자랑하지 않으면 공과 아름다움을 소유할 수 있고, 자만하지 않으면 자신과 명예를 보존할 수 있다. 이 네 가지는 모두 마음을 비워 다투지 않는 것이니 자신을 꺾는 도이다. 그러므로 (자신을) 꺾으면 온전해진다는 것이 어찌 빈말이겠는가! 자신을 꺾을 수 있어야만 하늘이 실로 온전하게 되돌려줄 것이다.

曲, 折也. 枉, 屈也. 窪, 虛也. 敝, 故也. 天道虧盈, 而益謙. 故曲者能全, 枉者能直, 窪者能盈, 敝者能新, 少者能得, 皆以謙而得益也. 多者反惑, 以盈而得虧也. 是以聖人抱道, 以爲天下法. 不自見, 則聰明廣, 不自是, 則德善彰, 不伐, 則克有功美, 不矜, 則能保身名. 四者, 皆虛心而無所爭, 曲之道也. 故曰曲則全者, 豈虛言哉. 惟其能曲, 天實以全歸之耳.

23장

말이 별로 없는 것이 자연스럽다. 그러므로 회오리바람은 아침내 불지 않고, 소나기는 하루 종일 퍼붓지 않는다. 누가 이렇게 하는가? 바로 천지이다. 천지도 오래 할 수 없거늘 하물며 사람이야 말해 무엇하겠는가! 그러므로 도에 종사하는 것이니, 도와 함께하는 자는 도와 함께하고, 덕과 함께하는 자는 덕과 함께하며, 실패(失)와 함께하는 자는 실패와 함께한다. 도와 함께하는 자는 도 역시 그와 기꺼이 함께하고, 덕과 함께하는 자는 덕 역시 그와 기꺼이 함께하며, 실패와 함께 하는 자는 실패 역시 그와 기꺼이 함께한다. (결국) 진실이 부족하여서 불신이 있는 것이다.

希言自然. 故飄風不終朝, 驟雨不終日. 孰爲此者. 天地. 天地尙不能久, 而況於人乎. 故從事於道者, 道者同於道, 德者同於德, 失者同於失. 同於道者, 道亦樂得之, 同於德者, 德亦樂得之, 同於失者, 失亦樂得之. 信不足, 有不信.

'말이 별로 없다'(希言)는 것은 말을 간략하고 담담하게 하는 것이니, 이른바 '말을 소중하게 여긴다'(貴言)는 것이 이런 뜻이다. 자연스럽다는 것은 구차하게 모나서 남과 다르지 않고 사물을 따른다는 말이다. 바람과 비는 천지가 하는 일이지만, 회오리바람과 소나기의 경우는 자연스럽지 않기 때문에 오히려 오래갈 수 없다. 그러니 사람이 말이 많을 경우 끝이 없을 수 있겠는가? 그러므로 도에 종사하는 것이니, 도와 함께하는 자는 도와 함께 행동하고, 덕과 함께하는 자는 덕과 함께 행동하며, 실패(失)와 함께하는 자는 실패와 함께 행동한다. '함께한다'(同)는 것은 어기지 않고 잘 따른다는 뜻이다. 실패와 함께할 정도라면 티끌 같은 세속과도 함께할 것이다. 내가 저들과 함께하면 저들 모두 나와 기꺼이 함께할 것이니, 이는 내가 진실하여 저들이 나를 믿는 것이다. 말이 많은 사람의 경우는 특이한 것을 내세우기를 좋아하니, 다른 사람들이 그를 적으로 여길 것이다. 그러므로 "진실이 부족하여서 불신이 있는 것이다"라고 하였다. 소씨蘇氏는 다음과 같이 말했다. "자연스럽게 나온 말은 간략하면서도 도리에 맞을 것이며, 자연스럽지 않게 억지로 하는 말은 번잡스럽기만 하고 믿기 어렵다. 그러므로 35장에서 '도를 일컫는 말은 담담하고 특별한 맛이 없다. 보아도 눈요기할 것이 없고 들어도 솔깃할 것이 없지만, 아무리 써도 다하지 않는다'고 한 것이다. 이것이 이른바 '말이 별로 없는 것'(希言)이다."

希言, 簡淡之言也, 所謂貴言者, 是也. 自然, 不苟崖異, 而隨順於物也. 風雨天地之所爲, 而飄驟則失於自然, 故尙不能久. 人之多言, 能無窮乎. 故從事於道者, 與道者, 居而同於道, 與德者, 居而同於德, 與失者, 居而同於失. 同者, 隨順無違之意. 同於失, 則同其塵矣. 我旣同於彼, 則彼皆樂得我, 是我信, 而彼信之也. 若夫多言者, 則喜立異, 而物與之爲敵. 故曰信不足有不信. 蘇氏[1]曰, 言出乎自然, 則簡而中, 非其自然, 而强言之, 則煩而難信矣. 故曰, 道之出言, 淡乎其無味, 視之不足見, 聽之不足聞, 用之不可旣. 此所謂希言矣.

---

1) 蘇轍은 宋代의 문장가로, 字는 子由이고 號는 欒城이다. 洵의 둘째 아들로서 문학에 뛰어나 아버지와 형 軾과 함께 唐宋八大家로 꼽힌다. 소철의 주에서 "道之出言"의 '言'은 『漢文大系』나 『四庫全書』에는 '口'로 되어 있다.

24장

　발을 땅에 붙이지 않은 자는 설 수 없고, 다리 사이에 물건을 끼고 있는 자는 걸어다닐 수 없다. 그러니 스스로 드러내는 자는 밝지 않고 스스로 옳다고 여기는 자는 드러나지 않으며, 스스로 자랑하는 자는 공이 없어지고, 스스로 자만하는 자는 오래가지 못한다. 이는 도의 관점에서 음식 찌꺼기나 쓸데없는 행동이라 하니, 세상 사람들이 싫어하는 것이므로 도를 깨달은 자는 그렇게 행동하지 않는다.

　跂者不立, 跨者不行. 自見者不明, 自是者不彰, 自伐者無功, 自矜者不長. 其在道也, 曰餘食贅行, 物或惡之, 故有道者不處也.

　발을 땅에 붙이지 않은 것을 '기跂'라 하고, 다리 사이에 물건을 끼고 있는 것을 '과跨'라 한다. 발을 땅에 붙이지 않은 자는 스스로 설 수 없다. 다리 사이에 물건을 끼고 있는 자는 스스로 걸을 수 없다. 이 두 구절을 먼저 말하여 다음의 네 구절의 뜻을 밝힌 뒤에, 이어서 이러한 것은 도의 관점에서는 음식 찌꺼기나 쓸데없는 행동 같은 것이어서 세상 사람들이 싫어하기 때문에 도를 깨달은 자는 그렇게 행동하지 않는다고 말하였다.

　足不着地曰跂,[1] 股間夾物曰跨. 跂者不能自立. 跨者不能自行. 發此兩句, 以明下四句之意, 又繼之曰, 此於道也, 猶食之餘棄, 行之贅尤, 爲物所惡, 故有道者, 不處也.

1) 『老子品節』에 "足不着地曰跂"라는 구절이 있다.

25장

뒤섞여 이루어진 무엇이 천지보다 먼저 있었다. 적막하고 고요하게 독립해 있으면서 변경하지 않고, 두루 운행하면서도 위태롭지 않으니 천하의 모체가 될 수 있다. 나는 그 이름을 알지 못하여 도라고 별명을 붙인다. 억지로 이름을 붙인다면 '큼'(大)이라고 하겠는데, 큼은 '감'(逝)을 말하고, 감은 '멀어짐'(遠)을 말하며, 멀어짐은 '되돌아옴'(反)을 말한다. 그러므로 도는 크다. 하늘도 크고 땅도 크고 왕도 크다. 아득한 가운데 네 개의 큼이 있는데, 왕이 그 중 하나를 차지하는 것이다. 사람은 땅을 본받고 땅은 하늘을 본받고 하늘은 도를 본받고 도는 자연스러움을 본받는다.

有物混成, 先天地生. 寂兮寥兮, 獨立而不改, 周行而不殆, 可以爲天下母. 吾不知其名, 字之曰道. 强爲之名曰大, 大曰逝, 逝曰遠, 遠曰反. 故道大. 天大, 地大, 王亦大. 域中有四大, 而王處一焉. 人法地, 地法天, 天法道, 道法自然.

적막하고(寂兮) 고요하다(寥兮)는 것은 아무 소리도 들을 수 없다는 말이다. 독립해 있으면서 변경하지 않는다는 것은 장구하다는 말이다. 두루 운행하면서도 위태롭지 않다는 것은 모든 곳에 통한다는 말이다. 자字는 이름

을 대신하는 칭호이다. 그 이름을 알지 못하여 억지로 이름을 붙였다는 구
절 역시 쉽게 형용하지 못하여 감히 딱 부러지게 말할 수 없다는 의미를 드
러내고 있다. 서逝는 '가다'(往)의 뜻이다. '감', '멀어짐'이라고 말한 것은 도
가 크다는 것을 표현하기 위해서이다. '되돌아옴'(反)이라고 한 것은 큼으로
다시 되돌아온다는 뜻이다. 이와 같이 도체가 크다는 것을 더할 수 없을 만
큼 표현하고서 다시 이어서 도가 크다고 한 후에, 하늘과 땅 또한 크다고
말하였다. 왕은 하잘것없는 몸으로 그 사이에 있으면서 그것들과 큼을 함께
한다. 왕이 큰 까닭은 천지를 본받아 도와 합치할 수 있기 때문이다. 그러므
로 "사람은 땅을 본받고 땅은 하늘을 본받고 하늘은 도를 본받고 도는 자연
스러움을 본받는다"고 말한 것이다. 도는 자연스러움을 귀하게 여긴다.

寂兮寥兮, 言其不可聽聞也. 獨立而不改, 言其久也. 周行而不殆, 言其通也.
字者, 代名之稱. 不知其名, 强爲之名, 亦見未易形容, 而不敢硬言之意. 逝, 往
也. 曰逝曰遠, 所以形容其大也. 曰反者, 復反於大也. 此旣極言, 道體之大, 繼
之曰, 道旣大矣, 天地又大矣. 王者, 以眇然一身, 處於其間, 亦與之同其大. 夫
王者之所以爲大者, 以其能法天地而合乎道也. 故曰, 人法地, 地法天, 天法道,
道法自然. 道以自然爲貴.

26장

　무거운 것은 가벼운 것의 뿌리이고, 안정된 것은 조급한 것의 임금이다. 이 때문에 군자는 여행길에서 짐 실은 수레를 이탈하지 않으며, 화려한 경관이 있을지라도 한가롭게 있으면서 초연하다. 어찌 천자의 신분이라 해서 일신 때문에 세상을 가볍게 여기겠는가? 가볍게 여기면 신하의 마음을 잃을 것이요, 조급하게 굴면 임금의 체통을 잃을 것이다.

　重爲輕根, 靜爲躁君. 是以君子[1]行不離輜重, 雖有榮觀, 燕處超然. 如何萬乘之主, 而以身輕天下. 輕則失臣, 躁則失君.

　　1) 『老子品節』에는 '君子' 다음에 '終日' 두 글자가 더 있다.

　모든 사물 가운데 무거운 것은 아래에 있고 가벼운 것은 위에 있으니, 이것이 본문의 "무거운 것은 가벼운 것의 뿌리이다"라는 말이다. 또 (모든 사물 가운데) 안정된 것은 편안하고 조급한 것은 수고로우니, 이것이 본문의 "안정된 것은 조급한 것의 임금이다"라는 말이다. 세상의 수많은 대중이 힘들게 아래에 있는 것은 무거운 것이 뿌리가 되고, 조급한 것이 안정된 것의 통제를 받기 때문이다. 다른 사람의 임금이라는 작은 몸으로 편안하게 위에 있는 것은 안정된 것이 임금이고, 가벼운 것이 무거운 것에 기대기 때문이다. 종일 여행을 하면서 짐 실은 수레를 이탈하지 않는 것은 가벼운 것이 무거운 것을 버리지 않는 것이다. 눈앞에 화려한 경관이 있을지라도 한가롭게 있으면서 초연한 것은 안정되어 조급한 것을 통제하는 것이다. 군자는 이런 것을 귀하게 여기니, 어찌 천자라고 해서 그 작은 한 몸으로 수많은 대중을 소홀히 여기겠는가? 함부로 행동하여 뒤돌아보지 않고 지혜만을 따라 행동한다면 끝내는 망할 것이니 이는 안정된 것과 조급한 것, 가벼운 것과 무거운 것의 분별을 몰랐기 때문이다. 아랫사람 보기를 대수롭지 않게 하면 신하의 마음을 잃을 것이요, 윗사람이 되어서 조급하게 굴면 임금의 체통을 잃을 것이다.

　凡物重者下, 輕者上,[1] 是重爲輕根. 靜者逸, 躁者勞, 是靜爲躁君. 以天下億兆之衆, 勞而居下, 則重者爲根, 而躁者制於靜矣. 以人主一身之小, 逸而在上, 則靜者爲君, 而輕者託於重矣. 行役終日, 不離輜重, 輕不捨重. 榮觀當前, 燕處超然, 靜而制躁. 君子所貴者, 在此, 奈何爲萬乘之主, 而一身之小, 忽億兆之衆. 恣行不顧, 任智自用, 終取覆亡, 由其不知靜躁輕重之分故也. 視下也輕, 則失臣下之心, 爲上而躁, 則失君上之體.

---

1) 『老子品節』에 "凡物重者在下, 輕者在上"이라는 구절이 있다.

27장

    길을 잘 가니 바퀴 자국이 남지 않고, 말을 잘 하니 흠 잡아 꼬집을 것이 없으며, 계산에 능란하니 산가지로 셈하지 않고, 감쪽같이 닫아 놓으니 빗장을 지르지 않아도 열 수 없으며, 귀신같이 묶어 놓으니 노끈으로 묶지 않아도 풀 수 없다. 이 때문에 성인은 늘 사람을 잘 구제하여 버리는 사람이 없고, 늘 사물을 잘 구제하여 버리는 사물이 없다. 이것을 '크게 밝다'고 한다. 그러므로 선한 사람(善人)은 선하지 않은 자의 스승이요, 선하지 않은 자는 선한 사람이 도와 줄 대상이다. 스승을 존귀하게 여기지 않고 도와 줄 대상을 불쌍하게 여기지 않는다면 지혜로운 사람이더라도 크게 잘못될 것이다. 이것이 바로 중요하고 오묘한 도이다.

    善行, 無轍迹, 善言, 無瑕讁, 善計, 不用籌策, 善閉, 無關鍵而不可開, 善結, 無繩約而不可解. 是以聖人常善救人, 故無棄人, 常善救物, 故無棄物. 是謂襲明. 故善人, 不善人之師, 不善人, 善人之資. 不貴其師, 不愛其資, 雖智大迷. 是謂要妙.[1]

---

1) 왕필주를 따르면 "故善人, 不善人之師, 不善人, 善人之資, 不貴其師, 不愛其資, 雖智大迷, 是謂要妙"를 다음과 같이 해석해야 한다. "그러므로 선한 사람을 그렇지 않은

자가 사표로 삼게 하고, 선하지 않은 자를 선한 사람이 거두어들이게 한다. 그러면서도 사표를 존귀하게 보지 않고 취할 대상을 사랑하지 않으니, 지혜로운 자일지라도 크게 헷갈린다. 이것이 미묘하고 중요한 도이다." 성인은 모든 것이 저절로 되도록 하고 아무것도 행위의 지침으로 드러내지 않기 때문에 지혜로운 자일지라도 오히려 헷갈리게 된다는 말이다. 왕필의 풀이는 박세당과 완전히 다르다. 왕필주를 따를 경우 박세당 역시 헷갈린 셈이다.

바퀴 자국·흠·산가지·빗장·노끈 다섯 가지는 모두 어떤 행위를 하여 흔적이 남은 것을 말한다. 이런 흔적이 없다는 것은 곧 무위無爲하여 흔적이 없다는 것이다. 성인은 무위하여 항상 자연스러움을 따르고 흔적을 드러내지 않으므로 이런 것들에 비유하였다. 성인은 사람이나 사물에 대해 선하지 않은 것을 보면 항상 인도하여 선하지 않은 자가 감화되어 선을 행하도록 하니, 그들을 불쌍히 여기는 마음만 있을 뿐 천시하고 미워하는 마음은 없다. 그러므로 잘 구제하여 버리는 사람이 없으니 모두 포용하여 좋아하거나 미워하는 기색을 드러내지 않는다. 습명襲明은 '거듭 밝다'는 뜻으로, 밝고 또 밝으니 크게 밝다는 말이다. 임씨는 다음과 같이 말했다. "습襲은 '감추다'(藏)의 뜻이다. 성인은 사람이나 사물을 버리려는 마음을 가진 적이 없으니, 자신의 번뜩이는 지혜를 부드럽게 해서 더러운 세속과 함께하여 일체가 된다. 그러므로 '밝음을 감춘다'고 말한 것이다." 이런 견해 역시 의미가 통한다.

자資는 도와서 선해지게 한다는 뜻이다. 성인은 사람을 잘 구제하니 곧 선하지 않은 자는 성인의 도움을 받아 선해진다는 것이다. 애愛는 불쌍히 여긴다는 뜻이니, '불애기자不愛其資'는 도와 줄 대상을 불쌍히 여기지 않는다는 말이다. 사람들은 스승을 존귀하게 여기지 않는 것이 큰 잘못이라는 것만 알았지, 도와 줄 대상을 불쌍히 여기지 않는 것이 옳지 않다는 것은 모른다. 도와 줄 대상을 불쌍히 여기지 않는다면 현명한 사람이더라도 똑같이 크게 잘못될 것이다. 이런 이치에 통달한 사람은 중요하고 오묘한 도를 깨달았다고 할 수 있다. 이는 "스승을 존귀하게 여기지 않는다"(不貴師)는 구절을 끌어다가 도와 줄 대상을 불쌍히 여기지 않는 것이 잘못임을 밝히면서, 본문에서 버리는 사람이 없고 버리는 사물이 없다고 한 뜻을 매듭 지은 것이다. 맹자는 이런 말을 했다. "중도를 따르는 덕을 가진 자는 그렇지 못한 자를 돌봐 주고, 큰일을 할 재주를 가진 자는 그렇지 못한 자를 돌봐 준다. 만약 중도를 따르는 덕을 가신 자가 그렇지 못한 자를 버리고, 큰일을 할 재주를 가진 자가 그렇지 못한 자를 버린다면 현명한 사람과 그렇지 못한 자의 차이가 없을 것이다." 노자의 뜻도 대체로 이와 같다.

轍迹瑕謫籌策關鍵繩約五者, 皆言有爲而有迹也. 無此則無爲而無迹矣. 聖人無爲, 常順自然, 而不見其迹, 故以此爲喩. 聖人之於人物, 見其不善, 則常誘而導之, 使不善者, 化而爲善, 有哀憫之心, 而無賤惡之意. 故善救而無所棄, 並包俱容, 而不見好惡之迹. 襲明, 重明也. 明而又明, 猶言大明也. 林氏曰, 襲者藏也. 聖人未嘗有棄人棄物之心, 和光同塵,[1] 而與之爲一. 故曰襲明.[2] 亦通.

資, 資而爲善也. 聖人善救人, 則不善人, 是聖人之所資而爲善者也. 愛, 惜也. 不愛其資, 言不惜其所資也. 人但知不貴其師之爲大迷, 而不知不愛其資之爲不可. 苟不愛其資, 則雖賢智之人, 亦同歸於大迷. 通乎此者, 可謂能得要妙之道. 此引不貴師, 以明不愛資之非, 結無棄人無棄物之意. 孟子曰, 中也養不中, 才也養不才. 如中也棄不中, 才也棄不才, 則賢不肖之相去, 其間不能以寸.[3] 老子之意, 盖猶此也.

1) 『道德經』 4장과 56장에도 나온다.
2) 인용한 임희일의 주가 『道德眞經口義』에는 "聖人之道…… 而未嘗有棄人棄物之心, 和光同塵, 而與之爲一. 故曰襲明. 襲者藏也"로 되어 있다.
3) 『孟子』, 「離婁下」

28장

    수컷의 특성을 알면서 암컷의 특성을 지키면 세상의 시내(豁)가 된다. 세상의 시내가 되면 상덕常德이 떠나지 않아서 어린아이의 상태로 복귀한다. 옳은 것을 알면서 그른 것을 보존하면 세상의 본보기가 된다. 세상의 본보기가 되면 상덕이 어긋나지 않아 무극無極으로 복귀한다. 영화를 알면서 욕됨을 보존하면 세상의 골짜기가 된다. 세상의 골짜기가 되면 상덕이 온전하여 질박함으로 복귀한다. 이 질박함이 흩어지면 다양한 그릇(器)이 되는 것이다. 성인이 질박함을 사용하면 천지와 만물의 관장이 된다. 그러므로 위대한 제재는 분할하지 않는다.

    知其雄, 守其雌, 爲天下谿. 爲天下谿, 常德不離, 復歸於嬰兒. 知其白, 守其黑, 爲天下式. 爲天下式, 常德不忒, 復歸於無極. 知其榮, 守其辱, 爲天下谷. 爲天下谷, 常德乃足, 復歸於樸. 樸散則爲器. 聖人用之, 則爲官長. 故大制不割.

    수컷의 특성을 알면서 암컷의 특성을 지킨다는 것은 부드러워 다투지 않는다는 말이다. 옳은 것을 알면서 그른 것을 보존한다는 것은 우둔하고 무지하다는 말이다. 영화를 알면서 욕됨을 보존한다는 것은 마음이 깨끗하고 욕심이 적다는 말이다. '시내'와 '골짜기'는 자신을 낮출 수 있어서 사물의 귀의처가 된다는 말이다. 式식은 모든 것을 포용할 수 있어서 사람들이 모범으로 삼는다는 말이다. 이離는 '떠나다', 特특은 '어긋나다', 족足은 '온전하다'의 뜻이다. 영아嬰兒는 '유약함'을, 무극無極은 '큼'을 말한 것이다. 박樸은 '바탕'(質)을 말하니, 바탕이란 도의 본체이다. "질박함이 흩어지면 다양한 그릇(器)이 되는 것"이라는 말은 도가 천지만물을 낳는다는 것이다. 임씨는 "큰 질박함이 흩어진 후에 다양한 그릇이 생기니 곧 형이상학적인 것을 도道라 하고 형이하학적인 것을 기器라 하는데, 성인은 형이상학적인 것을 형이하학적인 것에 사용한다(用)"고 했다. 이제 생각해 보니 본문에서 '사용한다'(用)는 것은 질박함을 사용한다는 말로, "질박함으로 복귀한다"는 것은 이것을 두고 한 말이다. 관장官長은 천지와 만물을 주관하여서 도와 그릇의 주체가 되는 것이다. "위대한 제재는 분할하지 않는다"는 것은 도로써 사물을 제재하여 처리한 흔적이 없다는 말이다.

知雄守雌, 懦弱不爭也. 知白守黑, 愚沌無知也. 知榮守辱, 恬澹寡欲也. 谿谷, 言能卑下而爲物所歸也. 式, 言能含容而爲人所則也. 離, 去也. 忒, 差也. 足, 全也. 嬰兒, 言其柔也. 無極, 言其大也. 樸, 言其質也, 質者道之體. 樸散而爲器, 言道生天地萬物也. 林氏曰, 大[1]樸旣散, 而後有器, 卽形而上謂之道, 形而下謂之器,[2] 聖人以形而上者, 用形而下者. 今按用者, 用, 樸也, 所謂復歸於樸, 是也. 官長, 官天地, 長萬物, 而爲道器之主也. 大制不割, 言以道制物,[3] 無宰割之迹也.

1) 『道德眞經口義』에는 '大'가 '太'로 되어 있다.
2) 『周易』, 「繫辭上」, 12장
3) 『老子品節』에 "…… 則爲官長. 官天地, 長萬物, 而爲道器之主也. 故大制不割. 以道制物"이라는 구절이 있다.

☞ 해설
위의 주에서는 "박樸은 '바탕'(質)을 말하니, 바탕이란 도의 본체이다"라는 구절에 유의해야 한다. 박세당은 여기에서야 비로소 박이 도체道體라고 밝힘으로써 문文에 치우친 당시 시대상을 비판하려는 의도를 드러내고 있다. 이것이 바로 그가 『도덕경』을 주해한 까닭이다.

29장

　세상을 취하려고 작위할 경우, 나는 그렇게 해서는 얻을 수 없다는 것을 알고 있다. 세상은 신비한 물건이기 때문에 작위할 수 없다. 작위하는 자는 실패하고, 집착하는 자는 잃어버린다. 모든 사물 가운데 어떤 것은 앞서 나아가고 어떤 것은 뒤따르며, 어떤 것은 숨을 천천히 내쉬고 어떤 것은 급히 내쉬며, 어떤 것은 강하고 어떤 것은 약하며, 어떤 것은 이루고 어떤 것은 깨진다. 이 때문에 성인은 극심함과 사치함과 지나침을 없애는 것이다.

　將欲取天下, 而爲之者, 吾見其不得已. 天下神器, 不可爲也. 爲者敗之, 執者失之. 凡物或行或隨, 或响或吹, 或强或羸, 或載或隳. 是以聖人去甚去奢去泰.

　'신비한 그릇'(神器)은 '큰 물건'(大物)과 같은 말이다. 세상을 취하려고 유위有爲로 작위할 경우에는 반드시 세상을 얻을 수 없다. 세상은 유위로 작위해서는 얻을 수 없으므로 작위하는 자는 일을 그르치고, 집착하는 자는 사물을 잃는다. 나아가고(行) 따른다(隨)는 것은 앞서가고 뒤따라간다는 말이다. 이羸는 '약하다'는 뜻이다. 재載는 당연히 '성成'이어야 하는데, 서로 글자의 모양이 비슷해서 착오가 생긴 것이다. 앞서가기도 하고 뒤따라가기도 하며, 숨을 천천히 내쉬기도 하고 급히 내쉬기도 하며, 강하기도 하고 약하기도 하며, 이루기도 하고 깨지기도 하는 사물의 여덟 가지 특성은 본래 자연스러운 이치에서 나와 형세상 억지로 다스려서는 안 되는 것이니, 만약 억지로 다스린다면 반드시 실패하는 우환이 생길 것이라는 말이다. 이 때문에 성인은 세상에서 사물을 그 각각에 맡겨 둠으로 자연스러움에 일임하고, 다만 극심함과 지나침만을 세거할 뿐이다. 사奢 역시 지나치다는 뜻이다. 극심함·사치함·지나침은 모두 합당함을 지나친 것에 대한 명칭으로서 성인이 무위로 다스리는 것들이다. 이것을 보면 노자가 말한 무위라는 것을 알 수 있다. 어찌 아무 일도 하지 않는 것을 말하는 것이겠는가?

神器, 猶言大物也. 欲取天下, 以有爲爲之者, 必不可以得天下. 天下不可以有爲爲之而得, 故爲之者, 敗其事, 執之者, 失其物. 行隨, 猶先後也. 羸, 弱也. 載當作成, 字相似, 而有誤也. 言凡物之有行隨呴吹强羸成隳八者, 本出於自然之理, 勢不可强而治之也, 强而治之, 則必有失敗之患. 是以聖人之於天下也, 物各付物, 而一任其自然, 但去其泰甚者而已. 奢, 亦過也. 曰甚曰奢曰泰, 皆過當之名, 此聖人之所以無爲而治也. 觀乎此, 則老子之所謂無爲者, 可知矣. 豈不事事之謂也哉.

해설

박세당은 무위를 이치에 따라 모든 것을 처리함으로써 할 일이 생기지 않게 하며, 또한 사전에 예방함으로써 할 일이 없게 하는 것이라고 보았다. 이에 대해서는 63장과 64장의 주에 자세하게 나온다.

30장

　도로 임금을 보좌하는 자는 군대로 세상의 강자가 되려 하지 않는다. 세상사는 준 대로 돌려받으니, 전쟁이 지나간 곳은 잡초가 자라고, 큰 전쟁 뒤에는 반드시 흉년이 든다. 그러므로 군대를 잘 부리는 사람은 과감하게 결행할 뿐 감히 강자가 되려고 하지 않는다.

　과감하게 결행하되 자만하지 말고, 과감하게 결행하되 자랑하지 말며, 과감하게 결행하되 교만하지 말고, 과감하게 결행하되 부득이한 것이어야 하니, 과감하게 결행하되 강자가 되려고 하지 말라. 사물이 장성하면 노쇠해지니 이는 도를 따르지 않는 것이다. 도를 따르지 않으면 일찍 망한다.

　以道佐人主者, 不以兵强天下. 其事好還, 師之所處, 荊棘生焉, 大軍之後, 必有凶年. 故善者果而已矣, 不敢以取强焉.

　果而勿矜, 果而勿伐, 果而勿驕, 果而不得已, 果而勿强. 物壯則老, 是謂不道. 不道早已.

　도로 임금을 보좌할 수 있는 자는 군대로 천하에서 강함을 취하려 하지 않는다. 내가 군대로 남을 이기면 남도 군대로 나를 이기려 할 것이다. 사물이 극에 달하면 반드시 되돌아오는 것이 당연한 이치이다. 전쟁(師)이 난 곳에는 살상당한 백성이 많고 마을은 비어 잡초(莉棘)가 자라난다. 전쟁이 난 후에는 천지가 조화를 잃고 요사스러운 기운이 일어서 흉년이 든다. 전쟁을 좋아하고 승리를 구하면 그 화가 이와 같으니, 군대를 잘 부리는 자는 과감하게 결행하지만 감히 강함을 취하지는 않는다.

과果는 과감하게 결행한다는 뜻이다. 과감하게 결행하는 것이 승리할 수 있는 방법이다. 승리할 수 있는 방법이 자신에게 있게만 할 뿐 감히 남을 이기려고 하지 않는다면, 교만하고 자랑하고 자만하는 마음은 없고 적과 응전함에 항상 부득이한 일이라는 의미가 있게 된다. 이것 역시 28장에서 말한 "수컷의 특성을 알면서 암컷의 특성을 지킨다"는 뜻이다. 과감하게 결행하는 방법을 차례로 말한 다음 또 "과감하게 결행하되 강자가 되려고 하지 말라"고 반복해서 말하였다. 사물이 장성하면 반드시 노쇠해지고 군대가 강하면 승리하지 못하니, 군대로 세상의 강자가 되려는 것은 바로 도를 따르지 않는 것이다. 이처럼 행동할 경우에는 순식간에 망할 것이다. 조무는 빠르다는 것과 같은 말이다. 이已는 끝나다의 뜻이니, 죽고 패하고 멸망한다는 말이다.

能以道佐人主者, 不以兵取强於天下. 我以兵勝人, 人亦將以兵勝我. 物極而必反, 理之常也. 行師之地, 人民多殺, 井邑空, 而莉棘生. 用兵之後, 天地傷和, 祾沴作, 而凶年至. 好戰求勝, 其禍如此, 故善爲兵者, 果而不敢取强.

果者果決也. 果決者, 可勝之道也. 令可勝之道, 在我而已, 不敢以求勝於人, 則無驕矜自伐之心, 而其應敵也, 常有不得已之意. 此亦知雄而守雌也. 旣歷言爲果之道, 而又反復之曰, 果而勿强. 物壯則必老, 兵强則不勝, 欲以兵强天下者, 是謂不道. 如此者, 其亡必速. 早, 猶言速也. 已, 止也, 謂死敗滅亡也.

☞ 해설

박세당은 주의 말미에 다음과 같이 이간李衎과 소철蘇轍의 주를 세주로 첨가하였다. "소재息齋는 '남의 아비를 죽이면 남도 그의 아비를 죽일 것이고, 남의 형을 죽이면 남도 그의 형을 죽일 것이니, 이것이 준 대로 되돌려 받는 것(好還)이다'라고 하였다. 소씨蘇氏는 '전쟁이 있는 곳엔 백성의 일이 망쳐지므로 농토가 거칠어지고,

전쟁이 지나간 후에는 살기殺氣가 기세를 떨치므로 흉년이 든다. 자만하지 말고, 자랑하지 말고, 교만하지 말고, 부득이한 사정이 있다는 네 가지는 강자가 되지 않기 위한 것이다'라고 말하고, 또 '군대로 세상의 강자가 되는 것은 장성함이 지나친 것이니 노쇠하지 않고 죽지 않을 수 있겠는가?'라고 하였다."(息齋曰, 殺人之父, 人亦殺其父, 殺人之兄, 人亦殺其兄, 是謂好還. 蘇氏曰, 兵之所在, 民事廢, 故田不修, 用兵之後, 殺氣勝, 故年穀傷. 勿矜勿伐, 勿驕不得已, 四者所以爲勿强也. 又曰, 以兵强天下, 壯亦甚矣, 能無老乎, 無死乎.) 이간의 주는 『한문대계』본에도 나와 있다.

31장

훌륭한 군대란 것은 상서롭지 못한 기구이고 싫어하는 사람이 있으므로 도를 깨달은 자는 그것을 부리지 않는다. 때문에 군자는 평소에는 왼쪽을 귀하게 여기고, 전시에는 오른쪽을 귀하게 여긴다. 군대는 상서롭지 못한 기구여서 군자의 기구가 아니다. 부득이하게 군대를 쓸 일이 있으면 깨끗한 마음을 최상으로 여기고 승리하더라도 불미스럽게 여긴다. 승리를 훌륭하게 여기는 자는 바로 살인을 즐기는 것이며, 살인을 즐기는 자는 세상에서 자신의 뜻을 이룰 수 없다. 그러므로 좋은 일에는 왼쪽을 높이고 나쁜 일에는 오른쪽을 높인다. 이런 이유로 편장군은 왼쪽에 자리하고 상장군은 오른쪽에 자리하니, (일군의 우두머리로) 윗자리에 있을 때 상례喪禮로 처신한다는 말이다. 살해당한 사람이 많으면 슬픈 심정으로 눈물짓고, 전쟁에서 승리하면 상례로 처신한다.

夫佳兵者, 不祥之器, 物或惡之, 故有道者不處. 是以君子居則貴左, 用兵則貴右. 兵者, 不祥之器, 非君子之器. 不得已而用之, 恬淡爲上, 勝而不美. 而美之者, 是樂殺人也. 夫樂殺人者, 不可得志於天下矣. 故吉事尙左, 凶事尙右. 是以偏將軍處左, 上將軍處右, 言居上勢, 則以喪禮處之. 殺人衆多, 以悲哀泣之, 戰勝, 以喪禮處之.

'훌륭한 군대'(佳兵)란 '튼튼한 성'(佳城)과 '좋은 형법'(祥刑)과 같다. 군대 (兵), 죽음(死), 형법(刑) 세 가지는 모두 흉한 것인데, '훌륭하다'(佳), '상서롭다'(祥)라는 표현을 한 것은 거꾸로 말한 것이다. 군대는 흉한 기구이기 때문에 '상서롭지 못한 기구'라고 하였다. "싫어하는 사람이 있다"는 것은 하늘이 싫어한다는 말이다. 평소에는 왼쪽을 귀하게 여기고 군대를 부릴 때는 오른쪽을 귀하게 여기는 것은 좋은 일에는 왼쪽을 높이고 나쁜 일에는 오른쪽을 높이기 때문이다. 군대는 본시 흉한 기구로 군자가 즐겨 사용하는 것이 아니다. 불행히 사용할 경우에도 군자 자신은 승리를 바라지 않고, 전쟁에서 승리를 할지라도 기뻐하지 않는다. 승리를 기뻐하는 자는 살인을 즐기는 것이며, 살인을 즐기는 자는 끝내 세상에서 뜻을 이루지 못할 것이다. 좋은 일에는 왼쪽을 높이고 나쁜 일에는 오른쪽을 높인다는 것은 "평소에는 왼쪽을 귀하게 여기고, 전시에는 오른쪽을 귀하게 여긴다"는 앞구절을 거듭 말함으로써 전쟁(兵)이 흉한 일임을 밝힌 것이다. 이와 같기 때문에 군대 안에서 상장군이 오른쪽에 위치하니, 이는 상장군이 일군의 우두머리로서 윗자리에 있기 때문에 스스로 상례喪禮로 처신한다는 말이다. 죽은 사람이 많으면 슬픈 심정으로 눈물짓고, 또 모든 전쟁에서 승리해도 상례로 처리한다. 일반적으로 이 세 가지는 옛날 군중에서 행하던 예로서 군대를 부리는 자들이 항상 따랐다. 그러므로 노자는 이것을 인용하여 군대는 상서롭지 못한 기구이며, 승리하더라도 기뻐해서는 안 된다는 점을 밝힌 것이다.

佳兵者, 猶言佳城祥刑. 兵死刑三者, 皆凶, 而曰佳曰祥者, 反其辭也. 兵凶器, 故謂之不祥之器. 物或惡之, 言天之所惡也. 居則貴左, 用兵則貴右, 吉事尙左, 凶事尙右故也. 兵本凶器, 非君子之所樂用. 如不幸而用之, 我無求勝之心, 戰雖勝, 而不以爲喜. 若夫喜之者, 是樂於殺人也. 樂於殺人者, 終不可以得志於天下矣. 吉事尙左, 凶事尙右, 復申前尙左尙右, 以明兵之爲凶事也. 言如此, 故軍中, 則上將處右, 是上將爲一軍之長, 而居於上, 故自以喪禮處之也. 多殺人衆, 則以悲哀泣之, 又凡戰勝, 則亦以喪禮處之. 蓋此三者, 皆古軍禮, 而行師者, 常用之. 故老子引之, 以明兵之爲不祥之器, 而勝亦不當以爲喜也.

☞ 해설

박세당은 주의 말미에 다음과 같이 사마광司馬光과 여혜경呂惠卿의 주를 세주로 첨가하였다. "온공溫公은 '군대가 강할수록 살인이 더욱 많다'고 하였다. 여씨呂氏는 '상례로 처리하면 (군대가) 상서롭지 못한 기구여서 불미스럽게 여김을 알 수 있다. 슬픈 심정으로 눈물짓는다면 (군자가) 살인을 즐기지 않는다는 것을 알 수 있다'고 했다."(溫公曰, 兵愈佳, 則殺人愈多. 呂氏曰, 夫以喪禮處之, 則是不祥之器, 而不美之, 可知已. 以悲哀泣之, 則是不樂殺人也, 可知已.) 사마광의 주는 『도장道藏』에 있으며, 여혜경의 주는 『한문대계』본에 있다.

32장

    도는 항상 이름이 없다. 질박함은 비록 소박하나 세상에서 감히 신하로 삼을 수 없다. 왕후가 그것을 지킬 수 있다면 만물이 저절로 모여들고, 천지가 서로 화합하여 단 이슬을 내리며, 아무도 명령을 내리지 않아도 사람들 스스로 반듯해질 것이다. 시작이 유명有名을 제정했으니 이름까지 있고 나면 머물 곳을 알아야 한다. 머물 곳을 알면 위태롭지 않다. 비유하자면 도를 깨달은 자는 세상에 있어 하천과 계곡이 강과 바다에 대한 관계와 같다.

    道常無名. 樸雖小, 天下不敢臣. 侯王若能守,[1] 萬物將自賓, 天地相合, 以降甘露, 人莫之令而自均. 始制有名, 名亦旣有, 夫亦將知止. 知止, 所以不殆. 譬道之在天下, 由川谷之於江海也.

    1) 『老子品節』에는 '守' 다음에 '之'가 더 있다.

    무명無名은 천지의 시작이므로 "도는 항상 이름이 없다"고 말하였다. 질박함은 곧 도이니, 이른바 '이름 없는 질박함'(無名之樸)이 이것이다. 도는 비록 소박하지만 세상에서 보탤 것이 없으므로 "왕후가 그것을 지킬 수 있다면 만물이 저절로 모여들고, 천지가 서로 화합하여 단 이슬을 내리며, 아무도 명령을 내리지 않아도 사람들 스스로 반듯해질 것이다"라고 하였다. 도로 천하를 다스리면 그 반응이 이와 같다. 시작(始)이란 무명의 시작(無名之始)이니, "시작이 유명을 제정했다"(始制有名)는 것은 무명으로 유명을 제정했다는 뜻이다. 이것이 바로 14장에서 말한 "옛날의 도로 지금의 일을 제어한다"는 것이다. '이름까지 있고 나면'(名亦既有)이란 도로 사물을 제재하여 낳고 낳는다는 말이다. 각기 그 낳음을 이루어 줌이 이와 같은데도 오히려 '되돌아갈 것'(反)을 알지 못하면, 극진하게 비우고 안정을 유지하며 사물이 일어나면 복귀함을 살피는 방법이 아니다. 그러므로 "머물 곳을 알아야 한다. 머물 곳을 알면 위태롭지 않다"고 하였다. 뒤에 나올 37장에서 "교화되어 무엇인가 흥기시키려 한다면 나는 이름 없는 질박함으로 그것을 진압할 것이다. 그러나 이름 없는 질박함마저도 하고자 하지 않겠다"고 하고, 52장에서는 "세상에 시작이 있으니 그것을 세상의 어미로 삼는다. 어미를 얻고 나서 자식을 알고 자식을 알고 나서 다시 그 어미를 지킨다면 죽을 때까지 위태롭지 않다"고 하고, 또 "그 빛을 사용하여 밝음을 복귀시키면 자신에게 재앙이 남지 않는다"고 한 것이 모두 이런 뜻이다. 유由는 '같다'(猶)와 뜻이 통한다. 도를 깨달은 자에게 세상 사람들이 귀의하는 것은 모든 하천의 물이 강과 바다로 흘러 들어가는 것과 같다. 이것으로 다시 앞의 "왕후가 그것을 지킬 수 있다면 만물이 저절로 모여들 것이다"라는 뜻을 되풀이했다.

無名, 天地之始, 故曰道常無名. 樸卽道也,[1] 所謂無名之樸, 是也. 道雖小, 天下莫能加, 故曰侯王若能守, 萬物將自賓, 天地相和, 以降祥瑞, 人民自均, 不待教令. 以道治天下, 其應如此也. 始者, 無名之始, 始制有名, 以無名制有名也. 卽所謂執古之道, 以御今之有者. 名亦既有, 言以道制物, 而生生者. 各遂其生也, 如此而猶不知反, 則非致虛守靜物作觀復之道. 故曰夫亦將知止, 知止則不殆. 此下三十七章曰, 化而欲作, 吾將鎭之, 以無名之樸. 無名之樸, 亦將不欲, 五十二章曰, 天下有始, 以爲天下母. 既得其母, 以知其子, 既知其子, 復守其母, 沒身不殆, 又曰, 用其光, 復歸其明, 無遺身殃, 皆此意也. 由, 猶通. 有道者, 爲天下所歸, 猶百川之注江海. 此復申上侯王能守, 萬物自賓之意.

1)『老子品節』에 "名可名, 非常名, 故曰道常無名. 無名之樸卽道也"라는 구절이 있다.

☞ 해설

박세당의 주에서 "무명無名은 천지의 시작이므로 '도는 항상 이름이 없다'고 말하였다. 질박함은 곧 도이니, 이른바 '이름 없는 질박함'(無名之樸)이 이것이다"라는 구절을 염두에 두기 바란다.『도덕경』을 주석한 목적이 28장에 이어 다시 한 번 분명히 드러나기 때문이다.

33장

남을 아는 자는 지혜롭지만 자신을 아는 자는 명철하다. 남을 이기는 자는 힘이 있지만 자신을 이기는 자는 강하다. 만족을 아는 자는 부유하고, 강행하는 자는 뜻이 있다. 그러니 자신이 있을 곳을 잃지 않는 자가 영원하고, 죽어도 멸망하지 않는 자가 명대로 사는 것이다.

知人者智, 自知者明. 勝人者有力, 自勝者强. 知足者富, 强行者有志. 不失其所者久, 死而不亡者壽.

"남을 아는 자는 지혜롭다"는 것은 사물을 관찰하는 총명을 말하며, "자신을 아는 자는 명철하다"는 것은 자신을 살피는 지혜를 말한다. 힘이 남을 능가하면 강함이 사물을 제압할 수 있고, 강함이 자신을 이기면 힘이 자신을 다스릴 수 있다. 이 네 가지는 겉과 속(內外)의 구분이 있는 것이니, 사람들이 속(內)을 다스리지 겉(外)을 다스리지 않도록 하려는 것이다. 부유한 자는 항상 만족하니, 만족을 알면 부유할 수 있기 때문이다. 뜻을 두어 행동을 제재하니 강행하는 것은 뜻이 있기 때문이다. '만족을 안다'는 것으로 '자신을 안다'는 것을 말하고, '강행한다'는 것으로 '자신을 극복한다'는 것을 말하였다. 만족을 알면 자신의 본분에 만족할 수 있어서 자신이 있을 곳을 벗어나지 않기 때문에 영원하니, '위태롭지 않다'는 것이 바로 이것이다. 강행하면 덕을 확립할 수 있어서 죽음을 따라 멸망하지 않기 때문에 장수하니,

'썩지 않는다'는 것이 바로 이것이다. 이 장에서는 지와 행에 대해 설명하였다.

知人者智, 察物之明也, 自知者明, 審己之智也. 力勝人, 强能制物也, 强自勝, 力能克己也. 四者有內外之分, 欲人治其內, 而勿治其外也. 富者常足, 知足爲能富. 志以制行, 强行爲有志. 知足以言自知, 强行以言自勝. 知足則能安分, 而不自失其所, 故久, 不殆[1]是也. 强行則能立德, 而不隨死而亡, 故壽, 不朽[2]是也. 此章說知行.

---

1) '不殆'는 『道德經』 16·25·32·44·52장에 나온다.
2) 『中文大辭典』 1권, 342쪽, "不朽는 사람이 죽더라도 이름이 없어지지 않는 것을 말한다."(不朽: 謂人雖死而名不滅也.)

34장

대도는 드넓게 흘러 좌우로 어디든지 갈 수 있다. 만물이 그것에 의지해 생겨났지만 말하지 않고, 공이 이루어졌지만 자처하지 않으며, 만물 모두를 덮어 주지만 주관했다고 여기지 않는다. 그러므로 항상 그렇게 하고자 함이 없으니 하찮다고 이름 붙일 수 있고, 만물이 귀의해도 그 주체를 모르니 대단하다고 이름 붙일 수 있다. 이 때문에 성인은 위대한 업적을 이룰 수 있다. 스스로 대단하다고 여기지 않기 때문에 그런 위대한 업적을 이룰 수 있다.

大道氾兮, 其可左右. 萬物恃之以生而不辭, 功成不居, 衣被萬物而不爲主. 故常無欲, 可名於小, 萬物歸焉, 而不知主, 可名於大. 是以聖人能成其大也. 以其不自大, 故能成其大.

범氾은 넓게 흐르는 모양이다. "좌우로 어디든지 갈 수 있다"는 것은 어느 한 곳에 매어 있지 않다는 말이다. "그렇게 하고자 함이 없다는 것"(無欲)은 말하지도 않고 자처하지도 않고 주관했다고 여기지도 않는다는 말이다. "만물이 귀의한다"는 것은 만물이 그것에 의지한다는 말이다. 만물 모두를 덮어 주지만 그렇게 하고자 함이 없으니 본체가 낮고, 사물이 귀의하니 덕이 광대하다. 생겨났지만 말하지 않고, 공이 이루어졌지만 자처하지 않으며,

만물 모두를 덮어 주지만 주관했다고 여기지 않으니, 이것은 스스로 하찮음을 자처하는 것이다. 만물이 귀의해도 주체를 모르고 있으니, 또 얼마나 위대한가? 대단하기도 하고 하찮기도 한 이것이 바로 좌우로 어디든지 갈 수 있다는 말이다. "스스로 대단하다고 여기지 않기 때문에 위대한 업적을 이룰 수 있다"는 것은 7장에서 "스스로 사사롭게 여기지 않기 때문에 사사로운 것을 이룰 수 있다"[1]고 한 것과 같은 말이다.

汎, 汎汎也. 可左右, 無所係着也. 無欲, 謂不辭不居不爲主. 物歸, 謂萬物恃之. 衣被萬物, 無欲則體卑, 物歸則德廣. 生而不辭, 功成不居, 衣被萬物, 而不爲主, 是自處於小矣. 萬物歸焉, 而不知主, 又何如其大也. 可大可小, 言其可左右也. 不自大, 故能成其大, 猶所謂不自私, 故能成其私也.

1) 이 구절의 내용은 7장의 "非以其無私耶. 故能成其私"와는 약간 다르다.

35장

'큰 형상'(大象)을 지키고 있으면 천하가 그에게 귀의한다. 귀의하여도 해치지 않으니 편안하고 평화롭고 태평하다. 아름다운 음악소리와 맛있는 음식은 나그네의 발길을 멈추게 하지만, 도를 일컫는 말은 담담하고 특별한 맛이 없다. 보아도 눈요기할 것이 없고 들어도 솔깃한 것이 없지만 아무리 써도 다하지 않는다.

執大象, 天下往. 往而不害, 安平太. 樂與餌, 過客止, 道之出言, 淡乎其無味. 視之不足見, 聽之不足聞, 用之不可旣.

집執은 '지킨다'(執守)는 뜻이다. 대상大象은 도道를 말하니, 바로 '형체 없는 형상'(無象之象)이다. 왕往은 그에게 가서 귀의한다는 뜻이다. 도를 지키고 있으면 천하의 사람들이 귀의한다는 말로, 32장의 "왕후가 그것을 지킬 수 있다면 만물이 저절로 모여들 것이다"와 같은 뜻이다. 천하 사람들이 귀의한 후에 작위하여 해치지 않을 수 있다면, 편안하고 평화롭고 태평할 수 있다. 듣기 좋은 노래 가락과 입에 맞는 음식이 나그네의 발길을 머무르게 하는 것은 그 소리와 냄새가 사람의 마음을 움직이기에 충분하기 때문이다. 도의 경우 소리도 없고 냄새도 없기 때문에 도를 일컫는 말은 담담해서 맛을 보아도 별 맛이 없고 소리를 들어도 별로 들을 만한 것이 없다. 그러니 이것은 보통 사람들의 귀에 솔깃하거나 구미에 맞는 것이 아니다. 그러나 그것을 지킬 수 있으면 천하가 귀의하고, 그 쓰임은 다하지 않을 것이다.

執, 執守也. 大象, 道也, 卽無象之象. 往, 往歸之也. 言能執守此道, 則天下歸之, 所謂侯王若能守, 萬物將自賓也. 天下旣歸, 又能不以有爲害之, 則可以安平泰矣. 聲音之悅耳, 肥甘之適口, 能使過客得之而留者, 以其聲臭之, 足以動人也. 若道則無聲無臭, 是以由道之言, 淡淡然, 味之而不足於味, 聽之而不足於聽. 非衆人之所悅適. 然能執之, 則天下往, 用不可旣也.

36장

　거두어 들이고 싶으면 반드시 베푼다. 그러니 약화시키고 싶으면 반드시 강화시키고, 없애 버리고 싶으면 반드시 흥성하게 하며, 빼앗고 싶으면 반드시 준다. 이것이 '보이지 않는 밝음'(微明)이니, 부드러움이 굳셈을 이기고 약함이 강함을 이기기 때문이다. 물고기는 연못을 벗어나서는 안 되고, 국가의 이로운 기구는 사람들에게 보여 주어서는 안 된다.

　將欲翕之, 必固張之. 將欲弱之, 必固强之, 將欲廢之, 必固興之, 將欲奪之, 必固與之. 是謂微明, 柔之勝剛, 弱之勝强. 魚不可脫於淵, 國之利器, 不可以示人.

　翕은 '거두어 들이다'(歛)의 뜻이다. 베풂에는 반드시 거두어 들이는 것이 있으므로 거두어 들이고 싶은 사람은 반드시 그것을 베푼다. 이 일단의 의미를 차용하여 "약화시키고 싶으면 반드시 강화시키고, 없애 버리고 싶으면 반드시 흥성하게 하며, 빼앗고 싶으면 반드시 준다"는 다음 구절의 의미를 드러냈다. 이 세 가지는 모두 상대(敵)를 어리석게 만드는 방법이요 비밀스런 일로서, 명철한 지혜를 소지한 자들이 하는 것이다. 그러므로 '보이지 않는 밝음'(微明)이라고 하였다. 말하자면 이와 같은 것이 바로 부드러움으로 굳셈을 이기고 약함으로 강함을 이기는 이유인 것이다. 상대가 강하지만 나에 의해 약해지니, 내가 약해도 저들의 강함을 이긴다. 내가 부드럽고 약한 것은 나의 강함을 드러내고 싶지 않기 때문이다. 강함이야말로 국가에 이로운 기구인데, 사람들에게 보여 주어서는 안 된다고 한 것은 무엇 때문인가? 물고기는 물 속 깊이 있어야 하니, 연못을 벗어나면 형체가 드러나서 자신의 근거를 잃게 된다. 마찬가지로 국가의 이로운 기구는 숨겨 두어야만 하니, 남들에게 보이면 상대가 두려워서 경계해야 할 바를 알기 때문이다.

　歙, 斂也. 張必有歙. 故欲歙者, 必張之. 借此一端, 以發下文欲弱必强之, 欲廢必興之, 欲奪必與之之意. 三者, 皆愚敵之術, 陰秘之事, 而明智之所爲. 故曰微明. 言如是者, 以柔勝剛弱勝强故也. 敵强而爲吾所弱, 我弱而勝彼之强. 凡吾所以爲柔爲弱, 不欲示吾之强. 强乃國之利器, 不可以示人, 何者. 魚之處水, 惟其深也, 脫於淵, 則形露而失其據矣. 國之利器, 惟其秘也, 示於人, 則敵懼而知所戒矣.

37장

　도는 항상 하는 일이 없지만 하지 못하는 일도 없다. 왕후가 그것을 지킬 수 있다면 만물이 저절로 교화될 것이다. 교화되어 무엇인가 흥기시키려 한다면 나는 이름 없는 질박함으로 그것을 진압할 것이다. 그러나 이름 없는 질박함마저도 하고자 하지 않겠다. 아무것도 하려 하지 않음으로써 안정되면 세상이 저절로 바르게 될 것이다.

　道常無爲, 而無不爲. 侯王若能守, 萬物將自化. 化而欲作, 吾將鎭之以無名之樸. 無名之樸, 亦將不欲. 不欲以靜, 天下將自正.

　이 장은 32장과 대략 줄거리(大意)가 비슷하다. "교화되어 무엇인가 흥기시키려 한다"는 말은 사람들이 선에 감화되어 모두 무엇인가 떨쳐 일으키려는 의도가 있다는 뜻이다. 만약 그렇다면 작위가 되기 때문에 다시 질박함으로 진압한다. 질박함은 곧 무無이니, '도탑고 질박한 본체'(敦質之體)이며 도의 근본이기 때문에 본문에서 '이름 없음'(無名)이라고 하였다. "하려 하지 않는다"(不欲)는 것은 할 일을 두려고 하지 않겠다는 말이다. 할 일을 두려고 하지 않으면 안정될 것이요, 안정되면 세상이 저절로 바르게 될 것이다. 57장에서 "내가 고요함을 좋아해서 백성 저절로 바르게 되었다"고 한 것이 이런 뜻이다. 3장에서 "늘 백성이 알려는 것도 하려는 것도 없게 하고, 지식인들이 감히 작위를 하지 못하게 한다. 무위를 실천하면 다스려지지 않는 것이 없다"고 한 것 또한 같은 뜻이다.

此章與三十二章, 大意略同.[1] 化而欲作, 人化於善, 皆有振作之意也. 如此則涉於有爲, 故復鎭之以樸. 樸卽無, 爲敦質之體, 而爲道之本, 故曰無名. 不欲, 言不欲有所爲也. 不欲有所爲則靜, 靜則天下自正. 我好靜, 而民自正, 是也. 三章云, 常使民無知無欲, 使夫知者不敢爲也. 爲無爲, 則無不治, 亦此意也.

1) 뒤이어 다음과 같은 세주가 있다. "경문에서 '교화되어 흥기하려 한다면'이라는 말은 바로 32장의 '이름까지 있고 나면'이라는 말과 같고, '그것마저도 하려 하지 않겠다'는 말은 바로 32장의 '머물 곳을 알아야 한다'는 말과 같다."(化而欲作, 卽猶名亦旣有, 亦將不欲, 卽猶亦將知止.)

☞ 해설

위의 주에서 "질박함은 곧 무無이니, '도탑고 질박한 본체'(爲敦質之體)이며 도의 근본이기 때문에 본문에서 '이름 없음'(無名)이라고 하였다"는 구절은 기억해야 한다. 『도덕경』을 주석하는 박세당의 관점은 언제나 『논어』의 '문질빈빈文質彬彬'을 기본으로 한다. 그가 『도덕경』의 박樸을 문질文質의 질質로, 명명이나 예禮를 문질의 문文으로 보는 것은 모두 이 때문이다. 그러나 박세당 자신이 이런 관점을 직접 언급하지 않은 것은 아마도 성인의 교육 방법에 따라 읽는 자들 스스로 체득해야 한다고 생각했기 때문일 것이다.

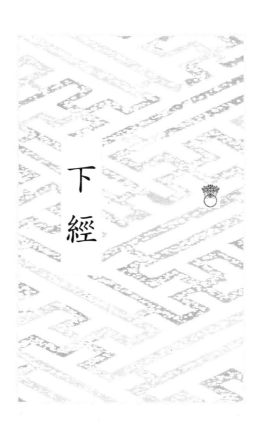

下 經

38장

　가장 덕이 많은 자는 덕을 덕으로 여기지 않으니, 이 때문에 덕이 있다. 가장 덕이 없는 자는 덕을 잃지 않으려고 하니, 이 때문에 덕이 없다. 가장 덕이 많은 자는 무위를 하지만 의도적으로 하지 않고, 가장 덕이 없는 자는 무엇인가를 하되 의도적으로 한다. 가장 어진 자는 무엇인가를 하되 의도적으로 하지 않고, 가장 의로운 자는 무엇인가를 하지만 의도적으로 하며, 가장 예를 잘 지키는 자는 무엇인가를 해도 아무도 응하지 않으면 팔을 걷어붙이고 계속한다. 그러므로 도를 상실한 후에 덕이고, 덕을 상실한 후에 어짊이고, 어짊을 상실한 후에 의로움이고, 의로움을 상실한 후에 예이다.

　무릇 예란 충성과 믿음이 희박해진 것이요, 혼란의 시작이다. 옛날의 사례를 많이 안다는 것은 도의 화려한 껍데기이면서 어리석음의 시작이다. 이 때문에 대장부는 두터움에 거처하고 엷음에 거처하지 않으며, 내용(實)을 중요하게 여기고 화려한 껍데기를 중요하게 여기지 않는다. 그러므로 저것을 버리고 이것을 취하는 것이다.

　上德不德, 是以有德. 下德不失德, 是以無德. 上德無爲而無以爲, 下德爲之而有以爲. 上仁爲之而無以爲, 上義爲之而有以爲, 上禮爲之而莫之應, 則攘臂而仍之. 故失道而後德, 失德而後仁, 失仁而後義, 失義而後禮

夫禮者, 忠信之薄, 而亂之首. 前識者, 道之華, 而愚之始. 是以大丈夫
處其厚, 不處其薄, 居其實, 不居其華. 故去彼取此

"덕을 덕으로 여기지 않는다"(不德)는 말은 스스로 덕이 있다고 생각하지
않는다는 뜻이다. 덕을 덕으로 여기지 않기 때문에 덕이 있으니, 2장에서
"자처하지 않기 때문에 선함과 아름다움이 그에게서 떠나지 않는다"고 한
것과 같은 뜻이다. "덕을 잃지 않으려고 한다"(不失德)는 말은 스스로 덕이
있다고 여긴다는 뜻이다. "의도적으로 하지 않는다"(無以爲)는 말은 무심無
心하다는 뜻이다. "의도적으로 한다"(有以爲)는 말은 무심하지 못하다는 뜻
이다. "무엇인가를 해도 아무도 응하지 않는다"(爲之而莫之應)는 말은 예로
다스리나 백성이 순종하지 않는다는 뜻이다. 양양攘은 '떨치다'(奮), 잉잉仍은
'계속하다'(繼)의 뜻이다. "팔을 걷어붙이고 계속한다"(攘臂而仍之)는 말은 백
성이 순종하지 않아서 형벌로 계속한다는 뜻이다. 이는 마치 남들이 자기
말을 따르지 않는 데 화가 나서 팔을 걷어붙이고 몰아세우는 것과 같다. '가
장 덕이 많은 자'(上德)는 무위하나 '가장 어진 자'(上仁)는 무엇인가를 하고,
가장 어진 자는 의도적으로 하는 일이 없으나 '가장 의로운 자'(上義)는 의
도적으로 한다. '예를 가장 잘 지키는 자'(上禮)의 경우에는 아무도 응하지
않으면 팔을 걷어붙이고 몰아세우는 지경까지 가게 된다. 그러므로 "도를
상실한 후에 덕이고, 덕을 상실한 후에 어짊이고, 어짊을 상실한 후에 의로
움이고, 의로움을 상실한 후에 예이다"라고 말한 것이다.
　'도가 덕에 더해진다는 것'(道加於德者)은 도로 하늘을 말하고 덕으로 사
람을 말한 것이니, 도는 아무 흔적이 없으나 덕은 흔적이 있다. 형식(文)이
기승을 부리고 본질(質)이 등한시되어 형벌과 법이 많아지므로, "예란 충성
(忠)과 믿음(信)이 희박해진 것이요, 혼란의 시작이다"라고 말하였다. '앞의
것을 안다'(前識)는 말은 '옛날의 사례'(前古)를 많이 안다는 것이다. 옛날의
사례를 많이 아는 것을 예로 여기면서 도의 내용이 아니라는 것은 모르니,
자신을 어리석게 만들고 나서 후대의 사람까지 어리석게 만든다. 그러므로
'어리석음의 시작'이라 한 것이다. 저것(彼)은 예禮와 옛날의 사례를, 이것

(此은 충성과 믿음 그리고 도를 말한다.

不德, 不自有其德也. 不德是以有德, 惟其不居, 是以不去也. 不失德, 自有
其德也. 無以爲, 無心也. 有以爲, 有心也. 爲之而莫之應, 以禮制之, 而民不從
也. 攘, 奮也. 仍, 繼也. 攘臂而仍之, 民不從而繼之以刑, 如怒人之不從其言者,
攘臂而毆之也. 上德無爲, 而上仁則爲之, 上仁無以爲, 而上義則有以爲. 若夫
上禮莫之應, 而至於攘臂. 故曰失道而德, 失德而仁, 失仁而義, 失義而禮.

道加於德者, 道以言天, 德以言人, 道則無迹, 而德爲有迹也. 文勝質衰而刑
辟多, 故曰, 禮者忠信之薄, 而亂之首也. 前識, 多識前古者. 多識前古以爲禮
而不知非道之實, 旣以自愚, 又愚後人. 故曰愚之始. 彼, 謂禮, 謂前識. 此, 謂
忠信, 謂道.

☞ 해설

이 장에서 박세당은 문文이 예禮이고 질質이 도道임을 밝히고 있다. 그는 『도덕
경』을 주석하면서 『논어』의 '문질빈빈'을 사상의 축으로 하고, 주희의 '체용론'을
경전 해석 방법으로 원용하였다. 여기서 문제가 되는 것은 문질론을 체용론으로 환
원할 수 있느냐는 점인데, 남상호 교수는 이것이 가능하다고 보았다. 단지 체용론의
관계처럼 문질론의 문질文質이 완전히 일치할 수는 없다는 점을 지적하고 있다. 그
는 "문질은 본질적으로 체용의 관계 위에 있지만, 현실적으로는 일단 문이 질로부
터 발생하고 나면 그 자체는 유기적으로 독립적인 변화를 하기 때문에 문질 사이에
많은 괴리가 생겨 긴밀성이 약해진다. 만약 체용론에서 체용의 관계처럼 문질 사이
에 괴리가 없다면 구태여 조화로운 빈빈을 추구할 필요가 없을 것이다. 반대로 체용
론으로 실천 관계를 설명한다면 그런 불일치는 설명할 수 없다"고 하였는데, 이에
대한 자세한 내용은 강원대학교 출판부에서 나온 『중국철학방법사』를 참고하기 바
란다.

39장

　옛날에 하나(一)를 얻은 것들. 하늘은 하나를 얻어서 맑고, 땅은 하나를 얻어서 평안하며, 정신은 하나를 얻어서 신령하고, 골짜기는 하나를 얻어서 채우며, 만물은 하나를 얻어서 태어나고, 왕후는 하나를 얻어서 세상의 바름이 된다. 그것들을 이루어 준 것은 하나(一)이니, 하늘은 맑아질 방법이 없으면 분열될 것이요, 땅은 평안할 방법이 없으면 갈라질 것이요, 정신은 신령스러울 방법이 없으면 소멸할 것이요, 골짜기는 채울 방법이 없으면 고갈될 것이요, 만물은 태어날 방법이 없으면 없어질 것이요, 후왕은 세상의 바름이 될 방법이 없으면 고귀한 위치가 전복될 것이다. 그러므로 귀한 것은 천한 것을 근본으로 삼고, 높은 것은 낮은 것을 기반으로 삼는다. 이 때문에 왕후는 자신을 '고아·과부·나쁜 사람'이라고 부르니, 이것은 아마도 천한 것을 근본으로 삼는 것이겠지. 그렇지 않은가? 그러므로 근본으로 되돌아갈 것을 궁구한다. 수레를 다 헤아리면 더 이상 헤아릴 수레가 없어지니, 옥처럼 진귀해지려 하지 않고 돌처럼 드러나려 하지 않는다.

　昔之得一者. 天得一以淸, 地得一以寧, 神得一以靈, 谷得一以盈, 萬物得一以生, 侯王得一以爲天下貞. 其致之一也, 天無以淸, 將恐裂, 地無以寧, 將恐發, 神無以靈, 將恐歇, 谷無以盈, 將恐竭, 萬物無以生, 將恐滅,

侯王無以爲貞, 而貴高將恐蹶. 故貴以賤爲本, 高以下爲基. 是以侯王自
稱孤寡不穀, 此其以賤爲本邪, 非乎. 故致. 數車無車, 不欲琭琭如玉, 落
落如石.

　‘하나’(一)란 도道를 말한다. ‘하나를 얻은 것들’이 모두 여섯 가지인데,
골짜기(谷)가 그 중 하나를 차지하고 있으니, 여기서 말한 하나라는 것이 바
로 겸허한 본체임을 알 수 있다. 정貞은 ‘바름’(正)을 뜻한다. “그것들을 이루
어 준 것은 하나이다”(其致之一也)라는 말은 여섯 가지의 공이 이루어진 것
이 하나 때문이라는 말이다. 발發은 ‘갈라진다’, 궐蹶은 ‘전복된다’는 뜻이
다. 하늘·땅·정신·골짜기는 모두 겸허한 본체를 얻어서 맑아지고 편안해
지고 신령해지고 채워진다. 만물도 이 도를 얻어서 태어나니, ‘비어 있는
기’(沖氣)로 조화를 이룬다. 사람은 곧 만물 중 하나이니, 특히 겸허를 귀하
게 여기고 자만과 자랑을 삼가서 삶을 보전하고 몸을 편안히 한다. 이것이
아니고는 왕후가 천지와 덕을 합하여 만물의 주인이 될 수 없다. 만약 몸소
겸허를 지키지 못하면서 세상을 바로잡으려 한다면 고귀한 지위를 잃고 망
하는 지경에 이를 것이다.
　“귀한 것은 천한 것을 근본으로 삼는다”는 말은 천한 것 때문에 귀한 것
이 있다는 뜻이다. “높은 것은 낮은 것을 기반으로 삼는다”는 말은 낮은 것
때문에 높아진다는 뜻이다. 자신을 ‘고아·과부·나쁜 사람’이라고 부르는
것은 모두 겸허를 실천하기 위해서이다. 치致는 궁구하다와 같은 뜻으로,
되돌아가기를 구한다는 말이다. “수레를 다 헤아리면 더 헤아릴 수레가 없
다”(數車無車)는 말은 바로 24장의 “스스로 자랑하는 자는 공이 없어진다”,
38장의 “덕을 잃지 않으려 하니 이 때문에 덕이 없다”는 것과 같은 의미이
다. 지금 수레 열 대가 있는데 한 대부터 헤아려서 열 대를 다하면 더 헤아
릴 수레가 없다. 사람들은 겸허를 자처하지 못해서 잘한 일(善)에 자만하고
공을 자랑하다가 잘한 일과 공을 모두 잃어버리니, 수레를 전부 헤아리는
것과 마찬가지이다. 그러므로 “옥처럼 진귀해지려 하지 않고 돌처럼 드러나
려 하지 않는다”고 하였다. 옥과 돌은 모두 형태와 바탕이 분명하게 드러나

는 것들이다. 녹록琭琭과 낙락落落은 분명하게 드러난다는 말이다. 어떤 사람은 "수거무거數車無車에서 거車란 수레의 총칭이니 각 부위를 따라서 셀 경우 어떤 것은 바퀴가 되고 어떤 것은 바퀴통이 되며, 어떤 것은 멍에가 되고 어떤 것은 앞턱의 가로나무가 되어서 마침내 수레는 없어지고 만다"고 풀이했다.

一者, 道也.[1] 凡得一者六, 而谷居其一, 則知此所謂一者, 卽謙虛之體也. 貞, 正也. 其致之一, 言六者之效其所以致之者一也. 發, 開發也. 蹶, 顚也. 天地神谷, 皆得謙虛之體, 以淸以寧, 以靈以盈. 萬物之生, 亦得此道, 冲氣爲化. 人卽萬物之一也, 尤以謙虛爲貴, 而忌矜伐, 保生安身. 非此無以侯王與天地合德, 爲萬物之主. 若不能躬執謙虛, 以正天下, 則將失其貴高, 而至於顚蹶矣.

貴以賤爲本, 因賤而有貴也. 高以下爲基, 從下而得高也. 自稱孤寡不穀, 皆所以爲謙虛者. 致, 猶究也, 言求其歸也. 數車無車, 卽自伐無功, 不失德, 是以無德之意. 今有十車, 自一而數, 盡十則無車矣. 凡人不能以謙虛自居, 矜善伐功, 而功善俱衰, 亦猶是也. 故曰不欲琭琭如玉, 落落如石. 玉石皆形質之突露者. 琭琭落落, 言其突露也. 或曰數車無車, 車者總名, 隨而數之, 爲輪爲轂, 爲衡爲軾, 遂無車矣.[2]

1) 『老子品節』에도 "一者, 道也"라는 구절이 있다.
2) 임희일의 『道德眞經口義』에 "車란 수레의 총칭이니 수레의 각 부위를 따라서 셀 경우 어떤 것은 바퀴가 되고 어떤 것은 바퀴통이 되며, 어떤 것은 굴대가 되고 어떤 것은 멍에가 되며, 어떤 것은 앞턱의 가로나무가 되어 마침내 수레는 없어지고 만다"(車者總名也. 隨件而數之, 則爲輪爲轂, 爲輻爲衡爲軾, 遂無車矣)라고 하였는데, 혹자의 말과 거의 동일하다. '林氏曰'로 하지 않은 것은 아마도 누구의 주였는지 확실하게 기억하지 못했기 때문인 듯하다.

40장

되돌아가는 것은 도의 움직임이며, 약한 것은 도의 작용이다. 세상
만물은 유에서 태어나고, 유는 무에서 태어난다.

反者, 道之動, 弱者, 道之用. 天下萬物生於有, 有生於無.

'되돌아가다'(反)는 것은 '고요함'을 말하니, 16장에서 "뿌리로 돌아가는
것을 '고요함'이라 한다"는 것이 바로 이런 의미이다. 고요해진 다음에 움직
일 수 있고 약해진 다음에 강해질 수 있으니, 도는 텅 비고 고요한 것을 본
체로 삼고 겸허하고 유약한 것을 작용으로 삼는다. "유有는 무無에서 태어
난다"는 것은 모든 사물이 무에서 태어난다는 말로, 움직임은 고요함에서
나오고 강한 것은 약한 것에서 나온다는 의미를 밝힌 것이다.

反, 謂靜也, 歸根曰靜, 是也. 靜而後能動, 弱而後能强, 道以虛靜爲體, 謙弱
爲用. 有生於無, 言凡物自無而生, 以明動生於靜, 强生於弱也.

☞ 해설

박세당은 경문 '유생어무有生於無'에서 무無를 '도체道體'로 보는 데 비해, 왕필
은 2장이나 11장에서처럼 사물의 비어 있음 곧 '공간'으로 보았다. 박세당이 주에서
분명히 "도는 텅 비고 고요한 것을 본체로 삼는다"고 했기 때문에, 두말 할 것 없이
경문의 무는 도체이다. 이와는 전혀 다른 왕필의 주석을 보자.

천하 사물은 모두 유有를 낳음으로 삼고, 유有가 시작하는 바는 무無를 근본으로 삼으니, 유를 온전히 하려면 반드시 무로 되돌아가야 한다.

天下之物, 皆以有爲生, 有之所始, 以無爲本, 將欲全有, 必反於無也

위 인용문에서 "유가 시작하는 바는 무를 근본으로 삼는다"는 주석만으로는 무가 정확히 무엇을 의미하는지 알 수 없다. 그러나 "유를 온전히 하려면 반드시 무로 되돌아가야 한다"는 말에 유의하면서, 경문의 "반자反者, 도지동道之動"에 대한 주석을 보면 '유생어무有生於無'의 무無가 공간임을 바로 이해할 수 있다.

고高는 하下를 기초로 삼고, 귀貴는 천賤을 근본으로 삼으며, 유有는 무無를 효용으로 삼으니, 이것이 되돌아가는 것이다.

高以下爲基, 貴以賤爲本, 有以無爲用, 此其反也

일단 위의 인용문에서 유무有無를 고하高下나 귀천貴賤과 함께 언급하였음을 직접 확인할 수 있다. 또 "유는 무를 효용으로 삼으니 이것이 되돌아가는 것이다"라는 구절이 '유생어무有生於無'의 주에서 "유를 온전히 하려면 반드시 무로 되돌아가야 한다"는 구절과 직결된다는 것도 확인할 수 있다. 이런 사실을 종합해 볼 때, 40장의 무無는 도나 도체로서의 무가 아니라 사물의 비어 있음 곧 '공간으로서의 무'임을 알 수 있다. 일반적으로 40장의 무無를 도道나 도체道體로 보는 경우가 많은데, 왕필 주로는 절대 그렇게 볼 수 없다. 오해가 생기지 않도록 그 차이점에 대해 언급해 보았다.

41장

　최상의 선비는 도에 대해 들으면 부지런히 행하고, 중간 수준의 선비는 도에 대해 들으면 마음에 담아 두기도 하고 담아 두지 않기도 하며, 형편없는 선비는 도에 대해 들으면 크게 비웃는다. 비웃음을 당할 정도가 아니면 도라고 여기기에 부족하다. 그러므로 옛말에 다음과 같은 말이 있다. "밝은 도는 어두운 것 같고, 나아가는 도는 물러나는 것 같고, 편안한 도는 평범한 것 같고, 최상의 덕은 골짜기 같고, 매우 결백한 것은 욕된 듯하고, 광대한 덕은 부족한 듯하고, 굳건한 덕은 게으른 듯하고, 질박하고 진실한 것은 더러운 듯하고, 큰 모는 모서리가 없고, 큰 그릇은 늦게 완성되고, 큰 소리는 성글고, 큰 형상은 형체가 없고, 도는 숨어 있어서 이름이 없다." 오직 도만이 잘 빌려 주고 잘 성취한다.

　上士聞道, 勤而行之, 中士聞道, 若存若亡, 下士聞道, 大笑之. 不笑, 不足以爲道. 故建言有之, 明道若昧, 進道若退, 夷道[1]若纇, 上德若谷, 大白若辱, 廣德若不足, 建德若偷, 質眞若渝, 大方無隅, 大器晚成, 大音希聲, 大象無形, 道隱無名. 夫惟道, 善貸且成.

---

1) "夷는 평탄하다는 뜻이니, 夷道는 도를 편안히 여긴다는 말이다"(夷平也, 夷道謂安於

道也"라는 주로 볼 때, 본문의 "夷道若類"는 "도에 편안하면 평범한 듯하다"로 번역해도 될 듯하다. 앞뒤의 구절도 마찬가지이다. 곧 "도에 밝으면 어두운 듯하고, 도로 나아가면 물러나는 듯하고…… 덕을 최상으로 하면 비어 있는 듯하고……"와 같이 번역할 수 있다.

최상의 선비는 도에 대해 듣고 기뻐하지 않는 것이 없으니 부지런히 행할 뿐이다. 중간 수준의 선비는 도에 대해 듣고 반신반의하니 도가 있다고 생각하는 경우도 있고 없다고 생각하는 경우도 있다. 형편없는 선비는 도에 대해 듣고 고집스럽게 받아들이지 않으니 코웃음만 친다. 그렇지만 형편없는 선비가 비웃을 정도가 아니라면 그다지 도의 존엄성을 드러냈다고 할 수 없으니, "세상에 쓰이지 않은 연후에 군자임이 드러난다"는 말과 같다.

건언유지建言有之는 "옛말에 이런 말이 있으니, 다음의 말이 바로 그것이다"라는 말이다. 이夷는 평탄하다는 뜻이니, 이도夷道는 도를 편안히 여긴다는 말이다. 유類는 일상적인 종류라는 뜻이다. "밝은 도는 어두운 것 같다"(明道若昧)는 말은 스스로 자랑하지 않는다는 뜻이다. "나아가는 도는 물러나는 것 같다"(進道若退)는 말은 스스로 높이지 않는다는 뜻이다. "편안한 도는 평범한 것 같다"(夷道若類)는 말은 스스로 특이하게 여기지 않는다는 뜻이다. "최상의 덕은 골짜기 같다"(上德若谷)는 말은 가득 차 있지만 비울 수 있다는 뜻이다. "매우 결백한 것은 욕된 듯하다"(大白若辱)는 말은 깨끗하지만 더러워질 수 있다는 뜻이다. "광대한 덕은 부족한 듯하다"(廣德若不足)는 말은 크지만 작아질 수 있다는 뜻이다. "굳건한 덕은 게으른 듯하다"(建德若偷)는 말은 강건하지만 게으른 것과 비슷하다는 뜻이다. "질박하고 진실한 것은 더러운 듯하다"(質眞若渝)는 말은 순수하고 진실하지만 더럽게 변한 것 같다는 뜻이다. "큰 모는 모서리가 없다"(大方無隅)는 말은 모났지만 깎아 내지 않았다는 뜻이다. "큰 그릇은 늦게 완성된다"(大器晩成)는 말은 더디지만 오래갈 수 있다는 뜻이다. "큰 소리는 성글다"(大音希聲)는 말은 들어도 들을 수 없다는 뜻이다. "큰 형상은 형태가 없다"(大象無形)는 말은 보아도 보이지 않는다는 뜻이다. "도는 숨어 있어서 이름이 없다"(道隱無名)는 말은 형체가 있은 다음에 이름이 있다는 뜻이다. 도는 형체가 없기 때문에 "도는 숨어 있어서 이름이 없다"고 말하였다.

자신의 심정을 미루어 남에게 해주는 것을 '빌려 준다'(貸)고 한다. 성인은 쌓아 놓지 않고 남에게 주니, 이것이 '잘 빌려 주는 것'(善貸)이다. 상대의 심정에 따라 나아가는 것을 '성취한다'(成)고 한다. 도는 성취하고 성숙하게 하니, 이것이 '잘 성취하는 것'(善成)이다.

上士聞道, 無所不悅, 則孜孜而已矣. 中士聞道, 疑信在心, 則爲無爲有矣. 下士聞道, 頑然不入, 則笑之而已矣. 然不爲下士所笑, 則不足以見道之尊, 猶所謂不容然後見君子者[1]也.

建言有之, 言古之立言者, 有此言, 下文是也. 夷, 平也. 夷道, 謂安於道也. 類, 常類也. 明道若昧, 不自衒. 進道若退, 不自高. 夷道若類, 不自異. 上德若谷, 實而能虛. 大白若辱, 潔而能汙. 廣德若不足, 大而能小. 建德若偸, 剛健而似乎偸惰. 質眞若渝, 純實而似乎渝化. 大方無隅, 方而不割. 大器晚成, 遲則能久. 大音希聲, 聽之不聞. 大象無形, 視之不見. 道隱無名, 有形然後有名. 道則無形, 故曰道隱無名.

推己而與之, 曰貸. 聖人不積以與人, 是善貸也. 因彼而就之, 曰成. 道成之熟之, 是善成也.

---

1) 『史記』, 「孔子世家」, "不容何病. 不容然後見君子."

42장

　도에서 하나(태극)가 나오고, 하나에서 둘(음양)이 나오며, 둘에서 셋(삼재)이 나오고, 셋에서 만물이 나온다. 만물은 음을 등에 지고 양을 가슴에 안고서 텅 빈 기운으로 조화를 이룬다. 사람들이 싫어하는 것은 오직 고아·과부·나쁜 사람인데, 왕공은 그것을 자신의 칭호로 삼는다. 그러므로 사물은 덜면 더해지고, 더하면 줄어든다. 사람들의 가르침을 나 또한 모범으로 삼아 가르친다. 강포한 자는 제명에 죽지 못하니, 나는 그것을 가르침의 으뜸으로 삼을 것이다.

　道生一, 一生二, 二生三, 三生萬物. 萬物負陰而抱陽, 沖氣以爲和. 人之所惡, 唯孤, 寡, 不穀, 而王公以爲稱. 故物或損之而益, 益之而損. 人之所敎, 亦我義敎之. 强梁者, 不得其死, 吾將以爲敎父.

　하나(一)는 태극이다. 노자의 도는 무無를 으뜸(宗)으로 삼기 때문에 "도에서 하나가 나온다"고 하였다. 둘(二)은 음과 양(兩儀)이고, 셋(三)은 삼재三才이다. "셋에서 만물이 나온다"는 말은 '세 가지 극'(三極)이 확립되어 만물이 나온다는 뜻이다. "음陰을 등에 지고 양陽을 가슴에 안았다"는 말은 음양의 두 기를 만물이 품수받았기 때문에 만물이 나올 때 음양의 기를 등에 지고 가슴에 안아서 떨어지지 않는다는 뜻이다. 충기沖氣는 '텅 비어 있는

기'(沖虛之氣)이다. 모든 사물은 어느 것도 이 텅 빈 기를 가지고 조화를 이
루지 않는 것이 없으므로 함께 있으면서 해가 되지 않고, 스스로를 유지하
면서 오래갈 수 있다. 사람들이 싫어하는 것 가운데 '아비 없는 놈', '남편
없는 년', '나쁜 놈'이라고 부르는 것보다 심한 것이 없는데, 왕공이 그것을
칭호로 삼는 것은 또한 '텅 비우는 것'(沖虛)으로 자신을 길러 고귀한 지위
에 거처하려고 하기 때문이다.

"덜면 더해지고 더하면 줄어든다"는 것은 예부터 전해 오는 말이다. 비워
둔 것은 받게 되고 꽉 찬 것은 넘치게 되며, 낮은 것은 더해지고 높은 것은
기울어지게 된다. 달은 초하루부터 점점 커지다가 보름이 지나면 이지러지
고, 해는 오전 여섯 시쯤 솟아올랐다가 정오가 지나면 기울기 시작한다. 『역
경』에서 "위의 것을 덜어 아래 것에 더하면 익益이 된다"고 한 것은 바로
나의 것을 덜어 유익하게 되는 경우이며, "아래 것을 덜어 위의 것에 더하
면 손損이 된다"고 한 것은 바로 (남의 것을) 나의 것에 더해 손해를 보는
경우이다. 옛 사람들의 가르침이 이와 같으니 나도 그들의 가르침을 모범
(義)으로 삼는다. 텅 비워서 조화를 이루면 사람들이 그에게 귀의하고, 교만
하고 자만하면 사람들이 그를 해친다. 그러므로 강포한 자는 제명에 죽지
못한다. 겸손하게 행동하면 이득이 있고, 자신을 채워 교만하게 행동하면
손해를 보는 것은 천도가 그런 것이다. 나는 옛 사람들의 손익損益의 말씀
을 가장 중요한 가르침으로 삼을 것이다.

一太極. 老子之道, 以無爲宗, 故曰道生一. 二兩儀. 三三才. 三生萬物, 三極
立, 而萬物生也. 負陰抱陽, 陰陽二氣, 物之所稟, 故其生也, 亦負抱而不離也.
沖氣, 沖虛之氣. 凡物莫不保此沖虛之氣, 以爲和, 故能相處而不害, 自持而能
久. 人之所惡者, 莫過於無父無夫與不善之名, 而王公以爲稱者, 亦欲以沖虛自
養, 以處其貴高之勢也.

損之而益, 益之而損, 盖古語也. 虛者受, 盈者溢, 卑者增, 高者傾. 月自朔而
生, 旣望而缺, 日從卯而升, 旣午而昃. 在易則損上益下爲益,[1] 是損我而得益
也, 損下益上爲損,[2] 是益我而得損也. 古人所以敎人者如此, 我亦以其所敎爲
義. 沖和則人歸之, 驕矜則物害之. 故强梁者, 不得其死. 謙受益, 滿招損, 天道

然也. 吾將以古人損益之說,³⁾ 爲敎之首也.

1)『易經』, 損卦, “彖曰損損下益上.”
2)『易經』, 益卦, “彖曰益損上益下.”
3)『易經』의 손괘와 익괘의 가르침을 말한다.

☞ 해설

경문 첫 구절의 주 곧 “하나(一)는 태극이다. 노자의 도는 무無를 으뜸(宗)으로 삼기 때문에 '도에서 하나가 나온다'고 하였다”라는 구절에서 도의 의미를 정확히 알아야 한다. 여기서의 '도'는 태극이나 도체가 아니라 도의 묘용妙用을 의미한다. 곧 『남화경주해산보』「천지」, “금석부득金石不得, 무이명無以鳴, 고금석유성故金石有聲, 불고불명不考不鳴”의 주에서 “도란 리理에 따라 일을 행하는 것이다”(道者因其理, 而行其事者也)라고 한 것과 같은 의미이다. 만약 위의 주에서 도를 도체나 태극으로 보면 도체(태극)에서 태극이 나왔다는 뜻이 되므로 문맥도 통하지 않는다. 자세한 것은 부록을 참고하기 바란다.

43장

세상에서 지극하게 부드러운 것이 지극하게 견고한 것을 종횡무진 누비고, 아무 형태도 없는 것이 틈이 없는 곳까지 침입한다. 이로써 무위의 유익함을 알 수 있다. 말하지 않는 교화와 무위의 유익함, 세상 사람 가운데 이런 경지에 오른 자는 거의 없다.

天下之至柔, 馳騁天下之至堅, 無有入於無間. 是以知無爲之有益也. 不言之敎, 無爲之益, 天下希及之矣.

세상의 사물 가운데 나무와 돌보다 견고한 것이 없지만, 물(水)은 그것에 스며들 수 있고 바람은 그것을 건조시킬 수 있으니, "지극하게 부드러운 것이 지극하게 견고한 것을 종횡무진 누빈다"는 뜻이다. 무유無有는 '형태가 없다'는 뜻이고, 무간無間은 '틈이 없다'는 뜻이다. 부드럽기가 형태가 없을 정도이고, 견고하기가 틈이 없을 정도라면 모두 지극한 것들이다. 지극히 부드러운 다음에야 지극히 견고한 것에 들어갈 수 있으니, 무위無爲는 '부드러움의 도'(柔之道)이다. 이 때문에 무위의 유익함을 알 수 있다. 내가 고요함을 좋아하면 백성이 스스로 바르게 되고, 내가 무위하면 만물이 저절로 감화된다. 그렇다면 만물에 들어가서 종횡무진 달릴 수 있는 방법은 무위만 한 것이 없다. 그러므로 "말하지 않는 교화와 무위의 유익함, 세상 사람 가운데 이런 경지에 오른 자는 거의 없다"고 하였다.

天下之物, 莫堅於木石, 而水能潤之, 風能燥之, 以至柔而馳騁至堅也. 無有,
無形也. 無間, 無罅也. 柔至於無形, 堅至於無罅, 則皆其至者. 夫唯至柔然後,
方可以入於至堅, 無爲, 柔之道也. 是以知無爲之有益也. 我好靜, 而民自正,
我無爲, 而物自化[1] 然則能入於萬物, 而馳騁之者, 莫如無爲. 故曰不言之敎,
無爲之益, 天下希及之矣.

1) 『道德經』, 57장, "我無爲而民自化, 我好靜而民自正."

44장

명예와 자신 중 어느 것이 가까운가? 자신과 재물 중 어느 것이 중요한가? 얻는 것과 잃는 것 중 어느 것이 병인가? 이 때문에 심히 아끼면 반드시 크게 허비하게 되고, 많이 숨겨두면 반드시 크게 잃는다. 만족을 아는 자는 치욕을 당하지 않고, 멈출 줄 아는 자는 위태롭지 않으니 길이 살 수 있다.

名與身孰親. 身與貨孰多. 得與亡孰病. 是故甚愛必大費, 多藏必厚亡. 知足不辱, 知止不殆, 可以長久.

다多는 '중요하다', 망亡은 '잃다'의 뜻이다. 명예를 자신에 비교하면 명예는 멀고 자신은 가깝다. 자신을 재물에 비교하면 자신은 중요하고 재물은 하찮다. 명예를 멀리하고 재물을 경시하는 것은 자신을 보전하는 방법이며, 재물을 중시하고 명예를 가까이하는 것은 자신을 망하게 하는 길이다. 이것이 득실에 대한 구별이다. 그러므로 "얻는 것과 잃는 것 중 어느 것이 병인가?"라고 한 것이다. 명예를 심히 아끼는 사람은 명예 때문에 목숨을 바치게 되니 소비하는 것이 크다. 많은 재물을 간직한 사람은 그 때문에 자신의 삶을 해칠 수도 있으니 잃는 것이 많다. 만족을 아는 자는 간직해 둔 재물 때문에 생기는 우환이 없고, 멈출 줄 아는 자는 명예를 아끼다 잘못되는 경우가 없으니, 이것이 치욕을 당하지 않고 위태롭지 않아 길이 살 수 있는 이유이다.

多, 猶重也. 亡, 猶失也. 名比於身, 名爲疎, 而身爲親. 身比於貨, 身爲重,
而貨爲輕. 疎名輕貨, 保身之術, 重貨親名, 喪生之道. 此得失之辨也. 故曰得
與亡, 孰病. 愛名甚者, 至殉以身, 所費者大. 藏貨多者, 或害其生, 所亡者厚.
知足者, 無藏貨之累, 知止者, 無愛名之失, 所以不辱不殆, 而能長久也.

45장

크게 이루어진 것은 이지러진 듯하지만 그 쓰임은 피폐하지 않고, 꽉 찬 것은 빈 듯하지만 그 쓰임은 끝이 없다. 쭉 곧은 것은 굽은 듯하고, 노련한 솜씨는 서툰 듯하며, 진솔한 말은 어눌한 듯하다. 조급함은 냉랭함을 이기고 고요함은 변화함을 이기니, 맑음과 고요함이 세상의 바름이 된다.

大成若缺, 其用不弊, 大盈若沖, 其用不窮. 大直若屈, 大巧若拙, 大辯若訥. 躁勝寒, 靜勝熱, 淸靜爲天下正.

"크게 이루어진 것은 이지러진 듯하다"는 말은 천지의 경우이다. 네 계절이 번갈아 운행하며 정지된 모습을 보인 적이 없으니, 이지러졌지만 피폐하지 않는 것이다. "꽉 찬 것은 빈 듯하다"는 말은 강과 바다의 경우이다. 모든 개울이 앞다투어 흘러 들어오지만 넘치는 모습을 보인 적이 없으니, 텅 비었으되 끝이 없는 것이다. "쭉 곧은 것은 굽은 듯하다"는 말은 굽히면 곧을 수 있다는 뜻이다. "노련한 솜씨는 서툰 듯하다"는 말은 무위의 유익함을 뜻한다. "진솔한 말은 어눌한 듯하다"는 말은 말하지 않는 교화를 뜻한다. 이 다섯 가지는 모두 '텅 비어 있는 고요한 본체'(虛靜之體)를 말한다. "조급함은 냉랭함을 이기고, 고요함은 변화함을 이긴다"는 것은 고요함과 조급함의 이치를 설명함으로써 맑음과 고요함이 혼탁함과 번성함을 제어하여 천하의 바름이 됨을 밝힌 것이다.

　大成若缺, 天地是也. 四時迭運, 不見其停, 缺而不弊也. 大盈若冲, 江海是也. 百川爭輸, 不見其溢, 冲而不窮也. 大直若屈, 枉則能直. 大巧若拙, 無爲之益. 大辯若訥, 不言之敎. 五者皆言虛靜之體. 躁勝寒, 靜勝熱, 此言靜躁之理, 以明淸淨之能御坌濁鬧熱, 而爲天下之正也.

46장

　세상에 도가 있으면 잘 달리는 말을 몰아 거름 주는 데 부리고, 세상에 도가 없으면 교외에서 병마가 나온다. 무엇을 하려 하는 것보다 더 큰 죄가 없고, 만족을 모르는 것보다 더 큰 화가 없으며, 얻으려 하는 것보다 더 큰 허물이 없다. 그러므로 만족을 아는 만족이 영원한 만족이다.

　天下有道, 却走馬以糞, 天下無道, 戎馬生於郊. 罪莫大於可欲, 禍莫大於不知足, 咎莫大於欲得. 故知足之足常足.

　"세상에 도가 있으면 잘 달리는 말을 몰아 거름 주는 데 부린다"는 것은 전쟁이 그친 태평성대를 맞아 준마를 사용할 곳이 없어서 밭에 거름을 줄 때나 부릴 뿐이라는 말이다. "세상에 도가 없으면 교외에서 병마가 나온다"는 것은 세상이 어지럽고 도적이 흥성해 무장한 수레가 근교로 압박해 들어온다는 말이다. 죄와 허물을 지어 화와 혼란으로 들어가는 까닭은 모두 욕심이 많아 만족을 모르기 때문이다. 그러므로 만족을 아는 것으로 만족할 수 있다면 항상 자족할 수 있어서 화와 혼란을 야기하는 우환이 없을 것이다. 이 장에서는 말(馬)을 들어 치세와 난세의 단서를 드러내고, 그 근원을 만족을 아느냐 모르느냐에 돌렸다. 임씨는 "잘 달리는 말을 몰아 밭에 거름을 주는 데 부린다는 것은 3장에서 '얻기 힘든 재화를 귀중하게 여기지 않는다'고 한 것과 같은 의미이다"라고 했는데, 이런 해석도 뜻이 통한다.

天下有道, 却走馬以糞, 言時平戰息, 而無所事於馳駿, 用以糞田而已. 天下無道, 戎馬生於郊, 言世亂寇興, 而兵車逼於近郊. 凡所以爲罪爲咎, 以階禍亂者, 皆由於多欲而不知足. 故能知足之爲足, 則常能自足, 而無禍亂之憂矣. 此借馬以發治亂之端, 而又以治亂之源, 歸之於不知足與知足也. 林氏曰, 善走之馬, 却以糞田, 不貴難得之貨之意也,[1] 亦通.

---

[1] 『道德眞經口義』에는 "善走之馬, 却以糞田, 不貴難得之貨之意也"가 "以善走之馬, 却以糞田, 卽不貴難得之貨之意"로 되어 있다.

47장

집 밖에 나가지 않아도 세상을 알고, 창 밖으로 내다보지 않아도 천도를 안다. 멀리 나아가면 갈수록 지식은 더욱 협소해진다. 이 때문에 성인은 나다니지 않아도 알고, 보지 않고도 지칭하며, 아무 것도 하지 않아도 완성한다.

不出戶, 知天下, 不窺牖, 知天道. 其出彌遠, 其知彌少. 是以聖人不行而知, 不見而名, 不爲而成.

세상이 광대하나 인정人情과 사물의 이치를 탐구하여 알 수 있다. 하늘의 도는 드러나지 않지만 음양의 변화를 미루어 헤아릴 수 있다. 만약 집 밖에 나가고 창 밖으로 내다본 후에만 알 수 있고 볼 수 있다면, 여기저기 남김 없이 돌아다니더라도 아는 것이 얼마나 되겠으며, 눈이 아프도록 보더라도 보는 것이 얼마나 되겠는가? 의지(志)를 갖고 부지런히 하려고 하면 할수록 식견은 더욱 혼미해진다. 그러므로 "멀리 나아가면 갈수록 지식은 더욱 협소해진다"고 하였다. 이 때문에 성인은 나다니지 않아도 산천과 풍속의 상태를 알 수 있고, 하늘을 쳐다보지 않아도 해와 달과 별의 형상을 지칭할 수 있으며, 아무 일도 하지 않아도 세상의 일을 완성할 수 있는 것이다. 조급하고 번거로울 경우에는 도를 분명히 알지 못하지만 맑고 고요할 경우에는 이치를 분명히 알기 때문에 '일 없는 것'(無事)을 귀하게 여긴다는 말이다.

天下大矣, 而人情物理, 可求而致. 天道隱矣, 而陰陽變化, 可推而數. 若必待出戶窺牖, 而後可知可見, 則足跡雖遍, 所知幾何, 目力雖窮, 所見幾何. 用志愈勤, 而識愈昏. 故曰其出彌遠, 其知彌少. 是以聖人不行, 而能知山川風俗之狀, 不見而能名日月星辰之象, 不爲而能成天下之務. 言躁擾者暗於道, 淸靜者明於理, 故以無事爲貴也.

48장

배움을 행하면 날마다 더하고 도를 행하면 날마다 덜어낸다. 덜어내고 또 덜어내어 무위無爲에 이르면 하지 않아도 하지 못하는 일이 없다. 그러므로 세상을 취하는 자는 항상 무사無事로써 한다. 하는 일이 있으면 세상을 취하기에 부족하다.

爲學日益, 爲道日損. 損之又損, 以至於無爲, 無爲而無不爲矣. 故取天下者, 常以無事. 及其有事, 不足以取天下.

배움을 행하는 자는 도를 탐구하려 하기 때문에 날마다 도에 대한 지식을 더하려 하고, 도를 행하는 자는 배운 것을 행하려 하기 때문에 날마다 행할 것을 덜어내려 한다. 노자의 학문은 뭇 사람들의 잘못을 돌이키고 만물의 자연스러운 상태를 도와 주되 감히 일을 만들지 않으니, 그 도는 무위無爲와 무사無事에 있다. 이것이 날마다 덜어내는 것을 귀하게 여기는 까닭이다. 그러나 뭇 사람들의 잘못을 돌이켜 만물의 자연스러운 이치(道)를 탐구할 수 있는 자가 만약 지식을 더하지 않는다면, 또 무슨 방법으로 도道에 나아가겠는가? 이것이 날마다 더하기를 귀하게 여기는 까닭이다.

"하는 일이 있으면 세상을 취하기에 부족하다"는 구절은 29장의 "세상을 취하려고 작위할 경우 나는 그렇게 해서는 얻을 수 없다는 것을 알고 있다"는 것과 같은 의미이다. 어떤 사람은 "배움을 행하면 날마다 더한다"는 구절이 20장에서 "배움을 끊으면 근심이 없다"고 한 것과 일치하지 않는 것으로 보아 이 장의 요지는 별도의 것인 듯하다고 미심쩍어 하는데, 절대 그렇지 않다. 20장에서 말한 배움은 '유위의 배움'(有爲之學)이고 이 장에서 말한 배움은 '무위의 배움'(無爲之學) 곧 64장의 "(남들이) 배우지 않는 것을 배운다"는 말이니 그 의도가 다르다. 노자가 어찌 사람을 어리석게 하였겠는가? 진실로 사람을 어리석고 무지하게 만들어서 스스로 그 품성을 미혹되게 하고자 하였겠는가? 그렇지 않다. 『도덕경』 5,000자가 얘기하고 있는 것이 무엇인가? 그것이 이른바 배움이 아니겠는가?

爲學者, 將求此道, 故欲其日益. 爲道者, 將行所學, 故欲其日損. 老子之學, 復衆人之所過, 輔萬物之自然, 而不敢爲, 則其道在於無爲無事, 所以貴於日損. 然其能復衆人之所過, 以求此自然之道者, 若非有將就增益, 則亦何以進於道. 此所以貴於日益也.

有事, 不足以取天下, 亦猶二十九章欲取天下, 而爲之者, 吾見其不得已之意. 或疑爲學日益, 與二十章所云絶學無憂, 不合, 恐此章之旨, 別有所存, 此殊不然. 上所云學者, 有爲之學, 此所云學者, 無爲之學, 卽學不學之謂, 其所爲言之者異. 老子豈果愚人也哉. 眞欲昏然無知自迷其性耶. 不然. 五千言所說, 何事. 此其所謂學者非耶.

해설

48장의 "위학일익爲學日益, 위도일손爲道日損"에 대한 박세당의 해석은 왕필의 해석과 완전히 다르다. 왕필에 따르면 노자의 도는 마음을 비움, 곧 무지무욕無知無欲으로써 지욕知欲을 없애는 것이다. 이런 관점을 따르면 학學은 도道와 반대로 부정적인 것이다. 곧 도道는 지욕을 제거하는 것인 반면 학學은 지욕을 인위적으로 키워 감으로써 자연을 해치는 것이다. 한데 지방에 사는 사람들이 배우지 않아도 저절로 털옷을 입을 줄 아는 것처럼 삶에 필요한 지식은 이미 본성적으로 갖추고 있기 때문이다. 그런데도 학學을 한다는 것은 학의 다리를 잘라 오리의 다리에 붙이는 것과 같다.

이와 달리 박세당은 학을 도에 대한 탐구로 보았다. 박세당을 포함한 유학자들은 천리를 체득하여 예로 형식화시키려 한다. 그러나 정통 도가인 왕필에게 이것은 불가능하다. 인간이 분별지로 파악한 것은 모두 비교에 의한 상대적인 것이기 때문이다. 물론 천리를 체득하여 예로 형식화시킨 것도 예외일 수 없다. 쉽게 설명하면 세상이 온통 흰색이라면 사람들은 흰색을 구분할 수 없다. 사람들이 흰색을 구분할 수 있는 것은 흰색을 다른 색과 비교하기 때문이다. 곧 흰색을 구분하기 위해서는 흰색 이외의 다른 색이 전제되어야 한다. 체득한 천리를 예禮로 절문節文하는 것도 분별지에 의한 것이기 때문에 마찬가지이다. 따라서 분별지로는 그 특성상 절대적인 도 또는 천리를 파악할 수 없다. 분별지로 파악한 것은 상대적인 것일 뿐이다. 2장의 첫 구절을 예로 들면, 아름다운 것이 아름다울 수 있는 것은 그것이 절대적으로 아름다워서가 아니라 상대적으로 그보다 못생긴 것이 많기 때문이다. 곧 못생긴 것이 상대적으로 아름다운 것을 아름답게 드러나도록 했다는 말이다. 천리도 분별지에 의해 대상화되면 그 순간 다른 것에 의해 상대적으로 드러날 뿐이지 절대적으로 파악되는 것은 아님을 알아야 한다.

박세당에 따르면 학을 하는 것은 도를 배우는 것이므로 도에 대한 지식을 날마다 더해야 하고, 도를 행하는 것은 도에 대한 지식을 익힘으로써 무의식적으로 실천하도록 하는 것이므로 날마다 줄여가야 한다. 이는 정통 도가가 아닌 유가의 논리이다. 위에서 설명했듯이 정통 도가에서는 지知를 절대적으로 부정하기 때문이다. 이에 대해서는 이미 위진 시대의 학자들이 치열한 논쟁을 벌인 바 있다. 이에 대해 간단히 살펴보면 배위의 숭유론崇有論은 유학자의 입장에서 왕필의 귀무론貴無論을 비판한 것으로, 마음 비움 곧 지욕知欲을 제거하는 것을 반대한다. 곧 왕필은 인간의 참다운 삶이 마음을 비움으로써 자연을 따르는 데 있다고 하는 데 비해, 배위는 분별지를 통해 천리를 예로 형식화시킴으로써 정교政教의 기본으로 삼는 데서 출발한다고 보았다. 곽상의 독화론獨化論은 왕필의 사상을 이어받아 다시 배위의 입장을 비판한 것으로, 모든 것이 모르는 사이에 저절로 변하기 때문에 분별지를 통해서는 만물의 변화를 파악할 수 없다는 입장이다. 자세한 것은 한국종교학회 1998년도 추계학술 발표회 도가 분과에서 발표한 옮긴이의 논문 「위진현학魏晉玄學에서 지知와 무無에 대한 고찰考察」을 참고하기 바란다.

49장

    성인은 선입견 없이 백성의 마음을 자신의 마음으로 삼는다. 그래서 선한 자를 나 또한 선하게 여기고 선하지 않은 자도 내가 또한 선하게 여겨서 선을 얻는다. 신의가 있는 자를 나 또한 믿어 주고 신의가 없는 자도 내가 또한 믿어 주어서 신의를 얻는다. 성인은 세상에서 두려워하는 듯이 다스리며 백성과 마음을 함께하니, 백성 모두가 이목을 집중하고 성인은 그들을 모두 아이처럼 양육한다.

    聖人無常心, 以百姓心爲心. 善者吾亦善之, 不善者吾亦善之, 得善矣. 信者吾亦[1]信之, 不信者吾亦信之, 得信矣. 聖人之在天下惵惵, 爲天下渾其心, 百姓皆注其耳目, 聖人皆孩之.

1) 『老子品節』에는 '亦'이 없다.

    "상심常心이 없다"는 것은 왼쪽도 오른쪽도 될 수 있어 선입견이 없다는 말이다. "백성의 마음을 자신의 마음으로 삼는다"는 구절은 사람들 저마다 자신의 마음이 있으니, 내가 각각 그들의 마음을 좇아 나의 마음으로 삼아서 피차와 선악을 분별하려는 뜻을 갖지 않는다는 말이다. 선한 자도 선하게 여기고 선하지 않은 자도 선하게 여긴다면 저들이 선하든 선하지 않든 모두 나를 선하게 여길 것이다. 신의가 있는 자도 믿어 주고 신의가 없는 자도 믿어 준다면 저들이 신의가 있든 없든 모두 나를 믿을 것이다. 백성의 마음을 내 마음으로 삼으면 그 효과가 이와 같으니, 23장에서 "덕과 함께하는 자는 덕 역시 그와 기꺼이 함께하고, 실패와 함께하는 자는 실패 역시 그와 기꺼이 함께한다"고 한 것도 같은 의미이다.

이 때문에 성인은 두려워하는 듯이 세상을 다스리면서 어떤 구분도 하지 않으니, 버리고 취하고 좋아하고 미워하는 기색을 드러내지 않아서 사람들이 어리석거나 현명하거나 모두 이목을 집중하고 성인에게로 귀의한다. 이것이 "(가뭄에) 비구름을 바라고, (긴 장마 끝에) 햇빛에 나아가는 것처럼 한다"는 말이다. 백성들이 나에게 귀의하면 나는 그들 모두를 아이처럼 양육할 것이다. 부모가 아기에 대해 어찌 어리석음과 현명함, 선함과 악함의 구분을 두겠는가? "갓난아기 대하듯 한다"는 말이 이런 뜻이다. 임씨는 다음과 같이 말했다. "선하고 선하지 않고는 저들에게 달려 있으니 나는 항상 선으로 그들을 대한다. 처음부터 분별하는 마음이 없다면 선은 항상 나에게 있다. 그러므로 '선을 얻는다'고 하였다. 신의가 있고 없고는 저들에게 달려 있으니 나는 항상 신의로 그들을 대한다. 처음부터 의심하고 이간하는 마음이 없다면 신의는 항상 자신에게 있다. 그러므로 '신의를 얻는다'고 한 것이다."

無常心, 言可左可右, 無成心也. 以百姓心爲心, 言人各自有其心, 吾亦各隨其心而爲心, 無分別彼此善惡之意也. 善者善之, 不善亦善之, 則彼善不善, 皆善我矣. 信者信之, 不信亦信之, 則彼信不信, 皆信我矣. 能以百姓心爲心, 則其效如此, 所謂同於德, 德亦樂得之, 同於失, 失亦樂得之者, 是也.

是以聖人慄慄, 爲天下渾其心, 去取好惡不形於色, 而人無賢愚, 皆注其耳目歸向於我. 所謂望之如雲, 就之如日,[1] 是也. 民旣歸向於我, 我皆以嬰孩畜之, 父母之於孩子, 又奚有賢愚善惡之分哉. 所謂如保赤子,[2] 是也. 林氏曰, 善不善在彼, 而我常以善待之. 初無分別之心, 則善常在我. 故曰得善矣. 信不信[3]在彼, 而我常以信待之. 初無疑間之心, 則信常在我. 故曰得信矣.

1) 『史記』,「五帝本紀」, "帝堯者, 放勳, 基仁如天, 其知如神, 就之如日, 望之如雲."

2) 『尙書』,「康誥」, "如保赤子, 惟民其康乂."

3) 『道德眞經口義』에는 '不信' 다음에 '者'가 더 있다.

50장

    나오면 살고 들어가면 죽는다. (욕심에서 벗어나) 살아야 할 사람이 열에 셋이요, (욕심에 빠져) 죽어야 할 사람이 열에 셋이다. 그런데 백성 가운데 살다가 별안간 사지로 가는 자도 열에 셋이니, 무엇 때문인가? 삶을 도모함이 지나치기 때문이다. "섭생을 잘하는 자는 육로로 가더라도 들소나 호랑이를 만나지 않고, 전쟁터에 나가더라도 무기에 상처를 입지 않는다"고 들었다. 들소가 뿔로 받을 곳이 없고, 호랑이가 발톱으로 할퀼 곳이 없으며, 병사가 칼로 찌를 곳이 없으니 무엇 때문인가? 죽어야 할 일이 없기 때문이다.

    出生入死. 生之徒十有三, 死之徒十有三. 民之生, 動之死地者, 亦十有三, 夫何故. 以其生生之厚. 盖聞善攝生者, 陸行不遇兕虎, 入軍不被甲兵. 兕無所投其角, 虎無所措其爪, 兵無所容其刃, 夫何故. 以其無死地.

    "나오면 살고 들어가면 죽는다"는 말은 벗어나면 살고 빠지면 죽는다는 의미이다. 나오는 자는 초연히 스스로 벗어나며, 들어가는 자는 빠져서 돌아오지 못한다. 도徒는 '무리'(類), 동動은 '별안간'(輒), 지之는 '가다'의 뜻이다. "무엇 때문인가"(夫何故)는 질문하는 말이다. "열에 셋이 있다"(十有三)고 세 번 말한 것은, 열 사람이 있다고 할 때 살아야 할 사람이 그 중 셋이요, 죽어야 할 사람이 셋이요, 살아야 하는데 별안간 사지死地로 달려가는 사람이 또 셋이라는 말이다. 살아야 할 무리는 최상의 사람으로, 초연히 스스로 벗어나니 충고할 것이 없다. 죽어야 할 무리는 최하의 사람으로, 빠져서 돌아오지 못하니 구제할 수 없다. 살다가 죽음으로 가는 자들은 중간 정도의 사람으로, 그래도 구할 수 있는 방법이 있다. 그러므로 묻고 답하기를 "백성 가운데 살다가 별안간 사지로 가는 자는 무엇 때문인가? 다름이 아니라 삶을 도모함이 지나치기 때문이다"라고 한 것이다. 삶의 즐거움을 지나치게 도모하면 탐욕에 빠져 생을 돌아볼 겨를도 없이 사지에 나아가게 되니, 어찌 크게 잘못되어 슬프다 하지 않겠는가? 그러므로 섭생을 잘하는 자는 어떤 것으로도 해칠 수 없고, 어떤 사람도 상처를 입힐 수 없다.

내가 짐승의 가죽을 벗기고 고기를 먹을 마음이 없다면 짐승(物과 서로를 잊어버리니, 비록 못된 짐승이 있더라도 발톱과 뿔로 공격받을 일이 없다. 내가 이익을 다투고 승리는 바라는 마음이 없다면 다른 사람과 서로를 잊어버리니, 비록 흉악한 사람이 있더라도 그의 흉기에 공격받을 일이 없다. 이는 무엇 때문인가? 내게 '죽어야 할 일'(可死之道)이 없기 때문이다. 사지死地는 '죽어야 할 일'과 같은 말이다. '삶을 도모함이 지나침'(生生之厚)을 말하면서 문장 안에 "무엇 때문인가?"라고 두 번 말하였는데, 앞의 것은 화를 당하고 목숨을 잃는 연유를 말하기 위해서이며, 뒤의 것은 해로움을 멀리하고 몸을 보전하는 까닭을 말하기 위해서이다. 두 경우 모두 질문을 하고 그 실마리를 드러냄으로써 간절하게 반복하려는 의도를 다한 것이다.

出生入死, 出則爲生, 入則爲死也. 出者超然自脫, 入者溺而不返. 徒類, 動輒, 之往也. 夫何故者, 說問之辭. 三言十有三者, 言今有十人, 其當生之類, 居其三, 當死之類, 居其三, 當生而動趨死地者, 又居其三. 生之徒, 上也, 超然自脫, 無可言者. 死之徒, 下也, 溺而不返, 不可救矣. 生而之死者, 中也, 尚有可救之道. 故設問而告之曰, 民之生而動之死地者, 夫何故耶. 無他, 以其生生之厚故也. 夫欲厚生生之樂, 而貪欲不厭, 必至於忘生而趨死, 豈不爲大迷而可哀耶. 故善攝生者, 物不能害, 人不能傷.

我無寢皮食肉之心, 則與物相忘, 雖有惡獸, 無所施其爪角. 我無爭利求勝之心、則與人相忘、雖有惡人, 無所施其兵刃. 如此者, 何也. 我無可死之道故也.
死地, 猶言可死之道. 謂生生之厚, 章內凡言夫何故者再, 前以言其蒙禍喪命之
由, 後以言其遠害全身之故. 皆所以說問發端, 以致其丁寧反覆之意也.

51장

　도는 낳고, 덕은 기르며, 사물은 드러나게 하고, 기세는 완성시킨다. 이 때문에 만물 가운데 도를 높이고 덕을 귀하게 여기지 않는 것이 없다. 도를 높이고 덕을 귀하게 여기는 것은 아무도 명령하지 않아도 항상 저절로 그러한 것이다. 그러므로 도는 낳고, 기르고, 생장시키고, 발육시키고, 완성시키고, 성숙시키고, 양육하고, 덮어 준다. 낳아 놓고도 소유하지 않고, 위해 주면서도 내세우지 않으며, 우두머리가 되었지만 주재하는 흔적을 남기지 않으니 이것을 아득한 덕이라고 한다.

　道生之, 德畜之, 物形之, 勢成之. 是以萬物莫不尊道而貴德. 道之尊, 德之貴, 夫莫之命而常自然. 故道生之畜之, 長之育之, 成之熟之, 養之覆之. 生而不有, 爲而不恃, 長而不宰, 是謂玄德.

　만물은 모두 음양의 기를 받아 태어나는데, 음양은 하나의 도이다. 그러므로 "도는 낳는다"고 하였다. "도는 낳고 덕은 기른다"는 것은 아버님이 낳으시고 어머님이 기르신다는 말과 같다. 장단·대소·동식물·암수는 사물에 따라 드러나게 하고 낳은 것을 말하며, 흥쇠·강약·소멸과 성장·차고 기움은 기세에 따라 이루고 기른 것을 말한다. "만물 가운데 도를 높이고 덕을 귀하게 여기지 않는 것이 없다"는 말은 사람들이 아버님을 엄하게 여기고 어머님을 자애롭게 여기는 것과 마찬가지이다. "아무도 명령하지 않아도 항상 저절로 그러하다"는 말은 천성에서 나온 것이지 억지로 한 것이 아니라는 뜻이다. 앞구절에서 "도는 낳고 덕은 기른다"고 말해 놓고 뒷구절에서 또 "도는 낳고 기른다"고 말하였으니, 나누어 말한 것은 도와 덕의 구별을 둔 것이고, 합쳐 말한 것은 도와 덕이 하나라는 것이다. "생장시키고, 발육시키고, 완성시키고, 성숙시키고, 양육하고, 덮어 준다"는 여섯 가지는 기르는 일만 말한 것으로, 일반적으로 왕은 하늘의 도를 받들면서 백성을 양육하는 것을 귀중하게 여기기 때문이다. 낳고 길렀으면서도 또 겸손하여 공을 자처하지 않을 수 있으면 도가 온전하고 덕이 성대하다고 이를 만하다. 그러므로 "이것을 아득한 덕이라고 한다"고 말하였다. 여기서 덕은 말하고 도는 말하지 않은 것도 앞에서 도는 말하고 덕은 말하지 않은 것과 마찬가지이다.

萬物俱受陰陽之氣以生, 陰陽一道也. 故曰 道生之. 道生德畜, 猶言父生母畜. 短長大小動植牝牡, 隨物而形之生之之謂也. 盛衰强弱消長盈虧, 因勢而成之畜之之謂也. 萬物莫不尊道而貴德, 猶人之嚴父而慈母也. 莫之命而常自然, 出於天性, 非强而爲之也. 上旣言道生德畜, 下又言道生之畜之者, 分而言之, 則有道德之別, 合而言之, 則道德一也. 長育成熟養覆六者, 專言畜之之事, 盖王者率天之道, 以養民爲重故也. 旣已生畜之矣, 而又能謙而不居其功, 則可謂道全德盛矣. 故曰是謂玄德. 此言德而不言道, 亦猶前之言道而不言德也.

52장

세상에 시작이 있으니 그것을 세상의 어미로 삼는다. 어미를 얻고
나서 그 자식을 알고 자식을 알고 나서 다시 그 어미를 지킨다면 죽을
때까지 위태롭지 않다. (마음이 동요하는) 길을 막고 문을 닫으면 죽을
때까지 수고롭지 않다. 길을 열어 놓고 일을 만들면 죽을 때까지 막지
못한다. 은미함을 보는 것을 밝음이라 하고, 부드러움을 지키는 것을
굳셈이라 한다. 그 빛을 사용하여 밝음을 복귀시키면 자신에게 재앙이
남지 않으니, 이것이 '영원한 도리를 거듭 얻는 것'(襲常)이다.

天下有始, 以爲天下母. 旣得其母, 以知其子, 旣知其子, 復守其母, 沒
身不殆. 塞其兌, 閉其門, 終身不勤. 開其兌, 濟其事, 終身不救. 見小曰
明, 守柔曰強. 用其光, 復歸其明, 無遺身殃, 是謂襲常.

'시작'은 천지의 시작이고, '어미'는 만물의 어미이다. 시작은 도의 본체
이며, 어미는 도의 묘한 작용이 된다. 본체에 기인하여 작용이 있는 것이므
로 "(세상에) 시작이 있으니 그것을 (세상의) 어미로 삼는다"고 하였다. '자
식'은 만물을 말한다. 이 도를 얻고 나서 만물의 이치를 알고, 만물의 이치
를 알고 나서 다시 이 도를 지킨다면 죽을 때까지 위태롭지 않다. 32장에서
"시작이 유명有名을 제정했으니 이름까지 있고 나면 머물 곳을 알아야 한

다. 머물 곳을 알면 위태롭지 않다"고 한 것도 이런 의미이다. 태兌는 '통하다'(通)의 뜻이다. 역괘에서 길(兌)은 입의 모양(口象)이니, 문門과 길(兌)은 모두 움직임이 된다. 그것을 막아 버리면 '항상된 이치'(常)를 알고 '고요함'(靜)을 지켜서 조급하게 움직이는 실수가 없을 수 있다. 그러므로 죽을 때까지 수고롭지 않은 것이다. 만약 길(兌)을 열어 놓고 일을 구제하려 한다면 항상된 이치를 모르고 제멋대로 일을 만들어서 흉한 꼴에 이르게 된다. 그러므로 죽을 때까지 막지 못하는 것이다.

소小는 '은미하다'(微)는 뜻이다. 사물의 이치는 아주 은미하니, 그것을 볼 수 있는 자는 밝다. 그러므로 "은미함(小)을 보는 것을 밝음이라 한다"고 하였다. 부드러움이 굳셈을 이기니, 굳셈을 이길 수 있는 것이라면 굳세다. 그러므로 "부드러움을 지키는 것을 굳셈이라 한다"고 하였다. 은미함을 본다는 것은 자식을 안다는 말이고, 부드러움을 지킨다는 것은 어미를 지킨다는 말이다. "그 빛을 사용하여 밝음을 복귀시킨다"는 것은 자식을 알고 나서 다시 어미를 지킨다는 말이다. 빛을 사용하는 것은 은미함을 보는 것에 해당하고, 밝음을 복귀시키는 것은 부드러움을 지키는 것에 해당한다. 습상襲常은 영원한 도리를 거듭 얻는 것을 말한다.

始, 天地之始, 母, 萬物之母. 始爲道之本體, 母爲道之妙用. 因體而有用, 故曰有始以爲母. 子謂萬物也. 旣得此道, 以知萬物之理, 旣知萬物之理, 復守此道, 則沒身不殆. 所謂始制有名, 名亦旣有, 夫亦將知止. 知止, 所以不殆, 是也. 兌, 通也. 又易卦兌爲口象, 門與兌皆所以爲動者. 閉塞之, 則能知常守靜, 而無躁動之失. 故終身不勤. 若開其兌, 以濟其事, 則不知常, 妄作而致凶. 故終身不救.

小, 微也. 物理甚微, 能見微者, 爲明. 故曰見小曰明. 柔勝强, 能勝强, 則爲强. 故曰守柔曰强. 見小謂知其子, 守柔謂守其母. 用其光, 歸其明, 謂旣知其子, 復守其母. 用光者, 見小, 是也. 歸明者, 守柔, 是也. 襲常, 謂重得常久之道也.

53장

    설령 내가 잠깐이라도 지식이 있어 위대한 도를 행할 수 있을지라도 시행하는 것만은 두려워한다. 큰길이 매우 평탄해도 사람들은 샛길로 다니기를 좋아한다. 조정은 잘 다듬어져 있으나 전야田野는 잡초가 무성하고 창고에는 아무것도 없다. 화려한 옷을 입고, 날카로운 칼을 차고, 음식을 물리도록 먹고, 재물을 넘치도록 소유하는 것은 도둑의 과시나 마찬가지이니 도리에 맞는 행동이 아니로다!

    使我介然有知, 行於大道, 唯施是畏. 大道甚夷, 而民好徑. 朝甚除, 田甚蕪, 倉甚虛. 服文采, 帶利劍, 厭飮食, 資財有餘, 是謂盜誇, 非道哉.

    개연介然은 '잠깐'이라는 뜻이다. "설령 내가 잠깐이라도 지식이 있어 위대한 도를 행할 수 있을지라도"라고 한 것은 겸양의 말이다. "그것을 시행하는 것만은 두려워한다"는 말은 백성에게 그것을 시행하는 것만은 진실로 두려워해야 한다는 뜻이다. 민民은 '사람'(人), 제除는 '다스리다'(治)의 뜻이다. 큰길이 매우 평탄하나 사람들은 도리어 샛길로 다니기를 좋아하니 바른 도리를 내버려두고 사악한 욕심을 좇아서 아랫사람에게 가혹하게 하여 윗사람을 받들고, 백성의 것을 빼앗아 자신에게 더한다. 이 때문에 조정을 보면 궁실과 망루가 매우 잘 정비되어 있으나, 전야를 보면 밭고랑과 논이랑에 잡초가 무성하고 곡창은 텅 비어 있으니 이 또한 너무 심하다. 윗사람이 화려한 옷을 입고 물릴 정도로 먹고 마시며 넘치도록 재물을 소유하는 것은 백성에게 빼앗아 자신의 욕구를 마음껏 누리지 않은 경우가 없다. 그러니 시행하는 것을 두려워하지 않는다고 할 수 있다. 도리어 이것으로 스스로 호사스럽고 위대해 보이게끔 하니, 이것은 도둑이 훔친 물건으로 과시하는 것과 마찬가지이다. 어찌 도리에 맞는 일이겠는가? 이는 도리에 어긋남을 강하게 표현한 말이다.

介然, 少頃之間. 言假如使我介然之間, 能有所知識, 以行大道, 自謙之辭也. 唯施是畏, 言唯其所施於民者, 固當愼畏也. 民, 人也. 除, 治也. 大道甚平, 而人反好徑, 捨正理而從邪欲, 虐下而奉上, 損民而益己. 是以觀於朝, 則宮室臺榭, 極其修治, 觀於野, 則田疇荒蕪, 蓄藏空虛, 又已甚矣. 夫上之所以被服華美, 飮食充厭, 資財有餘, 無非取於民, 以恣其嗜欲者, 可謂不畏於施矣. 乃反以此自爲侈大, 是如盜賊之誇其所有. 豈道也哉. 甚言其悖理也.

54장

　잘 세운 것은 뽑히지 않고, 잘 껴안은 것은 떨어져 나가지 않으니, 자손과 제사가 그치지 않는다. 자신에게 닦으면 그 덕이 진실해지고 집안에서 닦으면 그 덕이 충분해지고, 마을에서 닦으면 그 덕이 자라고, 나라에서 닦으면 그 덕이 풍족해지고, 세상에서 닦으면 그 덕이 넘친다. 그러므로 자신으로 자신을 살피고, 집안으로 집안을 살피고, 마을로 마을을 살피고, 나라로 나라를 살피고, 세상으로 세상을 살핀다. 내가 어떻게 세상이 그렇다는 것을 알겠는가? 이것으로 아는 것이다.

　善建者不拔, 善抱者不脫, 子孫祭祀不輟. 修之身, 其德乃眞, 修之家, 其德乃餘, 修之鄕, 其德乃長, 修之國, 其德乃豊, 修之天下, 其德乃普. 故以身觀身, 以家觀家, 以鄕觀鄕, 以國觀國, 以天下觀天下. 吾何以知天下之然哉, 以此

　기초를 잘 세운 것은 그 기초가 뽑히지 않고, 물건을 잘 껴안은 것은 그 물건이 떨어져 나가지 않는다. 세운 것이 덕이라면 그것을 백성에게 심고 뽑지 않을 것이요, 안은 것이 덕이라면 그것을 자신에게 보존하고 버리지 않을 것이다. 이 때문에 자손의 보존과 종묘의 제사가 만대에 이르도록 끊어지지 않는다. 자신에게 닦으면 참다운 덕이 나에게 있고, 집안(家)에서 닦

으면 넉넉함을 미루어 남에게 미치며, 마을(鄕)에서 닦으면 베풀어지는 곳이
점점 멀어지고, 나라에서 닦으면 혜택을 입는 곳이 더욱 넓어지며, 세상에
서 닦으면 혈기 있는 것 가운데 높이고 가까이하지 않는 것이 없으니, 덕이
그야말로 세상에 넘치게 된다. 그러므로 자신을 다스릴 수 있는 것을 보고
이미 그 자신에게 (덕이) 진실함을 알고, 집안을 다스릴 수 있는 것을 보고
이미 그 집안에 (덕이) 충분함을 알고, 마을을 다스릴 수 있는 것을 보고 이
미 그 마을에서 (덕이) 자라났음을 알고, 나라가 다스려질 수 있는 것을 보
고 이미 그 나라에 (덕이) 풍족함을 알고, 세상이 다스려질 수 있는 것을 보
고 이미 세상에 (덕이) 넘침을 안다. 내가 어떻게 덕이 이미 세상에 넘친다
는 것을 알겠는가? 세상이 다스려지기 때문이다. 이 장은 가장 순수하다. 자
신에게 닦는다는 것은 잘 껴안는 것을 가리키고, 집안에서 닦는다는 것 이
하는 잘 세우는 것을 가리킨다.

　善建基者, 基不拔, 善抱器者, 器不脫. 所建者德, 則樹之民而不拔, 所抱者
德, 則存之身而不脫. 是以子孫保, 而宗廟享, 至於萬代, 而不輟. 修之於身, 則
實德在我, 修之於家, 則推餘而及人, 修之於鄕, 則所施者漸遠, 修之於國, 則
所被者益廣, 修之於天下, 則凡有血氣莫不尊親, 而德乃普矣. 故觀其身之能治,
以知已眞於其身, 觀其家之能治, 以知已餘於其家, 觀其鄕之能治, 以知已長於
其鄕, 觀其國之能治, 以知已豊於其國, 觀天下之能治, 以知已普於天下. 吾何
以知德之已普於天下哉. 以天下之治故也. 此章最醇. 修身指善抱, 修家以下,
則指善建.

55장

    덕을 충분히 품고 있는 사람은 갓난아기에 견줄 만하다. 독충이 독을 뿜지 못하고, 맹수가 덤벼들지 못하고, 맹금류가 낚아채지 못한다. 뼈대는 약하고 근육은 부드러운데도 쥐는 것은 힘차며, 아직 남녀의 교합을 알지 못하는데도 고추가 서니, 정기의 지극함이다. 종일 울어도 목이 쉬지 않으니 조화의 극치이다. 조화를 아는 것은 영원함이고, 영원함을 아는 것은 밝음이다. 삶을 유익하게 하는 것은 재앙이고, 마음이 기를 부리는 것은 강함이다. 사물은 장성하면 노쇠하니, 이것은 '도를 따르지 않는 것'이다. 도를 따르지 않으면 일찍 망할 뿐이다.

    含德之厚, 比於赤子. 毒蟲不螫, 猛獸不據, 攫鳥不搏. 骨弱筋柔而握固, 未知牝牡之合而峻作, 精之至也. 終日號而嗌不嗄, 和之至也. 知和曰常, 知常曰明, 益生曰祥, 心使氣曰强. 物壯則老, 是謂不道, 不道早已.

    함含은 감추어 밖으로 드러내지 않는다는 뜻이다. 석螫은 벌레가 독을 뿜는다는 뜻이다. 최峻는 아기의 고추를, 익嗌은 목청을 말하고, 사嗄는 목이 쉬어서 목소리가 갈라진다는 뜻이다. 상祥은 상서롭지 않다는 말이다. 덕을 충분히 품고 있는 사람은 아는 것도 없고 하고자 하는 것도 없는 아기에 견줄 만하다. 사물을 무심하게 대하고 지극한 조화가 넘치기 때문에 강보에

싸인 갓난아기는 사나운 독충이나 맹수, 맹금류가 해치지 못한다. 아기는 아직 뼈대가 매우 약하고 근육이 아주 부드러운데도 힘껏 쥘 수 있고, 성욕을 느낄 나이가 되지 않았는데도 고추가 서며, 종일 울어도 목이 쉬지 않는다.

지극한 조화란 순수한 기운과 성대한 덕이 쌓인 것이므로 안으로는 담백하여 욕심 때문에 삶을 해치지 않고, 밖으로는 유순하여 강한 것으로 해를 저지르지 않는다. 이런 이치를 안다면 영원할 수 있다. 영원할 수 있는 방법을 알면 밝을 수 있다. 자신의 삶을 풍족하게 할 경우 욕심이 많아져서 삶을 해치니 상서롭지 못한 것이다. 의지(志)로 기氣를 움직일 경우 난폭한 일을 많이 해서 해로운 일을 저지르니 강함을 좋아하는 것이다. 모든 사물이 장성하면 반드시 노쇠하니 도가 아기처럼 할 수 있음을 귀하게 여기는 까닭은 강함이 그다지 할 만하지 않기 때문이다. "도를 따르지 않으면 일찍 망할 뿐이다"라는 구절에 대한 해설은 앞(30장)에서 이미 하였다.

含, 藏蓄而不外露. 螫, 蟲行毒. 峻, 赤子陰, 嗌喉, 嗄聲破. 祥, 不祥也. 含德之厚, 則比於赤子之無知無欲. 處物無心, 而至和盎溢, 故赤子之在襁褓, 毒蟲猛獸攫鳥之暴, 而不能傷. 骨甚弱筋甚柔, 而能握固, 情欲未胅, 峻亦作, 終日啼號, 而嗌不嗄.

夫至和者, 純氣之所蘊, 而盛德之所蓄, 故內能恬淡, 而不以欲戕生, 外能柔順, 而不以强犯害. 知此則可以常久. 能知常久之道, 則可以爲明矣. 厚其生者, 多欲而戕生, 是謂不祥. 志動氣者, 多暴而犯害, 是謂好强. 凡物壯則必老, 道之所貴乎能如嬰兒者, 以强不足爲故也. 不道早已解見上.

56장

아는 자는 말하지 않고 말하는 자는 알지 못한다. 그러니 (마음이 동요하는) 길을 막고 문을 닫으며, 예리함을 꺾고 어지러움을 풀며, 빛을 부드럽게 하고 티끌 같은 세속과 함께한다. 이것이 '현묘하게 같아지는 것'(玄同)이다. 가까이할 수도 멀리할 수도 없으며, 이롭게 할 수도 해칠 수도 없으며, 귀하게 만들 수도 천하게 만들 수도 없다. 그러므로 세상의 귀함이 된다.

知者不言, 言者不知. 塞其兌, 閉其門, 挫其銳, 解其紛, 和其光, 同其塵. 是謂玄同. 不可得而親, 不可得而疏, 不可得而利, 不可得而害, 不可得而貴, 不可得而賤. 故爲天下貴.

"아는 자는 말하지 않는다"는 것은 마치 거울이 사물을 비추듯 마음으로 지극한 이치를 깨달으니 말을 기다릴 필요가 없다는 뜻이다. "말하는 자는 알지 못한다"는 것은 마치 난쟁이가 장場을 구경하듯 입으로 전대의 학설을 외우니 아는 데 무익하다는 뜻이다. 말이 많으면 자주 궁색해지니 말을 정말 잘하는 자가 마치 눌변인 듯 하는 것만 못하다. 그러므로 길을 막고 문을 닫으며, 예리함을 꺾고 어지러운 것을 풀며, 빛을 부드럽게 하고 티끌 같은 세속과 함께하려 하니, '현묘한 침묵'(玄默)을 유지하고 청정淸靜한 상태를 지키며, 대중과 조화를 이루고 다투는 일이 없다. '현묘하게 같아지는 것'(玄同)이란 깊고 맑지만 모나거나 다르지 않다는 말이다. 함부로 하지 못하니 가까워지지 않고, 이반하지 않으니 멀어지지 않는다. 재물을 탐내지 않으니 이롭게 할 수도 없고, 승리를 바라지 않으니 해칠 수도 없다. 무엇을 얻을까 골몰하는 마음이 없으니 총애와 봉록이 가벼워져 귀하게 만들기 어렵다. 무엇을 잃을까 염려하는 마음이 없으니 치욕이 멀어져 천하게 만들기 어렵다. 그러므로 조화를 이루면서도 잘못되지 않고, 홀로 서 있으면서도 세상의 귀함이 될 수 있는 것이다.

知者不言, 心了至理, 如鏡照物, 無待於言也. 言者不知, 口誦前說, 如矮看場, 無益於知矣. 多言數窮, 不如大辯之若訥. 故欲其索兌閉門, 挫銳解紛, 和光同塵, 持玄默, 而守淸靜, 和於衆, 而無所爭也. 玄同者, 言其深穆而不崖異也. 不狎則不親, 不叛則不疏. 不貪財, 則無所利之, 不求勝, 則無所害之. 無患得之心, 則寵祿經, 而難以貴. 無患失之心, 則恥辱遠, 而難以賤. 故能和而不流, 獨立而爲天下貴.

57장

　　바름으로 나라를 다스리고, 속임수로 군대를 부리며, 일삼음이 없는 것으로 세상을 취한다. 내가 어떻게 그러함을 알았는가? 다음과 같은 것들 때문이다. 세상에 꺼리고 피할 것이 많으면 백성이 가난해지고, 사람들에게 이로운 기구가 많으면 국가가 더욱 혼란해지며, 백성이 교묘한 기술이 많으면 이상한 물건이 더 많이 생겨나고, 법령을 드러낼수록 도적이 많아진다. 그러므로 성인께서 "내가 무위하여 백성이 저절로 감화되었고, 내가 고요함을 좋아해서 백성이 저절로 바르게 되었으며, 내가 일삼음이 없어서 백성이 저절로 부유해졌고, 내가 하고자 하는 것이 없어서 백성이 저절로 소박해졌다"라고 말씀하셨다.

　　以正治國, 以奇用兵, 以無事取天下. 吾何以知其然哉. 以此 天下多忌諱, 而民彌貧, 人多利器, 國家滋昏, 民多技巧, 奇物滋起, 法令滋彰, 盜賊多有. 故聖人云, 我無爲而民自化, 我好靜而民自正, 我無事而民自富, 我無欲而民自樸.

　　바름으로 나라를 다스리고, 속임수로 군대를 부리며, 일삼음이 없음으로 세상을 취한다. 어떻게 그러함을 알았는가? 아래의 몇 단락으로 알았다. 국가에 금령이 많으면 위에서 이익을 독점하여 아래에서는 간신히 살아갈 방법조차 없다. 사람들이 기지가 많으면 아래에서 작위가 많아져 위에서 분별할 길이 없다. 기교가 많으면 편하고 아름다운 것만 찾아서 이상한 물건이 더 많이 생겨난다. 법령을 드러내면 형벌을 피해서 도적이 많아진다. 그러므로 내가 무위하면 백성이 감화되어 도적이 저절로 없어지고, 내가 고요함을 좋아하면 백성이 바르게 되어 속임수(機)가 저절로 사라지며, 내가 일삼음을 없애면 이익을 다투지 않아 백성이 저절로 부유해지고, 내가 하고자 하는 것이 없으면 보화를 탐내지 않아 백성이 저절로 소박해진다. 이 장의 앞머리에서는 나라를 다스리고 군대를 부리며 세상을 취하는 세 가지 방법을 말하고, 뒤에서 군대를 부리는 속임수를 언급하지 않은 것은 속임수는 부득이한 것이 아니어서 사용하고 싶지 않기 때문이다.

治國以正, 用兵以奇, 取天下以無事. 何以知其然哉. 以下數段而知之. 國多防禁, 利專於上, 而下無以聊生. 人多機智, 僞繁於下, 上無以致辨. 技巧之多, 取便美, 而奇物滋. 法令之彰, 避刑辟, 而盜賊多. 故我無爲, 則民化, 而盜自止, 我好靜, 則民正, 而機自息, 我無事, 則不爭利, 而民自富, 我無欲, 則不貪寶, 而民自樸. 章首言治國用兵取天下三術, 而後遂不及用兵之奇者, 奇非不得已, 不欲用故也.

58장

    정사政事가 흐리멍덩하면 백성이 순박해지고, 정사가 세밀하면 백성
이 야박해진다. 화됨이여! 복이 의지하는 곳이고, 복됨이여! 화가 엎드
려 있는 곳이니 누가 그 궁극을 알겠는가? 바르게 하는 방법은 없단 말
인가! 바름은 다시 바르지 않음이 되고, 선함은 다시 악함이 되니 백성
이 헷갈린 지가 꽤 오래되었다. 이 때문에 성인은 반듯하게 하면서도
깎아 내지 않고, 청렴하게 하면서도 해치지 않으며, 정직하게 하면서도
건방지지 않고, 빛나게 하면서도 자랑하지 않는다.

    其政悶悶, 其民醇醇, 其政察察, 其民缺缺. 禍兮福所倚, 福兮禍所伏,
孰知其極. 其無正耶. 正復爲奇, 善復爲妖, 民之迷, 其日固久. 是以聖人
方而不割, 廉而不劌, 直而不肆, 光而不耀.

    순순醇醇은 순박한 모습이고, 결결缺缺은 인정머리 없는 모습이다. 기기奇
는 '부정함', 요妖는 '사악함'을 말한다. 할割은 '깎아내다', 귀劌는 '해치다',
사肆는 '건방지다', 요耀는 '자랑하다'의 뜻이다. 정사가 흐리멍덩하면 시비
를 구분하지 않아서 백성이 도리어 촌사람처럼 순박해지고, 정사가 세밀하
면 선과 악을 반드시 밝혀서 백성들이 도리어 인정머리 없이 야박해진다.
시비를 구분하지 않는 것을 이전에는 화라고 했으나 이제 보니 복이 되고,

선과 악을 반드시 밝히는 것을 이전에는 복이라고 했으나 이제 보니 화가
된다. 이것이 화는 복에 엎드려 있고 복은 화에 의지한다는 것이니, 의지하
고 엎드려 있는 이치에 대해 누가 그 궁극을 알겠는가? 이른바 바름의 방법
이란 없단 말인가! 바름이 지나칠 경우 다시 사악해지고, 선함이 지나칠 경
우 다시 악해진다. 사람들이 정사正邪와 선악의 분별을 제대로 하지 못하게
된 지가 꽤 오래되었다. 그러니 정사를 세밀하게 하는 것이 백성을 바르고
선하게 하기에 그다지 충분하지 않음을 어찌 알겠는가? 성인은 그렇게 하
지 않으니, 반듯하게 하면서도 깎아 내지 않고, 청렴하게 하면서도 해치지
않으며, 정직하게 하면서도 건방지지 않고, 빛나게 하면서도 자랑하지 않는
다. 이렇게 한 다음이라야 중용의 도리를 얻어 지극한 바름과 선함에 최선
을 다했다고 말할 수 있다. 만약 반듯하게 하면서 깎아 내듯 하고, 청렴하게
하면서 사물을 해치며, 정직하게 하면서 감정을 노하게 하고, 빛나게 하면
서 밝음을 자랑한다면, 바름과 선함이 지나친 것이니 복되게 하려다 도리어
화를 자초한다.

醇醇, 純質之貌. 缺缺, 澆薄之貌. 奇, 謂奇邪. 妖, 謂妖惡. 割, 削. 劌, 傷.
肆, 恣. 耀, 衒. 其政悶悶, 是非不分, 而其民反醇醇以質, 其政察察, 善惡必明,
而其民反缺缺以薄. 是非不分, 向所謂禍者, 而今以致福, 善惡必明, 向所謂福
者, 而今以致禍. 是禍伏於福, 福倚於禍, 倚伏之理, 孰知其極乎. 其果無所謂
正者耶. 正之過, 則復爲邪, 善之過, 則復爲惡. 人之迷於正邪善惡之分, 其爲
日固已久矣. 又安知察察之不足以爲正爲善耶. 聖人則不然, 方不至割, 廉不至
劌, 直不至肆, 光不至耀. 如此然後, 方可謂得其中, 而能盡乎正善之至矣. 若
方而如削, 廉而傷物, 直而怒其情, 光而衒其明, 則所謂正善之過, 而爲福而反
致禍也.

59장

사람을 다스리고 하늘을 섬기는 데 아끼는 것 만함이 없다. 오직 아
낄 뿐이다. 이 때문에 일찌감치 도에 복귀한다. 일찍 도에 복귀하는 것
은 덕을 거듭 축적하는 것이다. 덕을 거듭 축적하면 이기지 못할 것이
없고, 이기지 못할 것이 없으면 아무도 그 궁극을 알지 못한다. 아무도
그 궁극을 알지 못해야 나라를 소유할 수 있다. 나라의 모체를 소유해
야 오래갈 수 있으니, 이것이 근본을 깊고 튼튼하게 하며 영원히 살고
멀리 보는 방법이다.

治人事天莫如嗇. 夫惟嗇. 是以早復. 早復, 謂之重積德. 重積德, 則無
不克, 無不克, 則莫知其極. 莫知其極, 可以有國. 有國之母, 可以長久,
是謂深根固柢, 長生久視之道.

색嗇은 '검소하게 아끼다', 중重은 '포개다', 극克은 '이기다'의 뜻이다. 아
끼는 마음으로 사람을 다스리면 다른 사람의 힘을 다 쓰지 않으며, 아끼는
마음으로 하늘을 섬기면 자신의 신령함을 가리지 않는다. 곧 일을 되도록
적게 하고 비용을 신중하게 사용해서 힘겨울 일이 없으며, '조화'(和)를 보존
하고 '참됨'(眞)을 길러서 신령함이 완전해지는 것이다. 이 두 가지 모두 마
음을 담담하게 가지는 것을 주로 하니, 적용된 일은 비록 다르지만 한결같

이 아끼는 것을 근본으로 한다. 그러므로 검소하게 아끼면 일찌감치 도에 복귀할 수 있다. 검소하게 아끼고 복귀하는 것은 덕을 거듭 쌓는 것이다. 쌓기를 거듭하면 덕은 세상 무엇이든 이길 수 있고 광대하게 두루 미치니, 아무도 그 궁극을 알지 못한다. 그래야 나라를 소유할 수 있다. 나라를 소유하는 '모체'(母)는 아끼는 것이다. 모체는 근본을 뜻한다. 나라를 소유하는 방법의 근본은 아끼는 것이므로 '모체'라고 하였다. 아끼는 방법으로 오래갈 수 있는 것은 근본을 깊고 튼튼하게 하며 축적하고 낭비하지 않기 때문이다. 검소하게 아끼는 것으로 사람을 다스리면 나라를 잃지 않고, 검소하게 아끼는 것으로 하늘을 섬기면 삶에 재앙이 없을 것이다.

嗇, 偷嗇, 重, 猶累, 克, 勝也. 治人以嗇, 不盡人之力, 事天以嗇, 不敝吾之神. 惜事重費, 而力能紓, 保和養眞, 而神乃全. 二者皆以恬靜爲主, 其事雖異, 一本於嗇. 故能嗇, 可以早復乎道. 嗇而又復, 則爲累積其德矣. 積之累, 德可勝於天下, 而廣大普徧, 莫知其極. 乃可以有國矣, 有國之母謂嗇. 母者本也. 有國本於嗇, 故曰母. 嗇之道, 可以長久者, 爲其能深根固柢, 積而不費故也. 治人以嗇, 則能不喪其國, 事天以嗇, 則能不夭其生.

60장

큰 나라 다스리기를 작은 생선 삶듯 한다. 도로 세상을 다스리면 음
귀는 신비롭지(神異) 않으니, 음귀가 신비롭지 않아서가 아니다. (도로
천하를 다스리면) 신령은 사람을 해치지 않으니, 신령이 사람을 해치지
않아서가 아니다. 성인 또한 해치지 않기에 그 두 가지가 서로(성인이
음귀와 신령을, 음귀와 신령이 사람을) 해치지 않는 것이다. 그러므로 덕을
서로 성인에게 돌린다.

治大國, 若烹小鮮. 以道莅天下, 其鬼不神, 非其鬼不. 其神不傷人, 非
其神不傷人. 聖人亦不傷之, 夫兩不相傷. 故德交歸焉.

불신不神의 신神은 '신비하다'고 할 때의 신神이고, 기신其神의 신神은
'하늘의 신령과 땅의 음귀'(神祇)라고 할 때의 신神이다. 나라를 다스리는 요
체는 오직 소란스럽게 하지 않는 데 있다. 작은 생선을 삶을 때 소란스럽게
하면 살점이 모두 부서지고, 나라를 다스릴 때 소란스럽게 하면 어지러워지
니 똑같은 일이다. 음양의 두 기운이 바로 음귀와 신령이다. 임금이 도로 세
상을 다스려 (마음을) 맑고 고요하게 유지하고 무위하여 백성을 소란하게
하지 않으면 음귀와 신령도 천재지변을 내려 사람들을 해치지 않으니, 음귀
와 신령이 일부러 천재지변을 내리지 않는 것이 아니라 성인이 백성을 소

란하게 해서 음양의 조화를 해치지 않기 때문이다. 이것이 성인이 음귀와
신령을 해치지 않고 음귀와 신령도 사람을 해치지 않아서 두 가지가 서로
(성인이 음귀와 신령을, 음귀와 신령이 사람을) 해치지 않는 이유이다. 이런 점
에서 신령과 사람이 함께 복을 누리며 서로 성인에게 덕을 돌리는 것이다.

不神之神, 神異之神, 其神之神, 神祇之神. 治國之要, 在於勿擾而已. 烹小
鮮者, 擾之則糜碎, 治國者, 擾之則亂, 其事同也. 陰陽二氣, 是爲鬼神. 人主能
以道莅天下, 淸靜無爲, 而不侵擾百姓, 則其鬼神不降災異以傷人, 非鬼神故不
降災異, 乃聖人不侵擾其民以傷陰陽之和故也. 是聖人不傷鬼神, 鬼神亦不傷
人, 所以爲兩不相傷. 於是神人同享其福, 而交相歸德於聖人也.

61장

큰 나라는 하류와 같으니 세상이 만나는 곳이요, 세상을 끌어들이는
암컷이다. 암컷은 항상 '고요함'(靜)으로 수컷을 이기고, 고요함으로 아
래가 된다. 그러므로 큰 나라가 그것을 본받아 작은 나라에 낮추면 작
은 나라를 취하고, 작은 나라가 그것을 본받아 큰 나라에 낮추면 큰 나
라에 받아들여진다. 즉 어떤 경우는 낮춤으로써 취하고, 어떤 경우는
낮춤으로써 받아들여진다. 큰 나라는 사람들을 아울러 육성하려는 것
이상을 지나치지 않고, 작은 나라는 들어가서 남을 섬기려는 것 이상을
지나치지 않으니 두 나라가 각각 원하는 바를 얻게 된다. 그러므로 큰
것은 아래가 되어야 마땅하다.

大國者下流, 天下之交, 天下之牝. 牝常以靜勝牡, 以靜爲下. 故大國以
下小國, 則取小國, 小國以下大國, 則取大國. 故或下以取, 或下而取. 大
國不過欲兼畜人, 小國不過欲入事人, 夫兩者各得其所欲. 故大者宜爲下.

큰 나라는 사람들이 귀의하는 곳이니, 물이 하류에 모이는 것과 같다. 그
러므로 "하류와 같으니 세상이 만나는 곳이다"라고 하였다. 이는 세상 사람
들이 모이는 곳이라는 말이다. '세상을 끌어들이는 암컷'(天下之牝)은 세상
이 구하기를 수컷이 암컷을 탐하듯 한다는 말이다. "고요함(靜)으로 수컷을

이긴다"는 것은 암컷은 고요함으로 수컷에게 낮추지만 그 고요함으로 움직임을 제압할 수 있다는 뜻이다. 그래서 '이긴다'고 하였다. 암컷이 수컷을 이기는 것은 고요함으로 수컷에게 낮출 수 있기 때문이다. 이 때문에 큰 것이 작은 것에게 낮추면 천명을 기꺼이 따라 받아들이니 다른 사람을 아울러 육성하기에 충분하다. 또 작은 것이 큰 것에게 낮추면 천명을 두려워하여 삼가니 남을 섬기기에 충분하다. 크면서 낮출 수 있으면 작은 것을 취하고, 작으면서 낮출 수 있으면 큰 것에 받아들여진다. 큰 나라가 원하는 것은 사람들을 아울러 육성하는 것뿐이요, 작은 나라가 원하는 것은 남에게 들어가 섬기는 것뿐이다. 자신을 낮출 수 있으면 큰 나라와 작은 나라가 각각 원하는 것을 얻는다. 그러니 크게 되는 방법은 더 아래가 되어야 마땅하다. 일반적으로 작은 나라는 항상 큰 나라를 두려워해서 큰 나라에 자신을 낮출 수 있지만, 큰 나라는 항상 작은 나라를 업신여겨서 작은 나라에 자신을 낮추는 경우가 드물다. 그렇게 처신하면 작은 나라의 마음을 잃어서 진정으로 복종시킬 수 없으니 끝내 위대함을 이루지 못한다. 그러므로 "큰 것은 아래가 되어야 마땅하다"고 한 것이다.

大國者, 人之所歸, 如水歸下流. 故曰下流天下之交, 言其所會也. 天下之牝, 言其所求也, 如牝之求牡也. 以靜勝牡者, 牝能以靜下牡, 靜以制動, 故曰勝. 夫牝之所以勝牡者, 以其能以靜下之故也. 是以以大下小, 則樂天而容, 足以畜人. 以小下大, 則畏天而恪, 足以事人. 大而能下以取小, 小而能下見取於大. 凡大國之所欲, 在於兼畜人而已, 小國之所欲, 在於入事人而已. 能下則大小各得其所願欲. 而爲大之道, 尤宜爲下. 盖小國常畏大國, 能下之, 而大國常侮小國罕能下之者. 如此則失小國之心, 而不能懷服, 卒無以成其大. 故曰大者宜爲下.

62장

　도란 만물의 중요한 것이니, 선한 자의 보배요 선하지 않은 자가 보존해야 할 바이다. 아름다운 말은 사람들이 가치 있게 여기고, 훌륭한 행동은 다른 사람에게 영향을 미친다. 그러니 사람이 선하지 않다 해서 어찌 버리겠는가? 그러므로 천자를 세우고 삼공三公을 두어 큰 옥을 소유하고 네 마리 말이 끄는 수레를 앞세우더라도 앉아서 이 도에 나아가느니만 못하다. 옛날에 이 도를 귀하게 여긴 것은 무엇 때문인가? "구하는 것을 그것으로 얻고, 죄를 그것으로 면한다"고 하지 않았던가? 그러므로 세상에서 귀한 것이 된다.

　道者, 萬物之奧, 善人之寶, 不善人之所保. 美言可以市, 尊行可以加人. 人之不善, 何棄之有. 故立天子, 置三公, 雖有拱璧以先駟馬, 不如坐進此道. 古之所以貴此道者, 何也. 不曰求以得, 有罪以免邪. 故爲天下貴.

　오奧는 '가장 중요하다'(主)는 뜻으로, 집에서 '아랫목'(奧)을 중요하게 여기는 경우이다. 도는 선한 사람이 보배로 여겨 사용하는 것이요, 선하지 않은 사람이 보존해서 살아가는 것이다. 아름다운 말은 물건이 팔리듯 사람들에게 전해져 마음을 즐겁게 하고, 훌륭한 행동은 사람들에게 영향을 미쳐 마음을 따르게 한다. 비록 선하지 않은 사람이더라도 속으로 즐겁게 받아들이고 따른다면 그들 모두가 기꺼이 나와 함께할 것이니, 내가 무슨 이유로 그들을 버리겠는가? 이것이 선한 사람이 도를 보배로 여기고, 선하지 않은 사람이 도를 보존해야 하는 이유이다. 이 때문에 임금이나 재상 같은 고귀한 신분으로 귀중한 옥이나 네 마리 말이 끄는 수레(駟馬)나 폐백을 얻을지라도 앉아서 존귀한 이 도에 나아가느니만 못하다. 옛날에 이 도를 귀하게 여긴 것은 어떤 뜻이었을까? 어찌 선한 사람이 구하여 얻지 못하겠으며, 선하지 않은 사람이 의지해 죄를 면치 못하겠는가? 이런 이유로 도는 세상 사람들이 귀하게 여기는 것이요, 만물이 으뜸으로 여기는 것이다.

奧, 主也. 堂室以奧爲主. 道者, 善人之所寶以用, 不善人之所保以生. 美言可以市於人而悅其意, 尊行可以加於人而服其心. 雖不善之人, 能悅其意服其心, 則彼皆樂得於我, 我於彼, 何棄之有. 此善人之所以寶道, 而不善人之所保於道者也. 是以雖以君相之尊, 獲拱璧駟馬聘幣之重, 亦不如坐進此道之爲貴. 夫古之所以貴此道者, 其意如何. 豈不以善人求之以得, 不善人賴而免罪耶. 此道之所以爲天下之所貴, 而萬物之所宗也.

63장

무위無爲를 행하고, 무사無事를 일삼으며, 무미無味를 맛본다. 큰 것은 작을 때 하고, 많은 것은 적을 때 하며, 원망은 덕으로 갚는다. 쉬운 것에서 어려움을 도모하고, 미세한 것에서 큰 것을 행한다. 세상의 어려운 일은 반드시 쉬운 것에서 시작하고, 세상의 큰일은 반드시 미세한 것에서 시작한다. 이 때문에 성인은 끝내 큰일을 하지 않으므로 큰일을 이룰 수 있다. 생각 없이 가볍게 응낙하면 반드시 믿음이 적어지고, 쉽게 여기는 일이 많으면 어려운 일이 많이 생긴다. 이 때문에 성인은 오히려 어렵게 여기므로 끝내 어려운 일이 없다.

爲無爲, 事無事, 味無味. 大小多少, 報怨以德. 圖難於其易, 爲大於其細. 天下難事, 必作於易, 天下大事, 必作於細. 是以聖人終不爲大, 故能成其大. 夫輕諾必寡信, 多易必多難. 是以聖人猶難之, 故終無難.

무위를 행하고, 무사를 일삼고, 무미를 맛보는 것은 일이 쉬울 때 처리하는 것이다. 크지만 작은 것에서 분별하고, 많지만 적은 것에서 자세히 살피며, 원망이 생기면 덕으로 보답하는 것은 일이 미세할 때부터 삼가는 것이다. 무위를 행하고 무사를 일삼는 것은 '간소함'(簡)이요, 무미를 맛보는 것은 '담백함'(淡)이다. 큰 것은 작을 때 하고 많은 것은 적을 때 하는 것은 '명철함'(明)이요, 원명을 덕으로 보답하는 것은 '통달함'(達)이다. 간소하고 담백하기 때문에 일이 쉬울 때 처리하고, 명철하고 통달하였기 때문에 일이 미세할 때부터 삼간다. 일이 어려워진 다음에 해결하려는 것은 일이 쉬울 때 해결하는 것만 못하다. 또 일이 커진 다음에 해결하려는 것은 일이 작을 때 해결하는 것만 못하다. 일이 쉬울 때 소홀히 하여 대비하지 않으면 마침내 일이 어려워지고, 일이 미세할 때 소홀히 하여 방비하지 않으면 마침내 일이 커진다. 이 때문에 성인은 항상 일이 작을 때 처리하여 크게 만들지 않으므로 큰 일을 할 수 있으며, 일이 쉬울 때 도모하고 어려운 일을 도모하는 경우가 없으므로 마침내 어려운 일이 생기지 않는다. "생각 없이 가볍게 응낙한다"(輕諾)는 것은 말을 조심하지 않는다는 뜻이고, "믿음이 적다"는 것은 실행하기가 어렵다는 뜻이다. "오히려 어렵게 여긴다"(猶難之)는 것은 비록 쉬운 일일지라도 마음속으로 오히려 어렵게 여겨서 감히 소홀히 하지 않는다는 뜻이다.

爲乎無爲, 事乎無事, 味乎無味, 取其易也. 大而辨於小, 多而察於少, 有怨而報之以德, 謹其細也. 爲無爲, 事無事, 簡也. 味無味, 淡也. 大小多少, 明也. 報怨以德, 達也. 簡淡也, 故取易, 明達也, 故謹細. 圖之於難, 不如圖之於易. 爲之於大, 不如爲之於細. 忽其易而不圖, 則終必至於難, 忽其細而不爲, 則終必至於大. 是以聖人常爲其小, 而不爲其大, 故能成大, 圖其易, 而不圖其難, 故終無難也. 輕諾, 易於言, 寡信, 難於行. 猶難之, 雖事之易者, 心猶難之, 未敢少忽也.

   🔍 해설

무위無爲는 노자 사상의 핵심이지만 이 장과 다음 장 외에는 구체적으로 분명하게 표현한 곳이 거의 없다. 박세당의 주에 따르면, 무위란 매사를 사려 깊고 신중하게 처리하여 문제될 일이 없어 '하는 일이 없는 것'이다. 곧 사전 예방을 철저하게 함으로써 할 일이 없도록 하는 것이 무위이다. 무위는 궁극적으로 도에 따라 행위하는 것으로서, 이에 대한 박세당의 설명은 일견 노자의 사상과 부합하는 듯하지만 왕필의 관점으로 볼 때는 그렇지 않다.

왕필에게 무위는 자연을 따름으로써 인위적으로 하는 일이 없는 것이다. 48장의 해설에서 설명하였듯이 박세당과 왕필의 근본적인 차이 곧 유가와 도가의 차이는 천리天理를 체득하는 수단으로서의 학學을 어떻게 보느냐에 있다. 학은 분별지에 의해 가능하기 때문에 박세당은 도를 체득하는 수단으로 분별지를 긍정하지만 왕필은 그렇지 않다. 이런 차이 때문에 양자의 마음 비움의 의미도 달라진다.

마음 비움에 대한 박세당과 왕필의 차이를 알아보기 위해서는 먼저 도道와 성性 그리고 리理에 대한 박세당의 입장을 알아야 한다. 『중용사변록』 1장을 보면 박세당이 그것들에 대해 주희와 다른 입장을 취하고 있음을 알 수 있다. 즉 주희에게 도道는 성性의 덕德으로서 마음에 갖추어진 리理임에 비해, 박세당에게 도는 성을 따르는 행위이고 성은 천리天理에 밝은 마음이다. 주희가 도와 성과 리를 개념적으로 명확하게 구분하지 않는 데 비해 박세당은 명확하게 구분하고 있다. 여기서 박세당이 도道라고 한 것은 이미 앞에서 언급한 10장의 주와 42장에서의 도이다. 곧 1장에서처럼 본체인 태극太極이나 리로서의 도가 아니라 도의 공용으로서의 도이다.

따라서 박세당에게 마음 비움이란 천리에 밝은 성性을 따르는 데 방해가 되는 요소를 제거하는 것이다. 곧 10장의 주로 볼 때, 혼魂과 백魄이 도의 본체 곧 리理에 합치하는 데 방해됨이 없도록 하는 것이다. 박세당에게 성은 천리의 본연이 마음의 밝음이 된 것이기 때문에 어떤 방해도 받지 않고 성을 그대로 따르기만 하면 그것이 곧 도道가 된다. 사실 여기서 박세당에게 마음의 밝음으로서의 성性이 무엇인지는 분명하지 않다. 곧 "성은 바로 마음이 천리에 밝은 것이다"(性卽心之所明乎天理)라는 박세당의 말에서 밝음(明)이 무엇을 의미하는지가 불분명하다. 다시 말해 천리를 그대로 직관할 수 있는 능력을 선천적으로 구비하고 있다는 것인지, 분별지를 통해 천리에 도달할 수 있다는 것인지가 분명하지 않다.

그런데 『사변록』에서 박세당이 이런 종류의 논의 자체를 너무 고원高遠하다고 비판했음을 간과해서는 안 된다. 물론 『사변록』의 논의는 주희의 잘못을 바로잡기 위해 피할 수 없었던 것이므로 비판에서 제외된다. 장자가 혜시의 허황한 논변을 반박하기 위해 어쩔 수 없이 저술을 낸 것과 마찬가지이다. 박세당이 『사변록』을 통해 사람들에게 전달하고 싶었던 것은 평이한 일상의 것에서 저절로 천리를 깨달아야 한다는 것이다. 따라서 박세당은 성性 곧 천리의 밝음에 분별지를 포함시켰다고 보아야 한다. 평이한 일상사에서 일을 처리하는 것은 대부분 분별지에 바탕을 두고 있기 때문이다. 박세당이 성인의 평이한 교육 방법을 이상적으로 본 것에서도 이런 점을 확인할 수 있다. 『논어』에서 공자와 제자들의 대화는 대부분 분별지에 의한 이해를 전제로 하여 전개되기 때문이다.

이렇게 볼 때, 박세당이 일단 성性 곧 천리의 밝음에 대한 더 이상의 논의는 중지하고 천리를 체득하는 수단으로 분별지를 인정하고 있음을 알 수 있다. 따라서 박세당에게 마음 비움은 정통 유학의 관점을 크게 벗어나지 않는다고 보아야 한다. 곧 사욕이나 인욕을 제거하는 것이 마음 비움이라는 것이다. 그렇다면 천리는 사욕이나 인욕을 제거한 상태에서 분별지를 통해 평이한 것을 익혀 가는 동안 점차 저절로 체득될 것이다. 그런데 만약 성을 분별지와 관계없이 천리를 그대로 직관하는 능력이라고 본다면 문제가 생긴다. 평이한 것에서부터 천리를 점차 체득해야 한다는 박세당의 주장이 무의미해지기 때문이다. 이런 점에서 궁극적으로 태극으로서의 천리를 분별지에 의해 파악하든 직관에 의해 파악하든 분별지를 매개로 해야 한다는 것을 확인할 수 있다.

하지만 왕필에게는 이런 주장이 불가능하다. 왕필이 생각하는 마음 비움의 궁극 목적은 지욕을 제거함으로써 물아일체의 상태에서 자연과 하나가 되는 것이기 때문이다. 사람들은 분별지에 의해 발생하는 주객의 대립 때문에 자연과 하나가 되지 못한다. 물아일체의 상태는 주객의 대립이 해소된 상태이다. 왕필은 사람들이 자연에서 이탈하는 근본 원인이 분별지의 사용에 있다고 보았다. 따라서 사물을 구분하는 단계 곧 사물에 이름을 붙이는 정도까지만 분별지의 사용을 허용하고 그 다음부터는 일체 부정한다. 이런 점에서 학學도 부정할 수밖에 없다. 학은 분별지에 의해 구분한 것을 더욱 체계적으로 다듬어 나가는 것이기 때문이다. 맹자나 순자가 주장한 의義나 예禮가 그런 것들이다. 왕필에게 의나 예는 분별지에 의해 인위적으로 만들어진 것에 지나지 않는다. 박세당이 분별지를 천리를 체득하는 수단으로서 긍정하는 것과는 전혀 다른 입장이다.

결국 박세당에게 무위는 사전 예방으로 문제가 생기지 않게 하는 것이며, 이는 궁극적으로 천리를 따를 때 가능하다. 왕필에게 무위는 지욕을 제거함으로써 물아일체의 상태로 들어가는 것이며, 이는 궁극적으로 자연과 함께할 때 가능하다. 자연을 천리로 볼 수 있다면 양자가 보는 무위가 겉으로는 별 차이가 없는 것 같지만, 박세당은 분별지(知)를 긍정하고 왕필은 부정한다는 것을 간과해서는 안 된다.

64장

    편안할 때는 지키기 쉽고 아직 조짐이 싹트지 않았을 때는 도모하기 쉬우며, 여릴 때는 부수기 쉽고 미미할 때는 흩뜨리기 쉽다. 아직 아무 것도 없을 때 조치를 취하고, 어지러워지기 전에 다스린다. 아름드리 나무도 털끝 같은 것에서 나오고, 9층 누대도 한 줌 흙을 쌓는 데서 출발하며, 천리 길도 한 걸음부터 시작한다.

    (자연스럽지 못하게) 작위할 경우 실패하고, (융통성 없이) 매달릴 경우 잘못된다. 성인은 (자연스럽지 못하게) 작위하는 경우가 없기 때문에 실패하는 일이 없고, (융통성 없이) 매달리는 경우가 없기 때문에 잘못되는 일이 없다. 백성이 일을 하는 경우에는 늘 기미가 이루어진 후에 조치를 취하므로 실패한다. 시작처럼 끝을 염려한다면 일을 그르치는 경우가 없다.

    이 때문에 성인은 (남들이) 하지 않으려는 것을 하고자 하고 구하기 어려운 재화를 귀중하게 여기지 않으며, (남들이) 배우지 않는 것을 배우고 뭇 사람들의 잘못을 돌이켜서 만물이 저절로 그렇게 되도록 도와주되 감히 (미리 조치를 취)하는 일이 없다.

    其安易持, 其未兆易謀, 其脆易破, 其微易散. 爲之於未有, 治之於未亂. 合抱之木, 生於毫末, 九層之臺, 起於累土, 千里之行, 始於足下.

爲者敗之, 執者失之. 聖人無爲故無敗, 無執故無失. 民之從事, 常於幾成而敗之. 愼終如始, 則無敗事.

是以聖人欲不欲, 不貴難得之貨, 學不學, 復衆人之所過, 以輔萬物之自然, 而不敢爲.

한창 편안할 때는 지키기 쉽고, 우환의 조짐이 아직 싹트지 않았을 때는 도모하기 쉽다. 몸(形)이 여리면 부수기 쉽고, 형세(勢)가 미미하면 흩뜨리기 쉽다. 아직 아무것도 없을 때 행한다는 것은 아직 조짐이 싹트지 않았을 때 도모하는 것이고, 어지러워지기 전에 다스린다는 것은 여리고 미미한 형세를 타서 부수고 흩뜨리는 것이니, 모두 미연에 방지하는 것이다. 이렇게 한 다음에야 편안함을 유지할 수 있다. 편안하다는 것은 아무 기미가 없는 상황이고, 아무 조짐도 싹트지 않았다는 것은 기미는 있지만 아직 형체가 드러나지 않은 상황이다. 여리고 미미하다는 것은 형체는 뚜렷이 드러났지만 아직 견고하지도 응결하지도 않아서 부수고 흩뜨리기 어렵지 않은 정도이다. "아름드리 나무도 털끝 같은 것에서 나온다"는 것은 여릴 때 부수지 않아서 견고해진 경우이다. "9층 누대도 한 줌 흙을 쌓는 데서 출발한다"는 것은 미미할 때 흩뜨리지 않아서 응결한 경우이다. "천 리 길도 한 걸음부터 시작한다"는 것은 편안할 때 지키지 않고 조짐이 싹트지 않았을 때 도모하지 않았기 때문에 우환이 무르익은 것이니 자신에 소홀하여 위험해진 경우이다. 응결하기를 기다려 흩뜨리고, 견고해지기를 기다려 부수며, 조짐이 싹트기를 기다려 도모하고, 위태로워지기를 기다려 지키려고 한다면, 무엇을 하기에는 이미 늦어 어쩔 도리가 없다. 이것이 예방을 소중하게 여기는 이유이다.

그러나 그저 예방하는 것만 알아서는 안 된다. 처리하는 방법을 터득하지 못하면 아주 번거롭게 작위하고 답답하게 매달리는 데서 벗어나지 못하여 끝내 실패로 돌아가고 만다. 작위하여 실패하는 것은 바로 '벼이삭이 빨리 자라지 않는다고 잡아당겨 죽여 버리는 경우'이고, 매달려서 잘못되는 것은 바로 '배를 타고 가다 칼을 빠뜨린 지점을 뱃머리에 표시하는 경우'이다. 성인은 그렇지 않아서 작위하는 일도 매달리는 일도 없이 자연스런 상황을 따른다. 그러므로 번거롭게도 답답하게도 하지 않아서 끝내 실패하는 일이 없다. 그러나 간혹 이것에 힘을 쏟아 예방하는 방법을 터득한 사람의 경우, 기미가 이루어지는 징조는 걱정할 만한 것이 못 된다고 소홀히 하여 일을 망치는 사례가 많으니, 이것을 더욱 경계해야 한다. 시작처럼 끝을 염려할 수 있다면 일을 그르치는 경우는 없을 것이다.

"하지 않으려는 것을 하고자 한다"는 말은 하려는 바가 남들이 하지 않으려는 것에 있다는 뜻이다. "배우지 않는 것을 배운다"는 말은 배우는 바가 남들이 배우지 않는 것에 있다는 뜻이다. 하지 않으려는 것을 하고자 하고 구하기 어려운 재화를 귀중하게 여기지 않아서 편안할 때 지키고, 조짐이 싹트지 않았을 때 도모하고, 여릴 때 부수고, 미미할 때 흩뜨리는 것이다. 일반적으로 사람들이 자신을 편안하게 여기지 못하여 재난과 우환이 소홀한 것에서 생기는 것은 모두 하려는 것이 많고 재화를 탐내기 때문이다. 성인은 마음을 담담하게 갖는 것을 주로 하니, 이것이 바로 뭇 사람들이 하지 않으려는 바이다. 그 예방함이 이와 같다. 배우지 않는 것을 배우고, 뭇 사람들이 잘못한 것을 돌이켜서 작위하지 않고 매달리지 않는 것이다. 일반적으로 사람들이 작위하고 매달림으로써 실패에 이르는 것은 모두 배움이 적은데도 '잘못되었음'(過)을 알지 못하기 때문이다. 성인은 만물이 저절로 그렇게 되도록 도와 주되 감히 작위하지 않으니, 이것이 바로 뭇 사람들이 배우지 않는 바이다. 그 예방하는 방법이 또한 이와 같다.

조짐이 싹트지 않았을 때 도모할 수 없는 자는 예방할 줄 모르는 자이다. 작위하고 매달리는 자는 예방할 줄만 알지 그 방법을 모르는 자이다. 기미가 이루어질 때 걱정할 만한 것이 못 된다고 소홀히 하여 일을 망친 자는 그 방법은 터득하였지만 끝을 염려할 줄 모르는 자이다. 성인은 이 세 경우와 같은 잘못이 없다. 이 장에서는 예방하는 방법에 대해 이와 같이 간절하게 반복했다. 대체적으로 앞장의 의미를 다시 펼쳐 보인 것이나, 그 설명은 더욱 상세하고 세밀하다. 노자가 말한 무위無爲와 무사無事는 거의 이런 의미를 벗어나지 않는다.

方其安, 易爲持, 方患之未兆, 易爲謀. 形脆則易破, 勢微則易散. 爲未有, 及未兆而謀之也. 治未亂, 乘其脆微, 而破散之也. 皆所以防之於豫. 如此然後, 可以能保其安. 安則幾未動也. 未兆則幾已動, 而形未著也. 脆微則形已著, 而尙未至於堅凝而難破散也. 合抱之木, 生於毫末, 則脆之不破而至於堅. 九層之臺, 起於累土, 則微之不散而至於凝. 千里之行, 始於足下, 則不能持之於安, 謀之於未兆, 而患成狃, 忽身以危矣. 欲待凝而散之, 堅而破之, 兆而謀之, 危而持之, 則爲之已晚, 而勢無及矣. 此所以貴防豫也.

然徒知防豫之不可已. 而不得其處之之道, 則未免爲之太煩, 執之太濡, 亦終歸於失敗而已. 爲而敗之, 揠苗[1]是也. 執而失之, 刻舟[2]是也. 聖人則不然, 無爲無執, 順於自然, 故不煩不濡, 而終無敗失矣. 然人或有從事於此, 而能得防豫之道者, 及其幾成, 則以爲不足憂, 而忽之, 以至於敗事者多矣. 此尤所宜爲戒苟能愼終如始, 則無敗事矣.

欲不欲, 所欲者, 在於人之所不欲. 學不學, 所學者, 在於人之所不學. 欲不欲, 不貴難得之貨, 所以持其安, 謀其未兆, 破其脆, 散其微. 盖人之不能安其身, 而禍患生於所忽者, 皆出於多欲而貪貨也. 聖人則以恬淡爲主, 乃衆人之所不欲者. 其防豫如此. 學不學, 復衆人之所過, 所以無爲無執. 盖人之有爲有執, 以至失敗者, 皆由於寡學, 而不知過也. 聖人則輔萬物之自然, 而不敢爲, 乃衆人之所不學者. 其爲防豫之道, 又如此

不能謀於未兆者, 不知防豫者也. 爲之執之者, 知防豫, 而不得其道者也. 幾成而敗之者,[3] 得其道, 而不能愼終者也. 聖人則無三者之失矣. 此章於防豫之道, 致其丁寧反覆如此. 盖亦復申前章之意, 而其語尤詳且密. 老子所云無爲無事者, 殆亦不出於此矣.

1) 『孟子』, 「公孫丑上」, 2장.
2) 『呂氏春秋』, 察今.
3) "幾成而敗之者"는 앞 단락의 "然人或有從事於此, 而能得防豫之道者, 及其幾成, 則以爲不足憂, 而忽之, 以至於敗事者"를 축약한 말이다.

이 장에서 분명히 드러나듯이, 박세당이 생각하는 무위는 모든 문제를 철저하게 예방함으로써 일이 발생하지 않게 하는 것이다. 물론 무위를 사전 예방이라는 외면적인 의미로만 볼 때, 박세당의 무위도 아무것도 하지 않는다는 의미에서 노자의 무위에 어긋나는 것은 아니다. 그러나 내용상 분별지를 긍정하기 때문에 정통 도가의 입장에서 벗어난다. 박세당이 주석에서 "예방을 소중하게 여긴다"거나 "처리하는 방법을 얻어야 한다"고 한 것은 분별지의 사용을 긍정하는 것으로, 왕필의 관점으로는 용납할 수 없다. 물론 왕필도 무위를 설명하는 수단으로 분별지를 사용하였지만, 그것은 결국 분별지를 사용하지 말아야 한다는 것을 설명하기 위한 것에 지나지 않는다. 곧 왕필이 물아일체의 상태에 도달하기 위한 방법을 설명하는 데 분별지를 사용한 것은 그것이 아니면 어떤 설명으로도 불가능하기 때문이다. 왕필은 물아일체의 상태에서 자연을 따르는 것을 이상적인 삶으로 보기 때문에 분별지의 사용에 대해 부정적이다. 분별지의 사용은 사물에 이름을 붙이는 정도 이상은 허용되지 않는다. 인위적인 것은 모두 분별지의 사용에서 나오기 때문이다.

65장

　옛날에 훌륭하게 도를 시행한 자는 그것으로 백성을 밝게 하지 않고 어리석게 하려 했다. 백성을 다스리기 어려운 것은 그들의 지혜가 많기 때문이다. 지혜로 나라를 다스리는 것은 나라를 해치는 것이요, 지혜로 나라를 다스리지 않는 것은 나라를 복되게 하는 것이다. 이 두 가지를 아는 것은 또한 모범이다. 모범을 알 수 있는 것을 '현묘한 덕'(玄德)이라 하니, 심원하여서 만물과 함께 되돌아간다. 이러해야 크게 순응하게 된다.

　古之善爲道者, 非以明民, 將以愚之. 民之難治, 以其智多. 以智治國, 國之賊, 不以智治國, 國之福. 知此兩者亦楷式. 能知楷式, 是謂玄德, 深矣遠矣.[1] 與物反矣. 乃至於大順.

---

1) 『老子品節』에는 '深矣遠矣' 앞에 '玄德' 두 글자가 더 있다.

　이 장의 요지는 58장과 서로 의미를 주고받고 있다. 백성을 밝게 하는 것은 정사를 세밀하게 해서 백성이 야박해지도록 하는 것이다. 백성을 어리석게 하는 것은 정사를 흐리멍덩하게 해서 백성이 순박해지도록 하는 것이다. 항상 백성이 아는 것과 하려는 것이 없게 만드는 것도 그들을 어리석게 하

는 것이다. 백성이 지혜가 많고 교묘하면 다스리기 더 어려워진다. 아랫사람이 윗사람을 본받는 것은 그림자나 메아리와 같은 이치이다. 윗사람이 좋아하는 것이 있으면 아랫사람은 더 심하게 좋아한다. 그러므로 윗사람이 지혜를 좋아하면 백성은 교묘함과 작위가 많아진다. 윗사람이 지혜를 좋아하지 않으면 백성은 순박함과 질박함을 회복한다. 순박하고 질박하면 쉽게 편안해지고, 교묘하고 작위하면 쉽게 어지러워진다. 나라의 적이 되고 복이 되는 것이 이 두 가지에 달려 있다. 이것을 알 수 있다면 세상의 모범이 될 수 있으니 그 덕도 심원하여 만물과 함께 다시 질박한 상태로 되돌아간다. 이것이 크게 순응하는 까닭이다.

此章之旨, 與五十八章相發揮. 明民則其政察察, 而使民缺缺. 愚民則其政悶悶, 而使民醇醇. 常使民無知無欲, 亦所以愚之也. 民多智巧, 則治之愈難. 下之從上, 猶影與響. 上有好者, 下必甚焉. 故上好智, 則民多巧僞. 上不好智, 則民復醇質. 醇質易安, 巧僞易亂. 爲國之賊, 爲國之福, 在此兩者. 能知乎此, 則可以爲天下之楷式, 而其德深遠, 將與萬物, 復反於樸. 所以爲大順也.

66장

　강과 바다가 모든 골짜기의 왕이 될 수 있는 것은 잘 낮추기 때문이다. 그러므로 모든 골짜기의 왕이 될 수 있다. 이 때문에 성인은 백성보다 위에 있고자 하면 반드시 말을 겸손하게 하고, 백성보다 앞서고자 하면 반드시 뒤에 선다. 이 때문에 성인이 윗자리를 차지하더라도 백성은 중압감을 느끼지 않으며, 앞서 있더라도 백성은 자신을 해친다고 생각하지 않는다. 이 때문에 세상 사람들이 기꺼이 추대하고 싫어하지 않는다. 다투지 않기 때문에 세상 누구도 그와 다툴 수 없는 것이다.

　江海所以能爲百谷王者, 以其善下之. 故能爲百谷王. 是以聖人欲上民, 必以言下之, 欲先民, 必以身後之. 是以聖人處上而民不重, 處前而民不害. 是以天下樂推而不厭. 以其不爭, 故天下莫能與之爭.

　모든 물줄기(流)가 강과 바다를 높이는 것은 강과 바다가 모든 물줄기의 아래에 자리잡고 있기 때문이다. 그러므로 모든 물줄기가 귀의하여 높인다. 세상을 다스리는 것 역시 그러하다. 아래에서 백성을 높인 다음이라야 백성보다 높아질 수 있고, 뒤에서 백성을 앞세운 다음이라야 백성보다 앞설 수 있다. 이 때문에 자신을 낮추고 남을 공경하면 윗자리를 차지하더라도 아랫사람들이 무겁다고 생각하지 않으며, 자신에게 박하게 하고 백성에게 후하게 하면 앞서 있더라도 뒤에 있는 사람들이 해가 된다고 여기지 않는다. 오직 무겁게 여기지도 않고 해가 된다고 생각지도 않기 때문에 기꺼이 추대하고 싫어하지 않는다. 만약 무거워서 감당하기 어렵거나, 해쳐서 떠나려고 하면 죽거나 실패하게 된다. 어찌 윗자리와 앞자리를 차지할 수 없을 뿐이겠는가? 성인은 이런 이유로 남과 다투지 않는 것을 귀하게 여긴다. 그러므로 세상 사람 누구도 다투지 않고 나에게 귀의하고 추대한다. 이 장의 말뜻은 7장과 대략 비슷하다.

江海所以能爲衆流所尊者, 以其處衆流之下. 故爲衆流所歸而爲之尊. 爲天下者, 亦然. 自下而上民, 然後可上於民, 自後而先民, 然後可先於民. 是以卑身而敬人, 則處上, 而下不以爲重, 薄己而厚民, 則處前而後不以爲害. 夫惟不重不害, 所以樂推而不厭也. 若重而難勝, 害而欲去, 則死敗至矣. 豈但不能處上居前而已哉. 此聖人之所以貴於不爭也. 故天下莫能與之爭, 而歸戴於我矣. 此章語意, 與七章略同.

67장

세상 사람들 모두 내게 "대단하지만 어리석은 듯하다"고 말한다. 대단하기 때문에 어리석은 듯한 것이다. 똑똑하다면 오래 전에 '샌님'(細人)처럼 되었을 것이다.

내게는 세 가지 보물 같은 신조가 있다. 그것을 지키며 보물처럼 여기니 하나는 사랑이요, 다른 하나는 검소함이요, 나머지 하나는 감히 세상에 앞서지 않음이다. 사랑하기 때문에 용감할 수 있고, 검소하기 때문에 광대할 수 있고, 감히 세상에 앞서지 않기 때문에 만물의 우두머리가 될 수 있다.

지금 사랑을 버리고 용감함을 취하며, 검소함을 버리고 광대함을 취하며, 앞서지 않음을 버리고 앞서기를 취한다면 죽게 되리라. 사랑, 그것으로 전쟁을 하면 승리할 것이요, 그것으로 수비를 하면 철통같을 것이다. 하늘도 구원할 것이니 사랑으로 호위하기 때문이다.

天下皆謂我大似不肖. 夫惟大, 故似不肖. 若肖, 久矣其細.

我有三寶. 持而寶之, 一曰慈, 二曰儉, 三曰不敢爲天下先. 慈故能勇, 儉故能廣, 不敢爲天下先, 故能成器長.

今舍慈且勇, 舍儉且廣, 舍後且先, 死矣. 夫慈以戰則勝, 以守則固. 天將救之, 以慈衛之.

"내게 '대단하지만 어리석은 듯하다'고 말한다"는 것은 아마도 당시 많은 사람들이 이런 말로 노자를 꾸짖었거나, 혹은 노자 스스로 이런 말로 다음 단락의 단서를 드러내려 한 것 같은데 모두 알 수 없다. 그 뜻은, 사람들 모두 나의 학설(言)이 대단하지만 실은 어리석은 듯하다고 평한다는 것이다. 내가 어리석은 듯 보이는 까닭은 오직 대단하기 때문이다. 만약 내가 똑똑하다면 오래 전에 '샌님'(細人)처럼 되었을 것이다.

일반적으로 내가 어리석은 듯 보이지만 대단할 수 있는 것은 내게 보물 같은 세 가지 신조가 있기 때문이다. 항상 그것을 지키며 보물처럼 여기니 사랑과 검소 그리고 감히 세상에 앞서지 않음이 그것이다. 사랑의 경우는 아랫사람을 아껴 주니 아랫사람들이 모두 윗사람을 가깝게 여기고 어른을 위해 죽는다. 그래서 용감해질 수 있다. 검소의 경우는 자신의 것을 덜어 백성에게 더하니 구제받는 사람이 많다. 그래서 광대해질 수 있다. 감히 세상에 앞서지 않음의 경우는, 자신이 백성보다 뒤에 서니 백성 모두가 기꺼이 추대한다. 그래서 만물의 우두머리가 될 수 있다. 기器는 '물物'과 같은 말이다. 용감함과 광대함과 앞섬은 세상 사람이 똑똑하면서도 샌님처럼 되는 이유이다. 사랑과 검소와 앞서지 않음은 내가 어리석은 듯하면서도 위대한 이유이다. 사랑과 용맹은 상반되지만 사랑으로 용맹을 삼는다면 이보다 더 큰 용맹은 없다. 검소와 광대함은 상반되지만 검소로 광대함을 삼는다면 지극히 광대할 수 있다. 앞서지 않음과 앞섬은 상반되지만 앞서지 않음으로 앞섬을 삼는다면 어느 누구도 그 앞섬을 다툴 수 없다.

지금 만약 나의 사랑과 검소와 앞서지 않음을 버리고 세상의 용감함과 광대함과 앞섬을 행하려 한다면 나는 아마 죽게 될 것이니, 어느 겨를에 대단함을 이루겠는가? 용감하면 강경해서 원수가 많아지고, 광대해지면 사치해서 원망하는 사람이 많아지며, 앞서면 방자해서 꺼리는 사람이 많아지니 모두 죽게 되는 길이다. 사랑으로 전쟁에 승리하고 수비를 철통같이 할 수 있는 것은 아랫사람을 사랑하여 아랫사람이 목숨을 받치기 때문이니, 비록 하늘일지라도 구제해 줄 것이다. 왜냐하면 사랑의 도는 충분히 스스로 호위할 수 있기 때문이니, 사람들이 귀의하고 하늘이 돕는다는 말이다. 여기서 단지 사랑만 말한 것은, 사랑이 세 가지 보물 가운데 으뜸이므로 하나를 들어 나머지를 포함시킨 것이다.

謂我大, 似不肖, 盖當時多有以此語誚老子者, 或老子自說此語, 以發下端, 皆不可知. 言人皆謂我言雖大, 而實似不肖. 我之所以似不肖者, 惟其大故也. 若使我而肖, 則其爲細人也, 亦已久矣.

凡我所以似不肖, 而能大者, 以我有三寶. 常持而寶之, 曰慈曰儉曰不敢爲天下先. 慈則愛下, 而下皆親上死長. 所以能勇. 儉則自損而益民, 所濟者多. 所以能廣. 不敢爲天下先, 則以身後於民, 而民皆樂推. 所以能成萬物之長. 器猶言物也. 勇廣與先, 世之所以肖而爲細者. 慈儉與後, 我之所以似不肖而爲大者也. 慈與勇相反, 以慈爲勇, 則勇莫大矣. 儉與廣相反, 以儉爲廣, 則廣之至矣. 後與先相反, 以後爲先, 則其先莫能與爭矣.

今若舍吾之慈儉與後, 而將爲世之勇廣與先, 則吾其死矣, 何暇能成其大乎. 勇則剛而多仇, 廣則侈而多怨, 先則肆而多忌, 皆死之道也. 慈之能戰勝守固者, 以愛下而下爲致死, 雖天亦將救之. 何者, 慈之道足以自衛故也. 言人之所歸, 天之所助也. 只言慈者, 慈爲三寶之首, 擧一而包餘也.

68장

　군대를 훌륭하게 통솔하는 지휘관은 전혀 용맹스럽지 않고, 전쟁을
잘 하는 자는 분노하지 않으며, 잘 이기는 자는 견주지 않고, 사람을 잘
부리는 자는 사람들에게 낮춘다. 이것이 다투지 않는 덕이요, 사람을
부리는 힘이요, 하늘과 짝하는 것이니 옛 도의 극치이다.

　善爲士者不武, 善戰者不怒, 善勝者不與, 善用人者爲之下. 是謂不爭
之德, 是謂用人之力, 是謂配天, 古之極.

　무武는 '매우 용맹함'(强勇), 노怒는 '분노', 여與는 '견주다'(較)의 뜻이다.
본문의 네 가지 경우는 모두 굽히고 덜고 겸손하고 낮추는 것을 수양의 방
법(道)으로 삼으니 다투지 않고, 만용을 부리지 않고, 분노하지 않고, 견주지
않는 것이 이것이다. 사람을 부리는 힘은 사람들에게 낮추는 것을 말한다.
이와 같이 하면 그 덕이 하늘을 짝할 수 있으니, 이것이 바로 옛 도의 극치
라는 말이다. 임씨는 다음과 같이 말했다. "사士는 '재판관'(士師)이다. 무武
는 '유능한 장교가 전쟁을 하면서 병졸들을 성나게 한다'는 말과 같다. 남과
다투지 않는 덕은 모든 사람들의 힘을 굴복시킬 수 있으니, 예부터 이보다
훌륭한 것은 없었다. 그러므로 '옛 도의 극치'라고 한 것이다."

　武, 强勇也. 怒, 奮怒也. 與, 較也. 四者, 皆以抑損謙下爲道, 不爭不武, 不
怒不與, 是也. 用人之力, 爲之下, 是也. 言如此, 則其德可以配天, 乃古道之極

致也. 林氏曰, 士士師. 武猶曰, 健吏戰而怒忿兵也. 不爭之德, 可以屈群力, 自
古以來, 無過於此 故曰古之極.[1]

[1] 『道德眞經口義』에는 "士, 士師之官也. 武猶曰健吏也. 作士:明刑, 豈以健吏戰而怒忿兵
也……. 不爭之德, 可以配天, 可以屈群力. 天下自古以來, 無加於此 故曰古之極"으
로 되어 있다.

69장

    용병술에 다음과 같은 말이 있다. "자신은 감히 주인이 되지 않고 손이 되며, 감히 한 치도 나아가지 않고 자(尺)로 물러난다." 이 말은 길을 가도 간 흔적이 없고, 소매를 걷어 올려도 팔이 없고, 끌어당겨도 당기는 상대가 없고, 무기를 잡고 있어도 보이지 않는다는 말이다. 적을 깔보는 것보다 더 큰 화가 없으니, 적을 깔보면 자신의 보배를 거의 잃게 된다. 그러므로 서로 무기를 부딪치며 전쟁을 할 때는 슬퍼하는 쪽이 승리한다.

    用兵有言. 吾不敢爲主而爲客, 不敢進寸而退尺. 是謂行無行, 攘無臂, 仍無敵, 執無兵. 禍莫大於輕敵, 輕敵幾喪吾寶. 故抗兵相加, 哀者勝矣.

    "용병술에 다음과 같은 말이 있다"는 것은 옛날에 군대를 움직일 때 다음과 같은 말이 있었다는 뜻이다. "감히 주인이 되지 않고 손이 된다"는 말은 감히 솔선하지 않고 뒤따른다는 뜻이다. "감히 한 치도 나아가지 않고 자(尺)로 물러난다"는 것은 나아갈 때는 더디고 물러날 때는 신속하다는 말이다. "길을 가도 간 흔적이 없다"는 것은 발을 땅에 붙이고 살금살금 걷는다는 말이다. "소매를 걷어 올려도 팔이 없다"는 것은 손을 대지 않는다는 말이다. "끌어당겨도 당기는 상대가 없다"는 것은 다투지 않는다는 말이다.

"무기를 잡고 있어도 보이지 않는다"는 것은 무기로 공격하고 싶지 않다는 말이다. 이는 모두 굽히고 덜고 낮추고 피하는 것으로서, 전쟁을 하고 싶지 않는데 부득이 응전해야 할 경우, 용병의 보배로 삼을 바이다. 그러므로 "적을 깔보는 것보다 더 큰 화가 없으니, 적을 깔보면 자신의 보배를 거의 잃게 된다"고 하였다. 적을 깔보면 움직일 때 반드시 앞서 나아가고 진격할 때 반드시 가볍게 움직이니, 이것이 패배를 자초하는 까닭이다. 때문에 서로 무기를 부딪치며 전쟁을 할 때 슬퍼하는 쪽이 승리하니, 이는 슬퍼하며 전쟁을 달갑게 여기지 않는다는 말이다. 임씨는 "싸우지 않고도 이기는 것이 보배이다. 적을 깔보고 승리를 구한다면 보배를 잃을 것이다"라고 하였다.

用兵有言, 言古之用兵者, 有此言也. 不敢爲主而爲客, 不敢先而爲後也. 不敢進寸而退尺, 重進而輕退也. 行之以無行, 不擧足. 攘之以無臂, 不犯手. 仍之以無敵, 不爭鬪. 執之以無兵, 不欲以兵刃相加. 此皆所以爲抑損退避. 若不欲戰, 不得已而後應之者, 乃用兵之所寶也. 故曰, 禍莫大於輕敵, 輕敵幾喪吾寶. 輕敵, 則其動必先, 其進必輕, 所以致敗. 是以抗兵相加, 哀者勝矣, 言其戚然不以用兵爲善也. 林氏曰, 不爭而勝寶也. 輕敵以求勝, 則喪其寶矣.

70장

　나의 말은 알기도 쉽고 행하기도 쉬운데, 세상 누구도 알지 못하고 행하지 못한다. 말에는 근본(宗)이 있고 일에는 으뜸(主)이 있다. 그저 무지하기 때문에 나를 알아보지 못하는 것이다. 나를 알아보는 자가 드물면 나라는 사람은 귀한 존재가 된다. 이 때문에 성인은 행색은 초라하지만 가슴속에 옥 같은 진리를 품고 있다.

　吾言甚易知, 甚易行, 天下莫能知, 莫能行. 言有宗, 事有君. 夫惟無知, 是以不我知. 知我者希, 則我者貴. 是以聖人被褐懷玉.

　집의 용마루가 '종宗'이니, 종은 '조리條理'와 같은 말이다. 군君은 '으뜸'(主)과 같은 말이다. "나라는 사람은 귀한 존재이다"(我者貴)라는 구절이 어떤 본에는 "내가 귀하다"(我貴矣)고 되어 있다. 여기까지의 내용은 다음과 같다. "나의 학설은 알기도 쉽고 행하기도 쉬운데 세상에 알 수 있고 행할 수 있는 사람이 없다. 말에는 조리가 있고 일에는 으뜸이 있으니, 말을 근거로 조리를 구하고 일에 따라 으뜸을 구할 수 있다면 알고 행하는 데 어려움이 없을 것이다. 단지 세상 사람들이 이런 점을 모르기 때문에 끝내 아무도 나의 말을 알 수 없다. 그러나 모든 사물은 희귀한 것을 귀하게 여기니 나를 알아보는 자가 드물다면 나는 귀한 몸이 된다." 거친 베옷은 미천한 사람들이 입는 옷이다. "행색은 초라하지만 가슴속에 옥 같은 진리를 품고 있다"는 것은 사람들이 알아보지 못하기 때문에 행색은 비록 초라하지만 도는 보석처럼 빛난다는 말이다. 이 구절은 41장에서 "비웃음을 당할 정도가 아니면 도라고 여기기에 부족하다"고 한 것과 의미가 같으니, 누구도 귀한 도를 알아보지 못하는 데 대한 한탄이다. 임씨는 다음과 같이 말했다. "여러 사람의 말 중에는 지극한 말이 있기 때문에 '말에는 근본이 있다'고 하고, 온 세상일은 도가 으뜸이기 때문에 '일에는 으뜸이 있다'고 하였다. 도가 자체적으로는 충분하지만 밖으로 드러나지 않으니, 행색은 초라하지만 가슴속에 진리를 품고 있는 것과 같다. 그래서 사람들이 알아보지 못한다." 어떤 사람은 이렇게도 말했다. "행색은 초라하지만 가슴속에 진리를 품고 있다는 말은 끝까지 알 수 있는 형태로 드러내지 못한다는 뜻이지, 그것을 비밀로 해서 남들이 알지 못하도록 한다는 뜻은 아니다."

屋脊爲宗, 宗猶言脊也. 君猶言主也. 我者貴, 一作我貴矣.[1] 言吾言易知易行, 天下未有能知能行者. 夫言則有脊, 事則有主, 苟能因言求脊, 就事求主, 則其於能知能行, 亦無所難. 但世人未有能達此者, 故卒莫能知我之言. 然凡物以希爲貴, 知我者希, 是則我爲貴矣. 褐賤者之服. 被褐懷玉, 言人不見知, 故其身雖賤, 而道則可寶也. 此亦不笑不足爲道之意, 蓋歎人莫知其道之爲可貴也. 林氏曰, 衆言之中, 有至言, 故曰, 言有宗, 擧世之事, 道爲[2]主, 故曰, 事有君. 道足於己, 不[3]形於外, 猶被褐而懷玉, 故人不得見之也. 或曰, 被褐懷玉, 終不示以可知之形, 非秘之而不使人知也.[4]

---

1) 『道德眞經口義』와 『漢文大系』에는 '我貴矣'로 되어 있고, 왕필본에는 '我者貴'로 되어 있다.
2) 『道德眞經口義』에는 '爲' 다음에 '之'가 더 있다.
3) 『道德眞經口義』에는 '不' 앞에 '而'가 더 있다.
4) 진심의 『老子品節』에 "然而聖人被褐懷玉, 終不示以可知之形, 非秘之而不使人知也"라는 구절이 그대로 있다.

71장

알면서 모르는 척하는 것이 최상이요, 모르면서 아는 척하는 것은 병이다. 병을 병으로 볼 수만 있다면 그 때문에 병이 없다. 성인이 병이 없는 것은 병을 병으로 보아서 그 때문에 병이 없는 것이다.

知, 不知, 上, 不知, 知, 病. 夫惟[1]病病, 是以不病. 聖人不病, 以其病病. 是以不病.

1) 『老子品節』에는 '惟'가 '唯'로 되어 있다.

알면서도 모르는 척하는 것이 최상이요, 모르면서 아는 척하는 것은 병이다. 병을 병으로 보아서 자신이 아는 것에 대해 언제나 모르는 척할 수 있으면 병이 없을 수 있다. 성인이 병이 없는 것은 바로 이런 까닭이다. 그러므로 아는 자는 말하지 않고, 말하는 자는 알지 못한다.

知而似不知者, 爲上, 不知而以爲知者, 爲病.[1] 能病其爲病, 而於其所知, 常若不知, 則可以不病. 聖人之所以不病者, 以此故也. 故知者不言, 言者不知.

1) 『老子品節』에 "道已知而似不知者, 上也, 不知而自以爲知者, 病也"라는 구절이 있다.

72장

　백성이 해를 두려워하지 않으면 큰 해가 닥친다. 자신의 거처를 좁다 하지 말고, 자신의 처지를 싫증내지 말라. 싫증만 내지 않으면 싫증나지 않게 된다. 이 때문에 성인은 자신을 알기만 하고 드러내지는 않으며, 자신을 아끼기만 하고 높이지는 않는다. 그러므로 저것을 버리고 이것을 취한다.

　民不畏威, 大威至矣. 無狹其所居, 無厭其所生. 夫惟不厭, 是以不厭 是以聖人自知, 不自見, 自愛, 不自貴. 故去彼取此

　해(威)는 죄罪를 말한다. 큰 해(大威)는 사형과 사망이 그것이다. 무無는 '하지 말라'는 뜻으로 금지사이다. 사람들이 죄를 두려워하지 않으면 사망의 해가 닥친다. 자신의 거처를 좁게 여기면 신분이 낮은 것을 싫어해서 높아지려 하며, 자신의 처지에 싫증이 나면 가난을 싫어해서 부를 구한다. 사람들이 쉽게 죄를 지어 사형당해 죽게 되는 것은 모두 신분이 낮은 것을 싫어하고 가난을 싫어하는 마음에서 공을 세워 끝없이 출세하기를 도모하고, 한없이 이익을 탐하기 때문이다. 신분이 낮고 가난한 것을 싫어하거나 싫증내지만 않으면 사는 처지에 맞게 행할 수 있어서 저절로 사망의 화가 없어지며, 자신의 거처와 처지에 대해서도 '물리는 때'(厭足之時)가 없다. 만족할 줄 아는 자가 항상 만족하는 법이다. 그러므로 성인은 스스로 모든 이치를

꿰뚫어 알 뿐 자신을 드러내 '명성과 현달'(聞達)을 구한 적이 없으며, 스스
로 일신을 아낄 뿐 자신을 높여서 사치와 화려함을 구한 적이 없다. 이것이
싫증남을 없애서 싫증나지 않고, 해를 두려워해서 큰 해가 없는 까닭이다.

　　威, 罪也. 大威, 刑戮死亡, 是也. 無, 毋通, 禁止辭. 人不畏罪, 死亡之威至
矣. 狹其所居, 則惡賤而欲貴, 厭其所生, 則惡貧而求富. 人之所以輕犯於罪,
而致有刑戮死亡之禍者, 皆由於惡賤惡貧之心, 功而營進不已, 貪利無厭故也.
唯不厭惡於賤貧, 則能素而行之, 自無死亡之禍, 而其所居所生, 亦無厭足之時
矣. 知足者常足. 故聖人但自通知萬理, 而未嘗自見以求聞達, 但自愛惜一身,
而未嘗自貴以求侈美. 此所以去厭而取不厭, 畏威而無大威也.

73장

　과감한 데 용감하면 죽고 과감하지 않은 데 용감하면 산다. 이 두 가지는 하나는 이롭고 하나는 해롭다. 하늘이 미워하는 바를 누가 그 이유를 알겠는가? 때문에 성인마저도 그것을 어려워한다. 하늘의 도는 다투지 않는데도 잘 이기고, 말하지 않는데도 잘 감응시키며, 아무것도 불러들이지 않는데도 저절로 오고, 평범한데도 잘 계획한다. 하늘의 그물은 넓고도 넓으니 엉성하지만 놓치는 것이 없다.

　勇於敢則殺, 勇於不敢則活. 此兩者或利或害. 天之所惡, 孰知其故. 是以聖人猶難之. 天之道, 不爭而善勝, 不言而善應, 不召而自來, 坦然而善謀. 天網恢恢, 疎而不失.

　과감한 데 결단성이 있으면 죽고, 과감하지 않은 데 결단성이 있으면 산다. 결단성이 있는 것은 마찬가지이지만 과감함과 과감하지 않음의 차이에 따라 생사가 결정된다. 과감하면 안위를 따져 보지 않고 화복을 헤아리지 않으니, 항상 나아가기만 하고 물러설 줄은 몰라서 한 순간에 죽음의 길로 뛰어들게 된다. 과감하지 않으면 안위를 살피고 화복을 신중하게 생각하여, 항상 물러나기만 하고 나아가려 하지 않아 이 때문에 생명을 보존할 수 있다. 두 가지 중에 하나는 이롭고 하나는 해로우니, 그 일이 아주 분명하다.

하늘은 넘치는 것을 싫어하고 겸손한 것에 더해 주니, 하늘이 미워하는 바는 항상 전자에 있지 후자에 있지 않다. 누가 그 까닭을 알겠는가? 때문에 성인마저도 이것을 어려워하고 감히 과감하게 행하지 않는다. 하늘의 도는 다투지 않는데도 사물의 위에 높이 있고, 말하지 않는데도 사시를 운행한다. 아무것도 불러들이지 않는데도 곤충·초목·동식물의 부류 전체가 저절로 모여들며, 쉬운 것으로 주관하고 간단한 것으로 능하기에[1] 평범한 것 같은데도 잘 계획한다. 그러니 어찌 과감하려 하겠는가? '그물'(網)은 모든 생명체를 하나로 싸서 묶는 것을 말한다. "넓고도 넓으니 엉성하다"는 말은 다투지 않고 말하지 않고 아무것도 불러들이지 않고 평범하다는 것이다. "놓치는 것이 없다"는 말은 잘 이기고 잘 감응시키고 저절로 오게 하고 잘 계획한다는 것이다. 이것이 하늘이 영원할 수 있는 까닭이다.

決於敢則死, 決於不敢則生. 其爲決一也, 而由其有敢不敢之異, 而生死係焉. 敢則不度安危, 不量禍福, 常進而不知退, 所以動趨於死. 不敢則察於安危, 謹於禍福, 常退而不欲進, 所以能保其生. 兩者之一利一害, 其事甚明.

夫天惡盈而益謙, 則其所惡, 常在於彼, 不在於此. 孰知其所以然之故哉. 是以聖人猶難於是, 不敢爲其敢也. 天之道, 不爭而尊乎萬物之上, 不言而行乎四時之運. 不召而昆蟲草木動植之類, 莫不自歸, 易知簡能, 坦然而善爲之謀. 安用敢哉. 綱, 以言其包括群生也. 恢恢而疎, 不爭不言, 不召坦然, 是也. 不失, 善勝善應, 自來善謀, 是也. 此天之所以能長且久也.

---

1) 『周易』, 「繫辭上」, "乾以易知, 坤以簡能"

74장

　백성이 죽음을 두려워하지 않으니, 어떻게 사형으로 두렵게 하겠는가? 만약 백성이 항상 사형을 두려워한다면 속임수를 일삼는 자를 내가 잡아 죽일 것이니, 누가 감히 그렇게 하겠는가? 항상 형집행을 맡은 자가 죽이니, 그를 대신해 형을 집행하는 것은 주제넘게 뛰어난 목수를 대신해 나무를 다듬는 것이다. 주제넘게 목수를 대신해 나무를 다듬었으니, 거의 손을 다치지 않을 수 없다.

　民不畏死, 奈何以死懼之. 若使民常畏死, 而爲奇者, 吾得執而殺之, 孰敢. 常有司殺者殺, 夫代司殺者殺, 是謂代大匠斲. 夫代大匠斲,[1] 希有不傷手矣.

1)『老子品節』에는 '斲' 다음에 '者'가 더 있다.

　세상에서 시행하는 형벌이란 잘못을 저지른 백성을 사형으로 두렵게 하는 것에 지나지 않는다. 그러나 백성이 잘못을 저지르는 것은 본래 죽음을 두려워하지 않기 때문이니, 어떻게 한갓 사형으로 두렵게 하겠는가? 만약 백성이 정말로 항상 죽음을 두려워한다면 속이고 사악하고 못된 짓을 하는 자를 내가 잡아죽일 것이니, 누가 감히 다시 못된 짓을 하겠는가? 그런데 요즘에는 그렇지 않으니, 못된 짓을 하는 자를 죽이지 않은 적이 없건만 백성은 죄를 범하고도 정말로 태연자약하다. 이는 백성이 죽음을 두려워하지 않아서 끝끝내 사형으로 두렵게 할 수 없기 때문이다. 그렇다면 불선한 자는 결국 죽일 수 없는 것인가? 항상 스스로 형 집행을 맡은 자가 반드시 그를 죽여야 한다고 하였으니, 이것은 무슨 말인가? 선한 것을 복되게 하고 사악한 것(洼)에 화를 내리는 것은 하늘의 도이다. 하늘이 불선한 것을 사면한 적이 없으니, 불선한 자를 죽이는데 그 권한을 맡은 것이 하늘이 아니면 누구이겠는가? 그러니 내가 형벌을 쓰는 데 하늘의 벌을 사용할 수 있다면 이것은 하늘이 죽이는 것이지 내가 죽이는 것이 아니다. 그런데 만약 하늘의 벌을 따르지 않고 함부로 벌주고 도륙한다면 이는 바로 형 집행을 맡은 자를 대신해 사람을 죽이는 것이니, 분수를 넘어선 행위이다. 비유하자면 변변치 못한 목수가 주제넘게 뛰어난 목수를 대신해 도끼로 나무를 깎는 것과 마찬가지이니, 거의 손을 다치지 않을 수 없다. 이렇게 해서는 백성을 두렵게 하지 못할 뿐만 아니라 결국 자신만 해치게 된다.

이 장은 말하자면, 형벌이란 하늘이 죄지은 자를 벌하기 위해 있다는 것이다. 세상의 임금은 하늘을 대신해 백성을 다스리는데 다섯 가지 형벌과 다섯 가지 적용이 오로지 하늘을 따르지 못하고 즐거움과 노여움을 사사롭게 하여 벌을 지나치게 사용하면 백성을 두렵게 하려 해도 백성이 두려워하지 않는다. 이는 또한 법관이 아닌데도 죄인을 죽여서 결국 원수나 적이 되는 것과 마찬가지이다. 불선한 자를 정말로 죽일 수 없다는 말이 아니다. 변변치 못한 목수가 주제넘게 대신 나무를 깎다가 손을 다친 격이니, 형 집행을 맡은 자를 대신하여 죽이는 데 실패가 없을 수 있겠는가?

世之用刑者, 不過以死懼民之爲非耳. 然民之爲非也, 本不畏死, 柰何徒欲以死懼之. 若使民果常畏死, 則其爲奇邪不善者, 吾可以執而殺之, 孰敢復爲不善哉. 今則不然, 其爲不善者, 未嘗不殺, 而民之犯罪, 固自若也. 是民不畏死, 而終不可以死而懼之也. 然則不善者, 終不可死歟. 曰常自有司殺者, 必殺之矣, 何者. 福善禍洼, 天之道. 天於不善, 未嘗赦之, 則殺不善, 而司其柄者, 非天而誰. 吾之用刑, 能用天討, 則是天殺之也, 非己殺之. 若不從天討, 妄肆誅戮, 是代司殺而殺人, 越其分矣. 譬猶拙工代大匠, 用斤斲, 能不至於傷手者, 鮮矣.
是非唯不能使民而懼, 適足以自戕而已.

此章盖言, 刑者天之所以討有罪. 世之人君, 代天莅民, 其五刑五用,[1] 不能
一聽於天, 而私於喜怒, 過用誅罰, 欲以懼民, 民不懼. 亦猶非士師而殺人, 終
歸於爲讐爲敵而已. 非言不善者眞不可殺也. 拙工代斲, 自取傷手, 則代司殺,
殺能無敗乎.

1) 『尙書』, 「皐陶謨」, "天討有罪, 五刑五用哉"

75장

　백성이 굶주리는 것은 윗사람이 세금을 많이 거두어들이기 때문이다. 그러므로 굶주린다. 백성을 다스리기 어려운 것은 윗사람이 작위하기 때문이다. 그러므로 다스리기 어렵다. 백성이 죽음을 가볍게 보는 것은 그 삶을 풍족하게 하려고 하기 때문이다. 그러므로 죽음을 가볍게 여긴다. 오직 삶을 위하지 않는 것, 이것이 삶을 소중하게 여기는 것보다 낫다.

　民之饑, 以其上食稅之多. 是以饑. 民之難治, 以其上之有爲. 是以難治. 民之輕死, 以其求生之厚. 是以輕死. 夫惟[1]無以生爲者, 是賢於貴生.

---

1) 『老子品節』에는 '惟'가 '唯'로 되어 있다.

　윗사람이 많은 세금을 거두어 들여 자신을 봉양하는 데 몰두한다면, 그 백성은 재물이 고갈되어 가난해지기 때문에 굶주리기 쉽다. 윗사람이 작위하여 사람들을 급히 부리면, 백성이 지쳐서 꾀를 부려 속이기 때문에 다스리기 어렵다. 이것은 윗사람의 잘못이다. 삶을 풍족하게 하려는 것 때문에 죽음을 가볍게 여기고 법을 어기게 되니, 이것은 아랫사람의 잘못이다. 그러나 백성이 죽음을 가볍게 여기고 다스리기 어려운 것은 이렇게 삶을 풍족하게 하려는 마음이 이미 있는데, 윗사람이 또 자신의 삶을 풍족하게 하

려고 혹독하게 세금을 거두고 잔혹하게 일을 시켜서 가난해지고 속이게 되었기 때문이다. 삶을 풍족하게 하는 것은 윗사람이나 아랫사람이나 똑같이 바라는 바이다. 윗사람이 항상 자신의 삶을 풍족하게 하지 않으려는 마음을 갖고, 자신을 존귀하게 하려는 것으로 남을 존귀하게 대한다면 그 절제함은 백성을 여유롭게 하기에 충분하며, 그 검소함은 백성을 인도하기에 충분할 것이다. 이와 같으면 윗사람이나 아랫사람 모두 '삶을 위하지 않는 도'를 얻어 저마다 자신의 족한 상태에 만족한다. 그러면 위로는 '세금을 많이 걷고 작위하는 장애'가 없어지고, 아래로는 굶주림과 다스리기 어려운 근심이 사라지니, 자신의 삶을 소중하게 여기는 것보다 나은 정도가 어찌 하늘과 땅의 차이뿐이겠는가?

앞 장에서 백성이 죽음을 두려워하지 않는다고만 말하고 그 이유는 설명하지 않았다. 그런데 이 장에 와서 백성이 죽음을 가볍게 여기고 다스리기 어려운 이유가 삶을 풍족하게 하려는 것이지만, 또 그 근본은 윗사람들이 스스로 자신의 삶을 풍족하게 하기 위해 백성의 삶을 빼앗은 데 있다고 말하였다. 만약 윗사람이 사욕을 없애서 백성의 힘을 여유롭게 하고 그 마음을 감화시킨다면, 아랫사람에게는 죽음을 가볍게 여기고 다스리기 어려운 우환이 저절로 없어진다. 이와 같으면 위아래가 서로 편안하고, 또한 형벌을 일삼아 백성을 두렵게 할 일이 없다. 이것이 '근본을 추구하는 논의'(推本之論)이다.

上多稅而厚自奉, 則其民財竭而貧, 所以易饑. 上有爲而疾使人, 則其民力窮而詐, 所以難治. 此上之過也. 以其求生之厚, 而至於輕死而犯法, 此下之過也. 然民之所以輕死而難治者, 以旣有此厚生之心, 而上又不免以自厚其生者, 苟斂虐使令, 至於貧而且詐故也. 夫生生之厚, 上下同欲. 上能常存不欲自厚其生之心, 以貴身者貴人, 則其嗇足以裕民, 其儉足以導下. 如此則上下俱得無以生爲之道, 而各足其足. 上無多稅有爲之累, 下無饑而難治之患, 其賢於貴生也. 豈直霄壤而已哉.

上章言民不畏死, 而不說所以然之故. 至此章, 乃言民之輕死而難治, 以其求生之厚, 而其本又在於上之自厚其生, 以奪民生. 若上能黜欲, 紓其力而化其心,

則下自無輕死難治之憂. 如此則上下相安, 而亦無所事於刑殺, 以懼之矣. 此推
本之論也.

76장

사람이 살아서는 부드럽고 약하지만, 죽어서는 단단하고 강하다. 만물과 초목도 살아서는 부드럽고 무르지만, 죽어서는 마르고 딱딱하다. 그러므로 단단하고 강한 것은 죽을 무리이고, 부드럽고 약한 것은 살 무리이다. 이 때문에 군대가 강하면 승리하지 못하고, 나무가 강하면 부러진다. 그러니 강하고 큰 밑동은 아래에 있고, 부드럽고 약한 가지는 위에 있다.

人之生也柔弱, 其死也堅强. 萬物草木之生也柔脆, 其死也枯槁. 故堅强者死之徒, 柔弱者生之徒. 是以兵强則不勝, 木强則共.[1] 强大處下, 柔弱處上.

> 1) 林希逸의 『道德眞經口義』에는 똑같이 '共'자로 되어 있지만, 王弼本에는 '兵' 곧 '병화를 당한다'로 되어 있다.

이 장에서는 부드럽고 약한 것은 숭상할 만하나 단단하고 강한 것은 일삼기에 부족하다는 말을 하고 있는데, 이런 뜻은 이미 여러 차례 나왔다. 단단하고 강한 것은 죽고, 부드럽고 약한 것은 살 것이라는 말도 73장의 "과감한 데 용감하면 죽고, 과감하지 않은 데 용감하면 산다"는 말과 같다. '공共'의 의미는 자세히 알 수 없다. 어떤 사람은 "공共은 부러진다는 뜻의 절

折로 써야 할 것 같다"고 했는데, 『열자列子』에서는 "나무가 강하면 부러진
다"고 하였다.

此章言柔弱之爲可尙, 而堅强之不足爲也, 意已屢見. 堅强者死, 柔弱者生,
亦猶敢則殺, 不敢則活. 共字未詳其義. 或曰共疑作折, 列子[1]曰, 木强則折.[2]

1) 戰國 時代 鄭나라 사람 列禦寇로, 그의 학문은 黃老를 기본으로 한다. 『列子』여덟
   권을 지었다.
2) 진심의 『老子品節』에 "열자는 '나무가 강하면 부러진다'고 했는데, 共자는 해석하기
   어렵다. 折자로 봐야 할 것 같다"(列子曰, 木强則折, 共字難解. 疑作折字)라는 구절이
   있는 것으로 보아, 여기에서 인용한 듯하다.

77장

하늘의 도는 활을 쏘는 것과 같구나! 높은 것은 내리고 낮은 것은 올리며, 넘치는 것은 덜어 주고 부족한 것은 더해 준다. 하늘의 도는 넘치는 것을 덜어 부족한 것을 더해 주는데, 사람의 도는 그렇지 않아 부족한 것을 덜어 넘치는 것을 봉양한다. 누가 넘치는 것으로 세상 사람들을 봉양할 수 있는가? 도를 터득한 사람만이 할 수 있다. 이 때문에 성인은 남을 위하되 뽐내지 않고 일을 이루어도 자처하지 않으니, 자신의 현명함을 드러내려 하지 않는다.

天之道, 其猶張弓乎. 高者抑之, 下者擧之, 有餘者損之, 不足者補之. 天之道損有餘, 而補不足, 人之道則不然, 損不足以奉有餘. 孰能有餘以奉天下. 唯有道者. 是以聖人爲而不恃, 功成而不處, 其不欲見賢.

하늘의 도는 비유하자면 활을 쏘는 것과 같다. 활을 쏘는 자는 항상 그것의 높낮이와 넘치고 부족한 것을 살펴서, 내리거나 올리고 덜거나 더해 준다. 하늘의 도 역시 그러하니, 항상 넘치는 것을 덜어 내어 부족한 것을 더해 준다. 그런데 어찌 사람의 도는 그렇지 않아, 부족한 아랫사람의 것을 덜어 내서 넘치게 많은 윗사람에게 더해 주는가. 백성에게 사납게 해서 임금을 섬기고, 남에게 야박하게 해서 자신에게 후하게 하니 이는 정말로 하늘의 도를 어기는 것이다. 누가 넘치는 것을 베풀어 부족함에 허덕이는 세상의 백성을 봉양할 수 있겠는가? 오직 도를 터득한 사람만이 할 수 있다! 사랑과 검소가 내게 넘쳐 사용해도 다하지 않으니, 그것으로 남을 위해 주면 자신은 더 많이 소유하게 된다. 이것이 도를 터득한 사람이 세상 사람들을 봉양하는 이유이다. "자신의 현명함을 드러내려 하지 않는다"는 말은 넘치는 것으로 세상 사람들을 봉양하고서 능력을 뽐내지도 공적을 자처하지도 않으니, 자신의 현명함을 드러내려 하지 않기 때문이라는 말이다. 현명함을 드러내면 교만하고 자랑하고 자신을 과대 평가하는 마음이 생겨서 현명하게 되는 까닭을 상실한다.

天之道, 譬如張弓. 張弓者, 常視其高下, 及其有餘不足, 而抑之擧之, 損之補之. 天道亦然, 常損有餘, 而補不足. 柰何人之道則不然, 損下之不足, 以益上之有餘. 厲民奉君, 薄於人而厚於己, 此殆反乎天之道矣. 夫孰能施其有餘, 以奉天下元元之所不足者. 其唯有道者可以能之乎. 慈儉我之所有餘而用之不窮, 旣以爲人而己愈有. 此有道之所以奉天下者也. 不欲見賢, 言旣以有餘而奉天下人, 不恃其能, 不居其功, 爲其不欲見賢故也. 見賢則有誇矜自大之心, 而失其所以賢矣.

78장

　세상에서 물이 가장 부드럽고 약하지만, 굳세고 강한 것을 공격하는
데는 어느 것도 이길 수 없으니, 그 무엇으로도 물을 대신할 수 없다.
약함이 강함을 이기고 부드러움이 굳셈을 이기니, 세상에 이를 모르는
사람이 없지만 행할 수 있는 사람도 없다. 그러므로 성인께서 "나라의
더러움을 받아들이는 자가 사직의 주인이고, 나라의 상서롭지 못함을
받아들이는 자가 세상의 왕이다"라고 말씀하셨다. (일상적인 것과) 상
반되는 듯하지만 바른 말씀이다.

　天下柔弱莫過於水, 而攻堅強者, 莫之能勝, 其無以易之. 弱之勝強, 柔
之勝剛, 天下莫不知, 莫能行. 故聖人云, 受國之垢, 是謂社稷主, 受國之
不祥, 是謂天下王. 正言若反.

　물의 특성은 지극히 부드럽고 약해서 뿌리면 흩어지고 던지면 흩날린다.
그러나 산을 에워싸고 언덕을 오르고 성을 떠다니게 하고 마을을 무너뜨릴
때는 거침이 없어 감히 더 보탤 것이 없으니, 굳세고 강한 것을 공격하는
데는 역시 물 이상 대신할 만한 것이 없다. 약함이 강함을 이기고 부드러움
이 굳셈을 이기는 것은 물만 유독 그런 것이 아니라 모든 사물이 다 그렇다.
세상 사람들 또한 이런 이치를 모르는 자가 없다. 다만 아무도 그것을 행하

지 못하는 것이 염려스러우니, 이는 이기기를 좋아하고 앞서기를 바라는 마음이 많아서 굴욕을 받아들이고 참아내지 못하기 때문이다. 이 때문에 뭇 사람들의 더러움을 받아들이는 자가 사직의 주인이 될 수 있고, 뭇 사람들의 상서롭지 못함을 받아들이는 자가 세상의 왕이 될 수 있다. 뭇 사람들의 더러움을 받아들이니, 굶주렸거나 추위에 떨거나 신분이 낮거나 더러운 사람들 모두 한결같이 내게 받아들여져 양육된다. 뭇 사람들의 상서롭지 못함을 받아들이니, 홀아비거나 과부거나 고아거나 독거 노인이거나 모두 한결같이 내게 위로받고 부양받는다. 굶주린 사람·추위에 떠는 사람·신분이 낮은 사람·더러운 사람·홀아비·과부·고아·독거 노인 같은 사람들이야말로 앞에서 얘기한 세상에서 가장 더럽고 상서롭지 못한 자들인데, 내가 차마 볼 수 없어 받아들이고 그들에게 낮추니, 이것이야말로 지극히 굴욕적인 것이다. 이것이 사직의 주인이 되고 세상의 왕이 될 수 있는 까닭으로, 곧 (물이) 부드럽고 약하지만 누구도 그것을 이길 수 없다는 것에 대한 증험이다. '정언약반正言若反'은 더러움과 상서롭지 못함은 사람들이 천시하는 것이고, 사직의 주인과 세상의 왕은 사람들이 고귀하게 여기는 것인데, 천함을 행해 고귀함을 얻는다고 하였으니, 일상적인 것(常道)과 상반되는 듯하지만 실상은 바른 말씀이라는 뜻이다.

水之爲性, 至柔且弱, 揮之則散, 投之則迸. 至其懷山襄陵, 漂城毁邑, 滔滔汨汨, 無敢嬰者, 其能攻堅攻强, 亦未有過於水, 而可以易之者矣. 夫弱之勝强, 柔之勝剛, 非唯水獨爲然, 凡物皆然. 天下之人, 亦無有不知此理者. 但患莫之能行, 以其好勝求前之心多, 而不能受屈忍辱故也. 是以能受衆人之垢者, 可以爲社稷主, 能受衆人之不祥者, 可以爲天下王. 受衆垢, 則人之飢寒賤汚, 一皆容畜於我矣. 受衆不祥, 則人之鰥寡孤獨, 一皆撫鞠於我矣. 飢寒賤汚, 鰥寡孤獨, 乃天下所謂垢與不祥之大者, 而吾能忍而受之, 皆爲之下, 此乃屈辱之至. 故所以能主社稷而王天下, 卽柔弱而莫之能勝之驗也. 正言若反, 垢與不祥, 人之所賤, 社稷主天下王, 人之所貴, 爲賤而得貴, 似反常道, 其實正言也.

79장

원망이 크면 화해를 해도 반드시 앙금이 남으니, 어떻게 잘했다고 하겠는가? 이 때문에 성인은 '왼쪽 문서'(左契)를 갖고 있더라도 남에게 추궁을 하지 않는다. 덕이 있으면 문서를 담당하고, 덕이 없으면 세금을 담당한다. 천도는 친한 것이 없이 항상 선한 사람과 함께한다.

和大怨, 必有餘怨, 安可以爲善. 是以聖人執左契,[1] 而不責於人. 有德司契, 無德司徹. 天道無親, 常與善人.

---

1) 진심의 『老子品節』에는 "左契는 요즘 함께 작성한 문서와 같다. 이 문서가 나에게 있으면 그 내용을 반드시 요구할 수 있는데, 성인은 비록 이 문서를 갖고 있더라도 남에게 요구하지 않으니, 성대한 덕이 지극하기 때문이다"(左契如今合同文字也. 此契在我. 則其物必可索. 聖人雖執此契, 而不以索於人, 盛德之至也)라고 되어 있다. 또 임희일의 『道德眞經口義』에는 "좌계란 요즘 함께 작성한 문서와 같다. 한 사람은 왼쪽을 갖고 있고 다른 한 사람은 오른쪽을 가지고 있으므로 '좌계'라고 했다. 이 문서가 나에게 있으면 그 내용을 반드시 요구할 수 있는데, 성인은 비록 이 문서를 갖고 있더라도 남에게 요구하지 않으니 잊어버리기 때문이다"(左契者如今合同文字也. 一人得左一人得右, 故曰左契. 此契在我. 則其物必可索. 聖人雖執此契, 而不以索於人, 忘而化也)라고 되어 있다. 반면 吳澄의 주에는 "左契를 가진 자는 자신이 남에게 요구하지 못하고 남이 와서 자기에게 요구하기를 기다린다. 右契를 갖고 와서 합쳐 보는 자가 있으면 바로 그 내용을 들어주고, 속으로 그 사람이 선한가는 헤아리지 않는다"(執左契者, 己不責于人, 待人來責于己, 有持右契來合者, 卽與之. 無心計較其人之

善否)고 하여, 『老子品節』이나 『道德眞經口義』의 주와는 많은 차이를 보인다. 따라서 박세당이 左契를 해석하는 데 진심이나 임희일의 견해를 따랐음을 알 수 있다.

남이 나에게 원망을 가질 경우 내가 그와 화해하여 원망을 풀어 준다면 앙갚음하려는 마음이 사라지니, 잘했다고 할 수 있을 것 같다. 그러나 원망을 푼 자가 속으로 나는 원망을 풀지 않았다고 생각하면 원망은 끝내 풀리지 않으니, 항상 은혜를 베푼 표정으로 상대를 대한다. 항상 은혜를 베푼 표정을 하고 있는 것은 바로 원망을 잊은 적이 없기 때문이다. 다른 사람이 내게 빚을 진 경우에 비유해 보자. 나에게 있는 빚 문서를 없애 버림으로써 빚을 포기해 놓고는 '빚 문서를 없애지 않았다면……' 하고 생각한다면 이는 끝까지 빚을 포기한 적이 없는 것이다. 빚은 비록 포기했지만, 속으로 빚 문서를 없애 버린 자신의 은혜를 잊을 수 없는 것이다. 그러니 어떻게 잘했다고 할 수 있겠는가?

성인이 원망을 처리하는 방법은 그렇지 않다. 자신이 추궁을 할 만한 입장이더라도 그냥 놔둘 뿐이니, 처음부터 갚기를 요구하는 마음도 없고 또 화해하려는 의도도 없다. 이는 원망과 덕을 모두 잊어버리는 것이다. 어떤 사람이 내게 빚을 져서 내 손에 빚 문서가 있지만 그것을 찢어 버리지도, 갚도록 추궁하지도 않고 그저 놔둘 뿐이다. 이는 빚을 찾으려는 의도가 없을 뿐만 아니라 상대방에게 덕을 베풀었다는 생각까지 잊는 경우나 마찬가지이다. 일반적으로 '원망을 되돌려 주는 자'(報怨者)는 빚을 찾는 자이고, '원망을 풀어 버리는 자'(和怨者)는 빚 문서를 찢어 버리는 자이며, '원망을 놔두는 자'(置怨者)는 빚 문서를 갖고 있어도 받으려 하지 않는 자이니, 여기서 그 우열이 드러난다. 세금(徹)에서, 끝내 원망을 갚지도, 화해를 하지도 않는 자는 문서를 담당하는 자이고, 원망을 갖고 원망을 풀어 버리는 자는 반드시 책임 추궁을 하고 빚 문서를 반드시 없애니 세금을 담당하는 자이다. "천도는 친한 것이 없이 항상 선한 사람과 함께한다"는 것은 바로 덕이 있는 자를 돕는다는 뜻이다.

人有怨於我, 我與之和, 而平其怨, 無報怨之心, 似可以爲善矣. 然和怨者,其心以爲我不和怨, 怨終不解, 常存德色, 以加於彼. 德色常存, 是怨未嘗忘也. 譬如人有當償債於我者. 其契在我, 我取而折之, 以棄其債, 以爲契未折, 則此債終無可棄之時. 債雖棄, 而心不能忘折契之恩. 夫然則復安得爲善哉

　聖人之處怨也不然. 可責在我, 置之而已, 初無求報之心, 又無欲和之意. 是怨與德, 皆忘之也. 如人負債於我, 其左契執在我手, 然我旣不折契, 又不責償, 但置而已. 是不惟無索債之意, 亦忘其所以爲德於彼矣. 盖報怨者, 索債者也, 和怨者, 折契者也, 置怨者, 執契不責者也, 於此其優劣著矣. 徹究竟不報不和者, 司契者也, 報怨和怨者, 必責必棄, 司徹者也. 天道無親, 常與善人, 則斯助有德矣.

80장

나라의 영토를 작게 하고 백성의 수를 적게 하며, 사람의 노력을 열 배나 백 배 정도 줄일 수 있는 기구가 있더라도 사용하지 못하게 하고, 백성이 죽음을 중히 여겨 멀리 이사하지 못하게 한다면, 배와 수레가 있더라도 탈 일이 없고, 날카로운 무기와 튼튼한 갑옷이 있더라도 전쟁을 할 일이 없다. 백성이 다시 새끼를 꼬아서 쓰고, 자신의 음식을 달게 먹고 의복을 아름답게 여기며, 거처를 편안하게 여기고 풍속을 좋아하게 한다면, 이웃 나라가 서로 바라보이고 닭이나 개의 울음소리가 들릴 정도의 거리에 있더라도, 백성이 늙어 죽을 때까지 서로 오가는 일은 없을 것이다.

小國寡民. 使有什佰人之器而不用, 使民重死而不遠徙, 雖有舟輿, 無所乘之, 雖有甲兵, 無所陳之. 使民復結繩而用之, 甘其食, 美其服, 安其居, 樂其俗, 隣國相望, 鷄狗之聲相聞, 民至老死不相往來.

작은 영토와 적은 백성에 만족할 수 있으면 땅을 개간하지 않고 백성을 다시 모아들이지 않는다. 사람의 노력을 열 배나 백 배 정도 줄일 수 있는 기구가 있더라도 사용하지 못하게 하면 지식이 있는 자가 감히 그런 것을 만들지 못한다. 백성이 죽음을 중히 여겨 멀리 이사하지 못하게 하면 사람들 모두 자신을 아껴 가볍게 죄를 범하지 않아서 달아나거나 이사하는 근심이 없다. 배와 수레가 있더라도 탈 일이 없으면 멀리 가서 이익을 찾지 않으며, 날카로운 무기와 튼튼한 갑옷이 있더라도 전쟁할 일이 없으면 힘을 믿고 힘써 다투지 않는다. 백성에게 다시 새끼줄을 꼬아서 쓰게 하면 사람들 모두 순수하고 질박해져서 교묘함이나 작위가 받아들여지지 않으니, 먼 옛날의 풍속으로 돌아가더라도 괜찮다. 자신의 음식을 달게 먹고 의복을 아름답게 여기면 형편없는 음식이 기름진 음식보다 낫고 값싼 베옷이 값진 털옷과 다름없다. 자신의 거처를 편안하게 여기고 자신의 풍속을 좋아하면 스스로 편안하고 즐거워 바깥에 끌리는 마음이 없어서 내 것을 싫증내고 남의 것을 좋아하는 마음이 싹트지 않는다. 그러니 갑자기 비옥한 토지와 화려하고 고운 구경거리가 생기더라도 그 모든 것이 그들의 생각을 그다지 바꾸지 못할 것이다. 이 때문에 이웃 나라가 서로 바라보이고 닭이나 개의 울음소리가 들릴 정도의 거리에 있더라도 늙어 죽을 때까지 서로 오가지 않는 것이다. 돈후하고 소박하여 아무것도 구하지 않는 마음을 이렇게 극단적으로 표현한 이유는, 윗사람이 총명을 없애고 부러워하는 마음을 제거함으로써 백성이 속으로 하려는 바를 감화시킬 수 있다는 데 있다.

能安於小國寡民, 則地不改闢, 民不改聚矣. 使有什佰人之器而不用, 則知者不敢爲矣. 使民重死而不遠徙, 則人皆自愛其身, 不輕犯罪, 而無逋逃遷徙之患矣. 雖有舟輿, 無所乘之, 則不致遠以求利矣. 雖有甲兵, 無所陳之, 則不恃力以務爭矣. 使民復結繩而用之, 則人皆醇質, 巧僞不容, 雖還上古之風可矣. 甘其食, 美其服, 則藜藋勝於芻豢, 布褐敵於狐貉矣. 安其居, 樂其俗, 則自安自樂, 絶於外慕, 厭此欣彼之心, 不萌於中. 雖有便沃土侈艶之觀, 皆不足以易其慮. 是以隣國相望, 鷄狗相聞, 而至老不相往來. 所以極言敦朴無求之意, 皆由於上之能黜聰明去健羨, 以化其心之所爲也.

81장

    믿음직한 말은 매끄럽지 않고 매끄러운 말은 믿음직하지 않다. 선한 자는 말을 잘하지 못하고 말을 잘하는 자는 선하지 않다. 아는 자는 해박하지 않고 해박한 자는 알지 못한다.

    성인은 쌓아 두는 일 없이 남을 위해 주어도 자신은 더욱 소유하게 되고, 남에게 베풀어도 자신은 더욱 많아진다. 하늘의 도는 이롭게 하면서 해치지 않고, 성인의 도는 위해 주면서 다투지 않는다.

    信言不美, 美言不信. 善者不辯, 辯者不善, 知者不博, 博者不知.

    聖人不積, 旣以爲人, 己愈有, 旣以與人, 己愈多. 天之道, 利而不害, 聖人之道, 爲而不爭.

    말이 믿음직하다는 것은 질박하고 꾸밈이 없다는 뜻이고, 말이 매끄럽다는 것은 화려하고 내용이 없다는 뜻이다. 선하기 때문에 말을 잘하지 못하니 말을 잘하지 못한다고 해서 선함이 '가리는 것'(掩)은 아니다. 말을 잘하는 것은 선하지 않기 때문이니 말 잘하는 것으로 선하지 않음을 꾸밀 수는 없다. 아는 자는 해박하지 않으니 하나를 이루지만 모든 것을 갖춘다. 해박한 자는 알지 못하니 들은 것은 많으나 요지가 적다. 경문의 여기까지는 묘한 도는 말을 잘하고 해박하고 화려하고 매끄러운 가운데 있지 않다는 말을 하고 있다. 정말로 알고 하는 말, 지극히 선한 말, 성실하고 듬직한 말은 뭇 사람들이 똑같이 소홀히 하는 것이니 이것 역시 세상이 자신을 알아보지 못하는 데 대한 한탄이다.

힘으로 남을 위하고 재산을 남에게 베풀면 사람들 모두 나에게 와서 도와주니, 힘은 더욱 강해지고 재산은 더욱 풍부해진다. 도道로 남을 위하고 덕德을 남에게 베풀면 사람들 모두 감화되어 복종하니, 도는 더욱 커지고 덕은 더욱 성대해진다. 이것이 남을 위하고 남에게 베풀면 더욱 소유하게 되고 더욱 많아진다는 효험이요, 쌓아 두지 않음으로 쌓음을 삼는 것이다. 그러므로 '하늘의 도는 사물을 이롭게 하면서 해치지 않고, 성인의 도는 남을 위하면서 남과 다투지 않는다'고 말하였다. 도덕경 전체 81장의 뜻은 모두 남을 위하고 다투지 않는 데 있으므로 이 구절로 끝을 맺은 것이다.

言信者, 質而無采, 言美者, 華而無實. 善故不辯, 不辯不足掩其善. 辯由不善, 不善不能飾以辯. 知者不博, 一致而該萬殊. 博者不知, 多聞而寡要旨. 言妙道不在於辯博華美之間. 眞知至善誠信之言, 又衆人所同忽, 此亦歎天下之莫己知也.

以力爲人, 以財與人, 則人共歸助, 力愈强而財愈富. 以道爲人, 以德與人, 則人共化服, 道愈大而德愈盛. 此爲人與人, 愈有愈多之效, 而以不積爲積者也. 故曰, 天之道, 利物而不害於物, 聖人之道, 爲人而不爭於人. 八十一章之旨, 都在於爲而不爭. 故結之以此

부 록

『신주도덕경』에 나타난 박세당의 사상

1. 서문

서계 박세당(1629~1703)은 조선 중기의 사상가로서 실학의 선구자로 평가받고 있다. 그는 『주역』을 제외한 사서삼경을 원시 유학의 관점에서 재해석하면서 주희의 경전 해석 방식이 고원高遠하다고 비판하였는데,[1] 이것이 바로 그의 주저 『사변록』이다. 이 밖에도 박세당은 조선 사회에서 이단의 학문으로 배척되었던 노장에 대해 처음으로 전문을 주석함으로써 세상을 놀라게 했다. 이것이 『신주도덕경』과 『남화경주해산보』이다. 그는 여기서 유학의 관점으로 도가의 경전을 해석하면서 『도덕경』의 '박樸'(질質)을 도체道體로 해석하였다. 이런 점은 조선 중기 이후의 실학 사상과 깊은 관련이 있는 것으로 보인다.

박세당은 『사변록』에서의 주장과 달리 노장의 풀이에 주희의 체용론을 차용하였는데, 이런 사실은 이미 몇 편의 논문에서 언급된 바 있다.[2] 『사변록』의 관점과 『신주도덕경』에서 '박樸'을 '도체道體'로 주석한 것을 서로 종합해 보면, 실학의 효시로 평가받는 박세당의 사상이 어느 정도 분명해질 것이다. 박세당이 『신주도덕경』에서 주희의 체용론을 차용한 것은

---

1) 金學睦, 「朴世堂의 『新註道德經』 研究」(건국대학교 박사학위 논문, 1998), 43~49쪽.
2) 李種晟, 「西溪 朴世堂의 『新註道德經』에 있어서의 老子觀」, 『東洋哲學研究』 제16집(東洋哲學研究會, 1996); 曺玟煥, 「朴世堂의 老子理解」 -道의 體用論的 理解를 中心으로, 『道教文化研究』 第11집(1997).

『사변록』에서 주희의 고원한 사유 방식을 비판한 것과 상반되기 때문에 박세당의 사상 연구에 중요한 의미가 있다. 하지만 지금까지는 이에 대한 종합적 연구가 거의 이루어지지 않았다. 기존의 연구 결과에서 박세당은 반주자학자 또는 탈주자학자로 평가된다. 이런 평가는 노장에 대한 그의 주석보다는 주로 『사변록』에서 주희의 사유 방법이 성인의 평이한 가르침과 달리 고원하다고 비판한 것에 근거한다. 그런데 『신주도덕경』에서 주희의 형이상학적 사유 방식 곧 체용론을 대부분 그대로 수용한 것을 볼 때, 박세당을 반주자학자 또는 탈주자학자로 평하는 것은 분명한 해명이 필요하다.

박세당에 대한 기존의 연구 결과와 『신주도덕경』의 입장을 종합해 보면, 그가 여러 관점에서 문文보다는 질質을 중시한 것을 확인할 수 있다. 이런 그의 관점은 '문질빈빈文質彬彬'이라는 『논어』의 구절을 근거로 문文에 치우친 당시 시대상을 비판하기 위한 것으로 보인다. 『사변록』에서 주희의 사유 방식을 비판하는 것도 '문질빈빈'의 맥락으로 설명할 수 있다. 박세당이 보기에 당시 집권층이 현실과 유리된 공허한 '명분'(文)을 근거로 치열한 권력 다툼을 벌인 것3)은 주희주의 고원성高遠性 때문이다. 곧 고원한 주희주를 통해 경서를 연마한 당시 학자들은 그 본래의 의도는 이해하지 못하고 도리어 형이상학적이고 관념적인 사유 방식에만 익숙해졌다. 박세당은 예송4)과 같은 공허한 정쟁政爭이 바로 주희의 고원한 사유

---

3) 尹絲淳, 「朴世堂의 實學思想에 관한 硏究」, 『亞細亞硏究』 15권 2호(통46호), 43쪽. "禮의 尊重 程度와 該博한 知識이 집권의 도구로 이용될 만큼 당시는 '禮'에의 信仰 時代'였다. 유학사에서 이 때를 가리켜 '禮學의 時代'라 하면서 宋浚吉, 朴世采를 위시한 學者들을 禮學派의 學者로 지목하는 것도 이 때문이다. 이를테면 西溪의 시대는 名分과 形式이 實利와 內容에 선행하는 풍조가 만연한 때이다."

4) 제1차 예송은 1659년 효종이 돌아갔을 때 계모인 慈懿大妃의 喪服을 송시열 등 西人의 주장에 따라 朞年制로 정했는데, 다음해 許穆이 상소로 3년설을 주장하면서 西人과 南人 사이에 예론이 벌어진 사건으로, 결국 서인의 기년설이 채택되었다. 제2차 예송은 1674년 효종비 仁宣王后가 돌아갔을 때 大王大妃의 상복에 대해 서인은 大功說을, 남인은 기년설을 주장함에 따라 쟁론을 벌인 사건으로 이 때는 남인의 기년설이 채택되었다. 박세당의 「禮訟辨」은 1차

방법 때문에 파생했다고 본 것이다. 이런 잘못된 영향을 바로잡기 위해 박세당은『사변록』을 저술했으며, 그 안에서 주희의 고원한 사유 방법을 버리고 다시 평이하고 실질적인 성인의 사유 방법을 회복하려 하였다.

박세당이 주희의 체용론으로『도덕경』을 풀이하면서도 '박樸'(질質)을 도체로 본 것은 '문질빈빈' 곧 성인의 말씀과 관련 있다. 그는 성인의 말씀을 근거로 문文보다 질質을 중시하는『도덕경』의 사상을 이용해 문文에 치우친 당시의 풍토를 비판하려 했다. 곧 문文에 치우친 당시 사람들에게 질質의 중요성을 외침으로써 '문질빈빈'을 이룩하려 한 것이다. 주희의 체용론으로『도덕경』을 풀이하기는 했지만 그 의도는 사람들에게 문에서 질로의 복귀를 외치는 것이었다. 그는 예禮나 문文으로서의 명분(名)을 도道의 용用으로, 질質로서의 박樸을 도道의 체體로 풀이했는데, 이는 '문질빈빈'에 근거하여 '문文'의 근본이 바로 '질質'(樸)임을 밝힌 것이다. 남상호는 공자의 '문질론文質論'이 '체용론體用論'으로 환원될 수 있음을 논증하고 있는데,[5] 노장에 대한 박세당의 체용론 역시 그 단적인 예라고 할 수 있다.『신주도덕경』에 부분적으로 공자의 문질론이 드러나는 것으로 보아, 박세당이『신주도덕경』에서 주희의 사유 방식을 차용했다고는 하지만 그 목적은 성인의 말씀을 따르려는 것임을 알 수 있다. 결국 박세당이『도덕경』을 주희의 고원한 사유 방식으로 풀이한 것은 주희를 계승하려는 것이 아니라 원시 유학으로 복귀하기 위해서임을 알 수 있다.

이 논문의 목적은 이상에서 언급한 것처럼『신주도덕경』이 주희의 형이상학적 사유 방법으로 풀이되었지만 그 이면에는 '문질빈빈'이라는 성인의 사유 방법이 전제되었음을 밝히는 것이다. 이런 점이 분명하게 정리되어야만 박세당의 사상은 보다 종합적으로 드러날 것이다. 곧

예송에 입장을 피력한 것이다. 자세한 것은『韓國哲學研究』 2집에 실린 尹絲淳의「朴世堂의 實學思想」을 참고하기 바란다.

5) 남상호,「공자의 문질빈빈적 방법」,『중국철학방법사』(강원대학교 출판부, 1997).

박세당이 노장의 주석에서 주희의 사유 방식을 차용한 것은 『사변록』과 상반된 것이기에 이상과 같은 점들이 분명하게 설명될 때 그 사상이 더욱 확고한 기반 위에 정리될 것이다.

2. 『도덕경』에 대한 박세당의 입장

박세당은 「신주도덕경서新註道德經序」에서 노자에 대한 자신의 입장을 간략하게 표현했다. 이는 대략 다음의 세 가지로 정리할 수 있다. 첫째, 노자의 도는 성인의 법에 합치하지는 않지만 그 의도는 수기치인修己治人을 하는 데 있다. 둘째, 노자의 말은 간략하지만 그 의미는 깊어서 정사政事에 유익하다. 셋째, 노자의 말은 앞의 두 가지 긍정적인 면이 있음에도 불구하고 진대晉代의 학자들에 의해 허황되게 곡해되었고, 또 후대에까지 계속 그 유풍이 와전되었으므로 이를 바로잡기 위해 자신이 주석서를 내게 되었다.[6] 이와 같은 박세당의 입장이 분명하게 설명될 때, 『신주도덕경』에 보이는 체용론도 함께 밝혀질 것이다.

위 세 가지 중 첫 번째는 쉽게 이해할 수 있다. 『사변록』에서 박세당이 주희의 고원한 경전 해석 방식을 비판한 것을 보면, "노자의 도가 성인의 법에 합치하지 않는다"는 말은 쉽게 이해된다. 곧 박세당이 보기에 간략하면서 의미가 깊은 『도덕경』은 일반이 이해하기 어렵기 때문에 평탄하게 사람들을 인도하는 성인의 법과는 다른 것이다. 그리고 『도덕경』의 내용

---

6) 『新註道德經』, 「新註道德經序」, "其道雖不合聖人之法, 其意亦欲修身治人. 盖其言約, 其旨深. 自漢以前, 尊用其術, 上而爲君能行恭默之化, 下而爲臣, 能爲淸靜之治. 及晉之世, 士之狂誕者, 託爲玄虛無實之談, 眇茫不可涯之說, 以飾其僞, 以欺一世. 天下翕然同趨, 而風俗大亂, 晉室遂傾. 老子之道, 夫豈然哉. 其遺風餘烈, 歷世猶存. 是以後之說老子者, 多宗晉人以爲微言妙義, 訛而又訛, 益可悲也…… 老子雖非聖人之道, 其書旣行於世, 要不可使其意不明, 重誤後世. 故輒於暇日, 略爲疏釋云爾."

이 대부분 마음 비움과 성인의 다스림에 대한 것이기 때문에 "노자의 의도가 수기치인에 있다"는 말 역시 상식적으로 이해할 수 있다.

그런데 두 번째 것은 쉽게 이해가 가지 않는다. "노자의 말이 간략하지만 의미가 깊어서 정사에 유익하다"라는 박세당의 평가는 『사변록』에서 주희주가 고원하다고 비판한 입장과 상반되기 때문이다. 아마도 박세당이 정사에 유익하다고 평한 것은 문文보다 질質을 강조하는 노자의 사상 때문으로 보이는데, 이는 앞으로 자세하게 논의할 문제이다.

이에 비해 세 번째 것은 이유석노以儒釋老의 입장에서 이도석노以道釋老의 입장에 있는 진대晉代의 학풍과 그 유풍을 부정한 것인데, 『신주도덕경』에서 이에 대한 언급은 더 이상 찾아보기 어렵다. 옮긴이의 추측으로는 왕필의 노자주와 그 영향을 받은 주석서를 부정하는 것으로 보인다. 그러나 이 문제는 진대晉代의 학풍을 자세하게 논의한 다음, 그 유풍을 이어받은 여러 주석서를 함께 언급해야 하는 것이기 때문에 이 글에서 간단하게 논의할 수 있는 문제는 아니다.

이상에서 알 수 있듯이 박세당은 『도덕경』이 수기치인修己治人과 정사政事에 유익하다고 보았다. 따라서 이 논문의 주요 과제는 주로 앞에서 말한 두 번째 문제 곧 박세당이 『도덕경』의 어떤 점을 정사政事에 유익하다고 보았는가에 대한 해명과, 이와 관련해 『사변록』에서 비판했던 주희의 고원한 사유 방식으로 『도덕경』을 풀이한 이유에 대한 설명이다. 박세당이 문보다 질을 강조하는 『도덕경』의 사상을 주희의 사유 방식으로 해석한 것은 서로 긴밀하게 관련된 것으로 보이지만 간단하게 이해할 수 있는 문제는 아니다. 주희의 사유 방식을 이용해 문보다 질을 강조하는 『도덕경』의 심오한 사상을 부각시켰다는 것까지는 납득이 되지만, 『사변록』에서 부정한 주희의 사유 방식을 『도덕경』의 풀이에 적용했다는 것은 쉽게 이해할 수 없는 것이다. 그러면 이상의 과제를 어떻게 해결할 수 있는지 살펴보자.

3. 『신주도덕경』에 나타난 박세당의 체용론

1. 주희의 사유 방식 차용

1. 도체명용론道體名用論

비록 박세당이 체용體用으로 『도덕경』과 『장자』를 해석했다고는 하지만, 『신주도덕경』과 『남화경주해산보』만으로 체용 개념에 관한 그의 견해를 정확히 알기는 어렵다. 『도덕경』이나 『장자』의 주석에서 체용론 자체에 대해 명확히 정의하지 않은 채 사용하였기 때문이다. 체용에 관한 더 이상의 설명은 『사변록』을 통해서도 알 수 없다. 『사변록』의 초점은 주희의 형이상학적이고 관념적인 경전 해석 방식을 거부하고 평이하게 경전을 주석하는 데 있기 때문에, 주희에 대한 직접적 비판을 제외하면 체용에 관한 언급은 더욱 찾아보기 어렵다.

박세당은 『사변록』에서 주희의 형이상학적이고 관념적인 특성을 비판하였지만, 이와 달리 『도덕경』의 주석에서는 주희 성리학의 본체론적 특성을 대체로 차용하였다. 『신주도덕경』에 나타난 체용에 관한 언급을 보면 이런 점이 드러난다. 특히 1장에서 박세당은 도道를 체體로, 명名을 용用으로 주석하고, 여기에 기초해 나머지 장도 풀이하고 있다.

도道는 본체(體)를, 명名은 작용(用)을 가리킨다. 도는 명을 작용으로 하고 명은 도를 본체로 하는데, 본체와 작용 이 두 가지는 어느 하나도 없앨 수 없는 것이다. 따라서 도만으로 도가 된다면 작용이 없어서 본체 스스로 확립될 수 없으니 이른바 상도가 아니다. 또 명만으로 명이 된다면 본체가 없어서 작용 스스로 이루어질 수 없으니 이른바 상명이 아니다.…… 무명의 본체는 리理가 천지에 앞서 갖추어지는 것이고 유명의 작용은 상象이 만물의 초기에 생겨나는 것이다. 본문의 상무常無는 앞에 나온 상도常道와 무명無名을 아울러 '본체'를 얘기한 것으로, 거기에서 지극히 묘한 이치(理)가 모든 현상(萬象)을 포함한다는 것을 보려 하였다. 또 본문의 상유常有는 그 앞에 나온 상명常名과 유명有名을 아울러 '작용'을 말한 것으로, 거기에서 지극히 드러나는 현상들이 하나의 이치에 근원한다는 것을 보려 하였다. 본체는 작용을 떠나지 않고 작용은 본체를 떠나지 않는다. 유와 무 양자의 근본은 하나이니 이름은 다르지만 똑같이 현묘하다고 하는 것이다.……7)

박세당은 『도덕경』의 도道를 체體로, 명名을 용用으로 분속시키면서 동시에 체體와 용用이 서로 분리될 수 없음을 언급하고 이어 체體를 리理로, 용用을 상象으로 연결시키면서 다시 체體와 용用이 분리될 수 없다고 말하였다. 곧 체體 속에 용用이 있고 용用 속에 체體가 있다는 것이다. 결국 그는 1장의 도道·상도常道·무명無名을 체용體用의 체體에, 명名·상명常名·유명有名을 체용體用의 용用에 해당하는 것으로 보고, 리理와 상象으로 그것들의 관계를 설명하였다. 그런데 이것은 정이程頤가 「역전서」에서 "지극히 은미한 것은 리理이고 지극히 드러나는 것은 상象이니, 체와 용의 근원은 하나이며 드러나는 것과 은미한 것은 차이가 없다"8)라고 한 말과 직결된다. 곧 박세당이 『도덕경』의 핵심 용어들을 1장에서 체용으로 환원시켜 리理와 상象으로 연결시킨 것은 정이가 체體와 용用을 리理와 상象으로 연결시킨 것과 동일하다. 정이의 이 구절에 주희가 달아 놓은 주도 함

---

7) 같은 책, 1장 주, "道者體, 名者用. 道以名爲用, 名以道爲體, 體用二者, 廢一不可. 故道而但可謂道, 則無其用而體不能自立, 非所謂常道矣. 名而但可謂名, 則無其體而用不能自行, 非所謂常名矣.…… 無名之體, 理具於天地之先, 有名之用, 象生於萬物之初. 常無云者, 該上常道無名, 以言其體, 於此欲以觀至妙之理, 包含萬象. 常有云者, 該上常名有名, 以言其用, 於此欲以觀至著之象, 根源一理. 體不離用, 用不離體. 有無兩者, 其本一, 而異其名, 同謂之玄.……"

8) 『周易』, 「易傳序」, "至微者理也, 至著者象也. 體用一源, 顯微无間."

께 살펴볼 필요가 있다.

주희가 다음과 같이 말했다. "(程頤가) 지미자리야至微者理也, 지저자상야至著者
象也, 체용일원體用一源, 현미무간顯微无間이라고 한 것)은, 리理로 말하면 체體
에 용用이 내재함을 뜻하니 이것이 이른바 '일원一源'이다. 또 상象으로 말하면
'드러나는 것'(顯)에 '은미한 것'(微)이 포함될 수밖에 없음을 뜻하니 이것이 이
른바 '무간无間'이다." 또 이렇게도 말하였다. "체용일원體用一源이라는 것은
지극한 이치로 말하자면, 고요하게 비어서 조짐은 없지만 이미 만상萬象을 분
명하게 갖추고 있다는 뜻이다. 또 현미무간顯微无間은 지극히 드러나는 상象을
기준으로 말하자면 모든 사물에 리理가 존재한다는 뜻이다. 리를 말할 때는 체
體를 앞세우고 용用을 뒤로 한다. 따라서 체를 예로 들었지만 용의 리 또한 이
미 갖추고 있으니, 이것이 근원(源)이 하나인 이유이다. 또 사事를 말할 때는 드
러나는 것을 앞세우고 은미한 것을 뒤로 한다. 따라서 사에 나아갔지만 리라는
체 또한 알 수 있으니, 이것이 '무간'인 이유이다."[9]

정이나 주희의 핵심은 체와 용이 서로 분리될 수 없음을 리理와 상象으
로 설명하고 있다는 것이다. 박세당이 주에서 "무명지체無名之體, 리구어
천지지선理具於天地之先, 유명지용有名之用, 상생어만물지초象生於萬物之
初…… 지묘지리至妙之理, 포함만상包含萬象…… 지저지상至著之象, 근원
일리根源一理"라고 하면서 "체불리용體不離用, 용불리체用不離體"라 한 것
은 정이나 주희의 사유 방식을 이어받은 것으로 볼 수밖에 없다.[10]

---

9) 같은 책, 같은 글, 세주, "朱子曰, 至微者理也, 至著者象也. 體用一源, 顯微无間. 蓋自理而言,
則卽體, 而用在中, 所謂一源也. 言事, 則卽顯, 而微不能外, 所謂无間也. 又曰, 體用一源者,
以至微之理言之, 則沖漠无朕, 而萬象昭然已具也. 顯微无間者, 以至著之象言之, 則卽事卽
物, 而此理无所不在也. 言理, 則先體而後用. 蓋擧體, 而用之理已具, 是所以爲一源也. 言事,
則先顯而後微. 蓋卽事而理之體可見, 是所以爲无間也."
10) 불교의 영향도 고려해 볼 필요가 있으나 그럴 가능성은 희박하다. 『西溪全書』 권7, 「論韓歐
排學屠」에서 "불교는 이론적으로 배척할 필요도 없다"(異端之在天下, 其亦猶大息也, 而佛其
甚者也. 其好之者, 亦逐臭之類也, 不足與爲究論也, 明矣)라고 하고, 또 『南華經註解刪補』,
「在宥」, 568쪽의 "至道之精, 窈窈冥冥, 至道之精昏, 昏昏默默"에 대한 註에서 "송대부터 禪
을 하는 자들이 노장을 잘못 해석했다"(蓋宋代以來, 人少有不爲禪者. 輒復以此釋他文, 其解

1장의 내용은 박세당에게 본체와 그 체득에 관한 것으로『도덕경』의 기본 골격이라 할 수 있다. 1장을 제외한 나머지는 대부분 1장의 내용을 보충 설명하면서 도에 따라 정사를 행하고 삶을 유지하는 것에 대해 언급하고 있다.『도덕경』의 이 같은 구조는 유학의 수기치인修己治人과 잘 부합한다. 이런 점에서 박세당이『신주도덕경』서문에서『도덕경』을 수기치인과 연결시키고 있는 것은 자연스럽다고 할 수 있다. 수기치인을 위해서는 그것의 본체론적 토대와 그 체득이 전제되어야 한다. 따라서 박세당은『신주도덕경』1장에서 수기와 치인의 근거인 도道와 그 체득에 대해 명名과 관련지으면서 성리학의 체용론으로 개괄하고 있는 것이다.

2. 태극으로서의 무無

박세당이 1장의 내용에 맞추어 자신의 사상적 개요를 체용으로 언급한 것은 주석가라는 입장을 충실히 지킨 것이다. 주석가의 입장에서 자신의 본체론적 사상을 최대한 언급할 수 있는 곳은 42장의 "도생일道生一, 일생이一生二, 이생삼二生三, 삼생만물三生萬物" 구절이다. 이 구절을 살펴보면 박세당의 본체론적 기반이 어느 정도 드러날 것인데, 그는 여기서 일一·이二·삼三을 각각『주역』의 태극太極·양의兩儀·삼재三才로 주석하였다.

하나(一)는 태극이다. 노자의 도는 무無를 으뜸(宗)으로 삼기 때문에 "도에서 하나가 나온다"고 하였다. 둘(二)은 음과 양兩儀이고, 셋(三)은 삼재三才이다. "셋에서 만물이 나온다"는 말은 '세 가지 극'(三極)이 확립되어 만물이 나온다는 뜻이다.[11]

박세당의 주석은 일一·이二·삼三을 태극太極·천지天地·삼재三才로

老莊爲尤甚, 不知其實非也라고 한 것이 이를 뒷받침한다.
11)『新註道德經』, 42장 주, "一太極. 老子之道, 以無爲宗, 故曰道生一. 二兩儀. 三三才. 三生萬物, 三極立, 而萬物生也."

주석한 임희일의 영향도 받은 것으로 보이는데,[12] 이는 모두 『주역』「계사전」에 의거한 것이다. 곧 "역에 태극이 있으니, 이것이 양의를 낳고, 양의가 사상을 낳고, 사상이 팔괘를 낳는다"[13]는 구절과 "역이라는 책은 광대하며 모두 갖추고 있어 그 안에 천도天道가 있고 인도人道가 있고 지도地道가 있으니, 삼재三才를 아울러 두 개씩 겹쳤으므로 6획으로 이루어졌다. 6획은 다른 것이 아니라 삼재의 도이다"라는 구절을 응용한 것이다.[14] 단지 사상四象에 대한 언급을 삭제하고 만물에 대한 언급을 첨가했을 뿐이다. 이는 「주자본의朱子本義」에서도 확인할 수 있다.

일一이 매양 이二를 낳는 것은 자연自然의 리理이다. 역이란 음과 양의 변화이고 태극이란 그 리理이다. 양의란 (태극으로부터) 비로소 한 획이 되어 음과 양으로 나누어진 것이고, 사상이란 그 다음에 (음양으로부터) 두 획이 되어 태(태양과 태음)와 소(소양과 소음)로 나누어진 것이며, 팔괘란 다음에 (사상으로부터) 세 획이 되어 삼재의 상象이 비로소 갖추어진 것이다.[15]

여기에서도 "태극이란 그 리理이다" 이상의 구절과 사상에 대한 언급만 제외하면 박세당의 주석과 잘 부합한다. 이것으로 보아 박세당은 리학의 사유 구조를 이어받으며 『주역』의 논리로 42장을 주석했음이 분명하다. 그런데 문제는 도道와 일一의 관계이다. 곧 '도생일道生一'에서 일一이 태극太極이라면 도道는 무엇인가 하는 점이다.

박세당이 일一을 태극太極, 이二를 음양陰陽, 삼三을 삼재三才로 주석했

---

12) 『道德眞經口義』, 42장 주, "일은 태극이고, 이는 천지이고, 삼은 삼재인데 (이것들이) 모두 무에서 나왔다는 말이다."(一太極也. 二天地也. 三三才也. 言皆自無而生.)

13) 『周易』, 「繫辭上」, 11장, "是故易有太極, 是生兩儀, 兩儀生四象, 四象生八卦."

14) 같은 책, 「繫辭下」, 10장, "易之爲書也, 廣大悉備, 有天道焉, 有人道焉, 有地道焉. 兼三才而兩之, 故六. 六者非他也, 三才之道也."

15) 같은 책, 「繫辭上」, 11장 本義 "一每生二, 自然之理也. 易者, 陰陽之變. 太極者, 其理也. 兩儀者, 始爲一畫, 以分陰陽, 四象者, 次爲二畫, 以分太少, 八卦者, 次爲三畫, 而三才之象, 始備."

을 때, "일생이—生二, 이생삼二生三, 삼생만물三生萬物"은 상위 개념과 하위 개념의 관계에 있다. 그렇다면 도와 일 곧 도와 태극도 상·하위 개념의 관계로 설명해야 한다. 그런데 "노자의 도道는 무無를 으뜸으로 삼기 때문에 '도道에서 하나가 나온다'고 하였다"16)라는 말의 의미를 생각해 보면, 박세당은 도道를 무無로 본 듯하다. 다시 말해 도道와 일—의 관계는 상위와 하위 개념의 관계가 아니라 일— 곧 태극太極이 형체가 없다는 의미에서 도道와 동일하게 본 것으로 생각된다.17)

이 같은 박세당의 입장은 무와 도 그리고 태극을 동일하게 보는 것이다. 이것은『도덕경』의 궁극 개념을 태극으로 보는 것이기 때문에 중요한 의미를 가진다. 박세당은 이 점에 대해『남화경주해산보』에서도 단호하고 분명하게 밝히고 있다.

이 구절의 태일太—은『주역』에서 말한 태극이다.…… 노자가 무無로 이론을 세웠다는 것이 이것이다.…… 성인이란 사물의 법칙을 극진하게 해서 천리에 합일한 자이다. 천리를 구하는 것이라면 태극일 뿐이다.…… 그러므로 나는 태극에 미치지 못한 것은 '성인의 도'(聖道)가 아니며, 태극을 지나친 것도 성인의 도가 아니라고 한다.18)

박세당은『도덕경』의 근본 개념인 일—을『주역』의 태극으로 봄으로써『도덕경』주석에 본체론적 기반을 굳건히 했다. 이는 유학의 경전으로『도덕경』을 설명할 수 있다는 이유석노以儒釋老의 입장을 분명히 드러낸 것이다. 그러나 유학의 경전을 기반으로 삼고 있을지라도 그 구체적 해석 방

---

16)『新註道德經』, 42장 주, "一太極. 老子之道, 以無爲宗, 故曰道生一."
17) 이 부분은『中庸思辨錄』의 道 곧 性에 따라 일(事)을 행하는 것으로도 볼 수 있다. 이에 대한 자세한 것은「Ⅳ.『新註道德經』에 나타나는『思辨錄』의 관점」에서 다루겠다.
18)『南華經註解』,「天下」, 三十三, "建之以常無有, 主之以太一"에 대한 註, "此所謂太一者, 卽易所謂太極也.…… 老氏所謂建之以無者, 是也.…… 聖人者, 盡物之則, 以合於天之理者也. 求天之理, 則太極而已.…… 余故曰, 不及於太極者, 非聖道也, 過於太極者, 非聖道也."

식은 송대 성리학임을 염두에 두어야 한다.

박세당이 『신주도덕경』 1장에서 도道를 체體로, 명名을 용用으로 주석하면서 각각 리理와 상象으로 환원시킨 것은 『도덕경』의 중심 개념을 성리학의 체용 논리로 풀은 것이며, 42장에서 일一과 무無를 『주역』의 태극으로 주석하면서 『남화경주해산보』에서 성도聖道의 기준이라고 한 것은 노장의 해석 근거를 유가의 고전에서 확립한 것이다. 따라서 이제는 『도덕경』의 무와 『주역』의 태극이 어떻게 연결되는지 고찰해야 한다. 그런데 『도덕경』 21장의 주에서 '무극이태극無極而太極'이라는 주돈이의 말을 언급한 것19)으로 보아 「태극도설」도 함께 살펴보아야 할 것 같다. 이를 위해 먼저 『신주도덕경』 1장에서 태극으로 환원될 수 있는 개념이 무엇인지 살펴보자.

박세당은 42장의 주에서 일一과 무無를 태극太極이라고 했는데, 1장에서 무無는 도道의 체體이다.20) 1장에서 도道·무명無名·리理·상도常道가 모두 도道의 체體이기 때문에 이것들은 모두 태극太極이 된다. 다른 장에서 상常21)·시始22)·모母23)·박樸24)도 마찬가지이다. 박세당에게 도道·무無·일一·무명無名·리理·상도常道·상常·시始·모母·박樸은 도체道體로서 태극과 동일한 차원에서 함께 논의할 수 있는 것들이다. 그런데 이 가운데 도道·무無·일一·무명無名·상도常道·상常·시始·모母·박樸은 도가의 주요 개념이며, 도체道體·리理·태극太極은 유가 특히 성리

---

19) 『新註道德經』에서 42장의 주를 제외하면 태극을 직접 언급한 곳은 없다. 단지 21장의 주에서 "無極而太極"이라는 주돈이의 말을 한 번 언급했을 뿐이다.

20) 『新註道德經』, 1장 주, "體不離用, 用不離體. 有無兩者其本一, 而異其名, 同謂之玄."

21) 같은 책, 16장 주, "常은 항구한 이치를 말한다. 음과 양이 열리고 닫힐 때 한 번은 움직이게 하고 한 번은 고요하게 하는 것, 이것이 곧 항구한 이치라는 말이다."(常謂常久之理. 言陰陽開闔, 一動一靜, 此乃常久之理也)

22) 같은 책, 52장 주, "始爲道之本體."

23) 같은 책, 20장 주, "母者道也. 道生萬物. 故曰母.…… 求食於母, 以道自養也."

24) 같은 책, 28장 주, "樸言其質也, 質者道之體."; 37장 주, "樸卽無, 爲敦質之體, 而爲道之本. 故曰無名."

학의 주요 개념이다. 그리고 성리학의 주요 개념 중 태극은 박세당에게 성학聖學의 기준임을 염두에 두어야 한다.

질박함(樸)은 곧 무無이니, '도탑고 질박한 본체'(爲敦質之體)이며 도의 근본이기 때문에 '이름 없음'(無名)이라고 하였다.[25]

'일一'은 잡된 것 없이 순수한 하나를 말하니, 곧 도의 본체이다.[26]

'하나'(一)란 '도'를 말한다. '하나를 얻은 것들'이 모두 여섯 가지인데, 골짜기(谷)가 그 중 하나를 차지하고 있으니, 여기서 말한 하나라는 것이 바로 겸허한 본체임을 알 수 있다.[27]

인용문에서 보듯 박樸·무無·일一·도道는 동일하게 도체道體로 풀이된다. 박세당이 도道·무無·일一·무명無名·상도常道·시始·모母·박樸을 동일한 차원에서 풀이하고 있는 것은 이것들을 모두 도체道體로 보기 때문이다. 곧 그 각각은 도체의 다른 이름인 것이다. 태극도 마찬가지이다. 그러면 『신주도덕경』에서 이것들의 속성을 살펴보면서 『주역』과 「태극도설」의 태극과 연결점을 찾아보도록 하자.

박세당에게 도체는 감각을 떠나 있기 때문에 쉽게 형용할 수 없고,[28] 텅 비고 고요하며,[29] 잡된 것 없이 순수하고,[30] 겸허한 것[31]으로 묘사된

---

25) 같은 책, 37장 주, "樸卽無, 爲敦質之體, 而爲道之本, 故曰無名."
26) 같은 책, 10장 주, "一謂純一不雜, 道之體也."
27) 같은 책, 39장 주, "一者, 道也. 凡得一者六, 而谷居其一, 則知此所謂一者, 卽謙虛之體也."
28) 같은 책, 14장 주, "여기서는 도체가 미묘하여 보고 듣고 만질 수 있는 것이 아님을 표현하였다"(此形容道體之微妙, 非視聽控搏所及也); 같은 책, 25장 주, "그 이름을 알지 못하여 억지로 이름을 붙였다는 구절 역시 쉽게 형용하지 못하여 감히 딱 부러지게 말할 수 없다는 의미를 드러내고 있다…… 이와 같이 도체가 크다는 것을 더할 수 없을 만큼 표현하였다."(不知其名, 强爲之名, 亦見未易形容, 而不敢硬言之意.……所以形容其大也)
29) 같은 책, 4장 주, "도체는 본래 비어 있기 때문에 작용하여도 항상 채워지지 않는다"(道體本虛, 故用之常不盈); 같은 책, 45장 주, "이 다섯 가지는 모두 텅 비어 있는 고요한 본체를 말한다"

다. 이는 이유석노以儒釋老의 관점에서 이루어진 해석이지만『도덕경』의 주요 개념을 유가의 용어로 바꾼 것을 제외하면 정통 도가의 입장에서 크게 벗어나지 않는다.

다음 구절은「태극도설」의 태극과 직접 관련지어 언급한 것으로, 자세히 살펴볼 필요가 있다.

> (본문의) '도의 됨됨이'(道之爲物) 이하의 모든 구절은 도의 신묘함은 알 수 없지만 그 이치는 어디에나 사물에 따라 있는 듯하다(參前)[32]는 말을 하고 있다. 이는 지극히 비어 있으면서도 지극히 차 있으니, 이른바 (주역의) 형이상학적인 것(形而上者)[33]이다. 염계가 말한 "극이 없어서 가장 큰 극이다"(無極而太極) 역시 같은 뜻이다.[34]

박세당에게 도란, 그 신묘함은 알 수 없지만 그 리理는 사물 속에 내재하는 것이 분명하기 때문에 지극히 비어 있으면서 지극히 차 있는 것이다. 곧 형이상학적인 것으로, 그는 이런 의미를 다시 '무극이태극'이라는 주돈이의 말을 빌려 표현하였다. 그런데 박세당이 리학의 사유 구조를 그대로 이어받는다는 점에서「태극도설」과『주역』「계사상」의 태극에 대한 주희주를 살펴볼 필요가 있다. 다음 인용문은『신주도덕경』과 직접 연관된 부분이다.

(五者皆言虛靜之體); 같은 책, 40장 주, "도는 텅 비고 고요한 것을 본체로 삼는다."(道以虛靜爲體)

30) 같은 책, 10장 주, "일一은 잡된 것 없이 순수한 하나를 말하니, 곧 도의 본체이다."(一謂純一不雜, 道之體也.)

31) 같은 책, 39장 주, "하나란 도를 말한다. 하나를 얻은 것들이 모두 여섯 가지인데, 골짜기(谷)가 그 중 하나를 차지하고 있으니, 여기서 말한 하나라는 것이 바로 겸허한 본체임을 알 수 있다."(一者道也. 凡得一者六, 而谷居其一, 則知此所謂一者, 卽謙虛之體也.)

32)『論語』,「衛靈公」, 15장, "子張問行. 子曰, 言忠信, 行篤敬, 雖蠻貊之邦行矣.…… 立則見其參於前也, 在輿則見其倚於衡也, 夫然後行."

33)『周易』,「繫辭上」, "形而上者, 謂之道. 形而下者, 謂之器."

34)『新註道德經』, 21장 주, "道之爲物以下, 皆言其妙不可見, 其理則參前. 盖至虛而至實, 卽所謂形而上者. 濂溪云無極而太極, 亦此意也."

① 이것(○)이 이른바 '무극이태극無極而太極'이니, 움직여서 양이 되고 고요해서 음이 되는 본체이다. 그러나 음과 양을 떠나 있는 것이 아니니, 음과 양에 나아가 그 본체가 음과 양을 떠나지 않음을 가리켜 말했을 뿐이다.…… 그러므로 '역유태극易有太極'이라 한다.35)

② 상천上天이 하는 일은 소리도 없고 냄새도 없지만 실로 조화의 바탕이요, 모든 사물의 뿌리이다. 그러므로 '무극이태극'이라 하니, 태극 이외에 다시 무극이 있는 게 아니다.36)

③ 태극에 동정動靜이 있음은 바로 천명天命이 흘러가는 것이니, 이른바 '일음일양지위도一陰一陽之謂道'이다.…… 태극은 형이상의 도道이고 음양은 형이하의 기器이다. 때문에 드러나는 것을 보면 동정이 시時가 다르고 음양이 위位가 다르지만, 태극은 없는 곳이 없다. 그 은미한 것을 보면 조짐 없이 고요히 비어 있지만 동정과 음양의 이치는 이미 모두 그 안에 갖추어져 있다.37)

④ 역이란 음과 양의 변화이고, 태극이란 그 리理이다.38)

인용문 ①에서 본체와 음양이 서로 분리되지 않는다는 것은 『도덕경』 1장의 '체용불리體用不離'와 연결된다. 또 51장의 '도생지道生之'에 대한 주에서는 '리기불리理氣不離'로 나타난다.

---

35) 「太極圖說」, 주희주, "○ 此所謂無極而太極也, 所以動而陽, 靜而陰之本體也. 然非有以離乎陰陽也, 卽陰陽, 而指其本體不離乎陰陽, 而爲言耳.…… 故曰易有太極."
36) 같은 글, 無極而太極"에 대한 주희주, "上天之載, 無聲無臭, 而實造化之樞紐, 品彙之根柢也. 故曰無極而太極, 非太極之外, 復有太極也."
37) 같은 글, 「太極動而生陽"에 대한 주희주, "太極之有動靜, 是天命之流行也, 所謂一陰一陽之謂道.…… 太極形而上之道也, 陰陽形而下之器也. 是以自其著者而觀之, 則動靜不同時, 陰陽不同位, 而太極無不在焉. 自其微者而觀之, 則冲莫無朕, 而動靜陰陽之理, 已悉具於其中矣."
38) 『周易』, 「繫辭上」, 11장, "是故易有太極"에 대한 本義, "易者, 陰陽之變, 太極者, 其理也."

만물은 모두 음양의 기를 받아 태어나는데, 음양은 하나의 도이다. 그러므로 "도는 낳는다"고 하였다.[39)]

위 인용문에서 음양이 하나의 도이기 때문에 "도는 낳는다"고 말했다고 한 것도 음양이 분리되기 이전을 도로 보고 리기불리의 입장에서 음양이 하나의 도라고 주석한 것이다.

인용문 ②에서 "태극 이외에 다시 무극이 있는 게 아니다"라고 한 것은 『남화경주해산보』에서 '태극은 성도聖道의 기준'이라고 한 것과 『도덕경』 42장에서 '일을 태극이나 무로 본 것'과 연결되며, 인용문 ③은 체용불리의 관점을 갖고 본체에서 용用이 나오고 용은 체에 기반을 둔다는 것을 깨달으라는 의미로, 『신주도덕경』 1장의 "상무욕이관기묘常無欲以觀其妙, 상유욕이관기요常有欲以觀其徼"에 대한 주와 연결된다.

> 무명無名의 본체(體)는 리理가 천지에 앞서 갖추어지는 것이고, 유명有名의 작용(用)은 상象이 만물의 초기에 생겨나는 것이다. (본문의) 상무常無는 앞에 나온 상도常道와 무명無名을 아울러 본체(體)를 얘기한 것으로, 거기에서 지극히 묘한 이치(理)가 모든 현상(萬象)을 포함한다는 것을 보려 하였다. 또 (본문의) 상유常有는 그 앞에 나온 상명常名과 유명有名을 아울러 작용(用)을 말한 것으로, 거기에서 지극히 드러나는 현상들이 하나의 이치에 근원한다는 것을 보려 하였다.[40)]

위의 인용문에서 지극히 묘한 이치(理)가 모든 현상(萬象)을 포함한다는 것을 보고, 지극히 드러나는 상象이 하나의 이치(理)에 근원하고 있음을 보려 한다는 말은 리理와 상象 곧 체體와 용用의 불가분리不可分離를 언급한

---

39) 『新註道德經』, 51장 주, "萬物俱受陰陽之氣以生, 陰陽一道也. 故曰道生之."
40) 같은 책, 1장 주, "無名之體, 理具於天地之先, 有名之用, 象生於萬物之初. 常無云者, 該上常道無名, 以言其體, 於此欲以觀至妙之理, 包含萬象. 常有云者, 該上常名有名, 以言其用, 於此欲以觀至著之象, 根原一理"

것이다.

이상의 비교에서도 알 수 있듯 박세당은 『도덕경』에서 무無의 형이상학적 특성을 『주역』이나 「태극도설」의 태극으로 해석하면서 리학의 사유구조와 그대로 연결시켰다. 곧 박세당은 『도덕경』의 도道·무無·일一·무명無名·상도常道·상常·시始·모母·박樸을 『주역』이나 「태극도설」의 태극으로 환원시킴으로써 리학의 체용론과 리기론을 『도덕경』의 주석에 응용한 것이다. 이런 구조 아래 『도덕경』의 도道·무無·일一·무명無名·상도常道·상常·시始·모母·박樸은 도道의 체體로서 리理에 속하거나 형이상자가 되며, 명名·상명常名·유명有名·유有는 도道의 용用으로서 상象이 되고 기氣에 속하거나 형이하자가 된다.

2. 체용불리體用不離를 통한 문과 질의 조화

박세당은 『도덕경』의 근본 의도가 유학의 수기치인에 어긋나지 않는다고 보고, 1장에서 본체론적 근거인 도道와 그 체득에 대해 명名과 관련지으면서 성리학의 체용론으로 개괄하였다. 그리고 42장에서 『도덕경』의 근본 개념인 일一을 『역경』「계사상」의 태극太極으로 환원시킴으로써 유가의 논리로 『도덕경』을 해석할 수 있다는 본체론적 기반을 확고하게 마련하였다. 박세당이 성리학의 본체론을 『도덕경』의 주석에 적용한 것은 자신의 목적 의식 ─ 문文이 극성한 당시 상황에서 문文의 기반이 질質에 있음을 강조함으로써 『논어』의 '문질빈빈'을 이룩하려는 것 ─ 때문이다. 곧 성리학에서 도체인 리理를 『도덕경』의 무無나 박樸(質)과 동일시함으로써 도道의 용用에 해당하는 예禮나 문文으로서의 명名(명분)에 대해 평가 절하를 기도하고 있는 것이다. 다시 말해 박세당이 원시 유학의 '문질빈빈'을 성리학의 체용불가분리體用不可分離로 환원한 것은 문文의 기반이 질

質(樸)이라는 것을 보여 줌으로써 당시 문文의 극성을 비판하기 위해서이다. 박세당은『논어』의 '문질빈빈'에 근거해 질質보다 문文에 치우친 당시의 풍조를 질質로의 복귀를 강조하는『도덕경』의 사상을 이용해 바로잡으려는 것이다.

10장의 "천문개합天門開闔, 능무자호能無雌乎"에 대한 주석은 체용불리體用不離의 관점이 분명히 드러나는 것으로 특이하다. '능무자호能無雌乎'의 '무無'는 다른 판본에는 대부분 '위爲'로 되어 있다. 박세당 역시 이런 점을 알고 있었다.[41]

'천문이 열리고 닫히는 것'(天門開闔)은 '비어 있는 신묘함'(谷神)이 죽지 않기 때문이다. 그런데 온통 암컷의 성질뿐이라면 묘한 작용이 멈추어 버리므로 반드시 암컷의 성질을 없애려는 것이다.[42]

이 인용문에서 곡신谷神이나 암컷(雌)은 본체를 가리키는 것으로 보아야 한다. "온통 암컷의 성질뿐이라면 묘한 작용이 멈추어 버린다"는 구절이 이를 뒷받침한다. 이는 곧 용이 없이 체만 있어서는 안 된다는 말로, 체용불리라는 박세당의 관점이 잘 드러나 있다.

19장에서 "본문의 '이위문부족以爲文不足, 고영유소속故令有所屬' 두 구절은 무슨 뜻인지 잘 모르겠다"라는 주는 문文보다 질質을 중시하는 박세당 사상의 기본 방향이 잘 드러난다. 박세당은『도덕경』의 '문文'을 '문질文質'[43]의 '문文'으로 보고 있는데,[44] 19장의 본문과 그 주를 살펴보자.

---

41) 같은 책, 10장 세주, "無雌之無, 一作爲."
42) 같은 책, 10장 주, "天門開闔, 谷神之所以不死, 而一於雌, 則妙用息矣, 故欲其必無雌也."
43)『論語』,「雍也」, "質勝文則野, 文勝質則史, 文質彬彬, 然後君子."
44)『新註道德經』, 38장 주, "형식이 기승을 부리고 본질이 등한시되어 형벌과 법이 많아지므로 '예란 충성과 믿음이 희박해진 것이요, 혼란의 시작이다'라고 말하였다."(文勝質衰刑辟多, 故曰, 禮者忠信之薄, 而亂之首也.)

앎(聖)과 지혜를 끊어 버리면 백성의 이익이 백 배가 되고, 어짊과 의로움을 끊어 버리면 백성이 효성과 자애를 회복하며, 교묘함과 이로움을 끊어 버리면 도적이 없어진다. 이 세 가지는 (以爲文不足, 故令有所屬) 소박함을 알고 유지하며 사사로움과 욕심을 줄이게 한다.

絶聖棄智, 民利百倍, 絶仁棄義, 民復孝慈, 絶巧棄利, 盜賊無有. 此三者以爲文, 不足. 故令有所屬, 見素抱樸, 少私寡欲.

주: 이 장은 앞 장과 같은 의미이다. 성(聖)은 '알다'(知), '통달하다'(通)의 뜻이다. 지혜가 나오자 속임수가 생겼기 때문에 앎(聖)과 지혜를 끊고 없애려는 것이다. 속임수가 사라지면 피해(害)가 그치고, 피해가 그치면 이익이 배로 커진다. "이위문부족以爲文不足, 고영유소속故令有所屬" 두 구절은 무슨 뜻인지 잘 모르겠다. 임씨는 "성스러움과 지혜·어짊과 의로움·교묘함과 이로움이라는 세 가지는 도를 기준으로 보았을 때 꾸밈(文)이기 때문에 세상을 다스리기에 부족하다. 따라서 백성을 모아(屬) '소박함'(素·樸)을 알고 유지하며 사욕을 줄이게 해서 온 세상에 저절로 일이 없어지는 것만 못하다"고 풀이했다.

此亦猶上章之意. 聖, 知也, 通也. 智慧出而詐僞興, 故欲絶聖去智. 僞息則害止, 害止則利倍. 以爲文不足, 故令有所屬, 兩句未詳. 林氏曰, 聖智仁義巧利三者, 以道觀之, 是文也, 不足以治天下, 不若屬[45]民而使之見素抱樸, 少私寡欲, 而天下自無事矣.

본문의 '문文'을 박세당처럼 '문질文質'의 '문文'으로 해석하면, 본문의 '차삼자此三者' 이상의 구절은 문文을 버리고 질質을 추구하는 것으로 풀이할 수 있기 때문에 별 문제가 없다. 그런데 문제는 그 이하의 구절이다. 곧 "이 세 가지는 문文이 부족한 것이다"라고 풀이하면, 문文이 부족하므로 그것을 다른 방법으로 보충해야 한다는 뜻이 되어서 앞 구절의 의도와 어긋난다. 이 때문에 잘 모르겠다고 한 것이다.[46] 왕필王弼은 이 구절의

---

45) 『道德眞經口義』, 19장 주, "屬猶周禮屬民讀法之屬也."
46) 박세당이 이 구절을 잘 모르겠다고 하면서 임희일의 주석을 완전히 인정하지 않는 것은 본문

'문文'을 글자 그대로 '글' 곧 '표현'으로 보았다.[47] 곧 사람들에게 위의 세 가지만을 행동 강령으로 제시하면 사람들이 그 의미를 제대로 이해할 수 없기 때문에, 직접 따를 수 있는 행동 강령을 구체적으로 제시해 주어야 한다는 것이다.

박세당은 『역경』과 「태극도설」을 기본으로 주희주의 체용론에 의거하여 『도덕경』을 주해했다. 표면상으로는 『도덕경』이 사람들에게 곡해되어 왔기 때문에 그것을 바로잡기 위해서였다지만, 근본 목적은 다른 데 있었다. 곧 박세당은 문보다는 질을 강조하는 『도덕경』의 사상이 자신과 일치하기 때문에 이것을 이용해 실질보다 명분에 치우친 당시 시대상을 비판하려 했던 것이다. 이는 또한 '문질빈빈'이라는 성인의 말씀을 따르려는 것이다. 이런 목적 의식 아래 19장의 '문文'을 '문질文質'의 '문文'으로 볼 경우, 이 구절을 적절하게 주해할 길은 없어진다.

체용불리에 대한 박세당의 입장을 당시 현실에 적용할 경우, 질質을 도외시하고 문文으로서의 예禮를 숭상하는 당시 학자들의 태도에 대한 비판으로 볼 수 있다. 비록 공자가 항상 지켜야 할 것으로 예禮를 강조하기는 했지만, 그것은 문文으로서의 예가 아니라 문文과 질質이 어우러져 조화를 이룬 예이다. 당시는 문으로서의 예가 극성하던 때로, 『신주도덕경』에도 이에 대한 비판이 나타나고 있다.

의 맥락과 다소 차이가 있기 때문인 듯하다. 곧 경문 "此三者, 以爲文不足, 故令有所屬"을 임희일의 견해대로 구두하면 "此三者, 以爲文, 不足, 故令有所屬"이라고 해야 한다. 다시 말해 경문의 '此三者'를 "絶聖棄智, 絶仁棄義, 絶巧棄利"가 아니라 "聖智·仁義·巧利"로 보고, 다시 경문의 '不足'에 '以治天下'를 첨가해 '不足以治天下'라고 한 임희일의 주는 자신의 주관에 따라 경문을 변형한 것으로 볼 수 있다.

47) 『道德經』, 19장 왕필주, "성스러움과 지혜는 재능의 최고 경지이고, 어짊과 의로움은 행위의 최고 덕목이며, 교묘함과 이로움은 용도의 최고 기준이다. 그런데 곧바로 끊으라 하면 표현(文)이 매우 부족하니, 속할 곳을 두지 않고는 그 취지를 드러낼 수 없다. 그러므로 본문에서 '이 세 가지로 표현을 했지만 충분치 못하므로 사람들이 속할 곳이 있게 했다'고 하였으니, 素樸과 寡欲에 속하게 한 것이다."(聖智, 才之善也. 仁義, 人之善也. 巧利, 用之善也. 而直云絶文甚不足, 不令之有所屬, 無以見其指. 故曰此三者以爲文而未足, 故令人有所屬, 屬之於素樸寡欲.)

형식(文)이 기승을 부리고 본질(質)이 등한시되어 형벌과 법이 많아진다.…… 옛
날의 사례를 많이 아는 것을 예로 여기면서 '도의 내용'(道之實)이 아니라는 것
을 모르니, 자신을 어리석게 만들고 나서 후대의 사람까지 어리석게 만든다.
그러므로 '어리석음의 시작'이라고 한 것이다.[48]

위 인용문에서 사람들이 옛날의 사례를 많이 아는 것을 예로 여기고 그
것이 '도의 내용'(道之實)이 아니라는 것을 모른다고 한 것은 사람들이 예
를 도의 내용으로 오해한다는 지적이다. 이것은 바로 박세당이 『도덕경』
을 통해 문文으로서의 예에 매몰된 당시 학자들을 비판한 것이다.

이 인용문을 1장의 체와 용이 서로 분리될 수 없다는 논지와 연결지으
면, 명名으로서의 용은 그 내용인 도로서의 체와 분리될 수 없다는 지적이
된다. 옛날의 일을 많이 아는 것으로서의 예禮는 '도의 내용'(道之實) 곧 도
체가 아니라 한갓 도의 용에 지나지 않는다는 것이다. 여기서 박세당이
『도덕경』 1장의 명名을 문이나 명분 또는 예로 파악하였음을 알 수 있다.
다시 말해 박세당은 옛날의 일이나 예에 근거한 당시의 명분론을 도의 용
인 명으로 본 것이다. 이에 비해 박세당에게 『도덕경』의 박樸은 당연히
'질박한 것'(質)으로서 '도의 근본'(道之本)이고 '도의 체'(道之體)이다.[49] 그
러나 명분이 도의 용으로서 도체를 근본으로 하더라도 체만 강조해서도
안 된다. 곧 체와 용은 항상 서로 유리되어서는 안 되고 조화를 이루어야
한다. 10장에서 "온통 암컷의 성질뿐이라면 묘한 작용이 그쳐 버린다"고
한 것은 바로 이를 두고 한 말이다.

이러한 박세당의 입장은 문과 질의 조화를 강조하면서 문은 질에 기반

---

48) 『新註道德經』, 38장 주, "文勝質衰而刑辟多.…… 多識前古以爲禮, 而不知非道之實, 旣以
自愚, 又愚後人, 故曰愚之始."
49) 같은 책, 28장 주, "樸, 言其質也, 質者道之體. 樸散而爲器, 言道生天地萬物也.…… 今按用
者, 用, 樸也, 所謂復歸於樸, 是也"; 같은 책, 32장 주, "樸卽道也, 所謂無名之樸, 是也"; 같은
책, 37장 주, "樸卽無, 爲敦質之體, 而爲道之本, 故曰無名."

을 두어야 함을 강조하는 것이다. 당시의 예송 논쟁은 바로 도체를 체득하지 못하고 한갓 도의 용으로서의 예에만 집착하여 생긴 것이다. 곧 문이나 예를 근거로 명분만 따질 것이 아니라 도의 본질을 알고 거기에 맞추어 모든 것을 처리해야 하는 것이다. 바로 이런 점에서 박세당이 성리학의 사유 방식인 체용론으로 『도덕경』을 주석하면서도 『사변록』에서의 주장처럼 여전히 원시 유학 곧 '문질빈빈'으로의 복귀를 꾀하고 있다는 것이 드러난다. 박세당이 체용의 사유 구조 아래 『논어』의 문과 질을 『도덕경』의 도와 명 곧 도의 체와 도의 용으로 풀이하면서 체용불리를 외친 것은 결국 『논어』의 '문질빈빈'을 기초로 하고 있는 것이다.

4. 『신주도덕경』에 드러나는 『사변록』의 관점

『신주도덕경』에 『사변록』의 관점이 분명하게 드러나는 구절은 없다. 다만 『도덕경』 10장의 "재영백포일載營魄抱一, 능무리호能無離乎" 구절에 대한 박세당의 주가 『중용사변록』의 관점에서 명료하게 해석된다는 것뿐이다. 박세당의 주를 먼저 보고 여기서 나타나는 문제를 살펴보자.

> 영營은 '혼魂'이고 '신神'이며, 백魄은 '정精'이고 '기氣'이다. 재영백載營魄은 혼魂을 백魄에 싣는다는 뜻으로, 사람을 수레에 태우는 것과 같다. '일一'은 잡된 것 없이 '순수한 하나'(純一)를 말하니 곧 도의 본체이다. 백魄이 혼魂을 싣고 혼魂이 하나(一)를 껴안을 수 있다면 도와 합일할 수 있다. 분리되면 도에서 멀어지기 때문이다.[50]

---

50) 같은 책, 10장 주, "營, 魂也. 神也. 魄, 精也. 氣也. 載營魄, 謂載魂於魄, 猶載人於車. 一謂純一不雜, 道之體也. 魄能載魂, 魂能抱一, 則能與道合. 離則遠於道矣."

위 인용문에서 박세당은 도道와 합일하려면 백魄이 혼魂을 싣고 혼이 일一을 껴안을 수 있어야 한다고 했는데, 바로 여기에 문제가 있다. 곧 도와 일은 똑같이 태극으로 환원될 수 있기 때문에 도와 일의 관계가 문제인 것이다. 박세당이 "백이 혼을 싣고 혼이 하나를 껴안을 수 있다면 도와 합일할 수 있다"고 했을 때, 최소한 도와 일을 동일하게 태극으로 보지는 않았을 것이기 때문이다. 이런 점에서『신주도덕경』10장 주 가운데 "(魂能抱一, 則能與道合) 이즉원어도의離則遠於道矣"를『중용사변록』에서 "도야자불가수유리야道也者不可須臾離也, 가리비도야可離非道也"에 대한 주와 비교해 볼 필요가 있다.『도덕경』원문 "재영백포일載營魄抱一, 능무리호能無離乎" 안에 '이離'자가 있기는 하지만, 박세당의 주는『중용』의 구절과 관계가 있는 것으로 보이기 때문이다.

> 도道는 바로 성性을 따르는 행위行爲이고, 성性은 바로 천리天理에 밝은 마음이다.…… 리理는 하늘에 뿌리를 두고 도는 일에 행해지니, 성이 분명하게 아는 것은 리이고 (性이) 발하는 것은 도이다. 위로 하늘에서 품수받고 아래로 일에 베푸니, 본말의 구분을 어지럽힐 수도 없으며, 전후의 역할을 바꿀 수도 없다. 그런데 이제 (주희가) 그 역할을 바꾸고 그 구분을 어지럽히려 하니 어찌 사람들로 하여금 헷갈리지 않게 할 수 있겠는가? 도道가 (道라고) 명명된 까닭은 그것이 성에 따라 행함이 마치 '길'(路)과 같기 때문이다. 그런데 만약 (주희처럼 道가) 성의 덕德이어서 마음에 갖추어진 것이라 한다면 따를 수 있는 것도 아니고 행할 수 있는 것도 아니니, 진실로 다시 도라는 명칭이 있을 수 없게 된다.…… 천리의 본연本然이 내 마음의 밝음이 되었으니, 무슨 행동을 하든 성을 따르면 그것이 도가 된다. 혹 어떤 행동을 하면서 성을 따르지 않으면 도를 떠나게 된다. 도를 떠나면 성에 어긋나고, 성에 어긋나면 사람된 까닭을 잃게 된다.51)

---

51)『中庸思辨錄』, 1장 주, "道卽行之所循乎其性, 性卽心之所明乎天理……盖理根於天, 道行於事, 性之所明者理, 而所發者道. 上以稟於天, 下以施於事, 本末之分不可亂, 而先後之位不可易也. 今欲易其位, 而亂其分, 得不使人而惑乎. 道之所以爲名, 爲其循性以行, 猶夫路也.

위의 인용문에서 볼 때 박세당은 주희와 달리 도道와 리理 등에 대해 분명히 구분하고 있다. 곧 "천리天理의 본연本然이 내 마음의 밝음이 되었으니, 무슨 행동을 하든 성性을 따르면 그것이 도道가 된다"는 것이다. 이에 대해 분명히 알기 위해 다음 구절도 참고할 필요가 있다.

도道는 비록 고요히 형체가 없지만 만물이 이 도를 얻지 못하면 그 용用을 이룰 수 없다. 대체로 사물(器)에는 리理가 내재하니 이것이 바로 체體이며, 도는 일(事)을 이루니 이것이 바로 용이다. 도道는 리로 인하여 그 일을 행하는 것이다. 그러므로 금석金石은 비록 소리나는 이치가 있으나 두드려서 울리지 않으면 스스로 소리를 낼 수 없으니, 바로 두드리는 것이 도이다.52)

이 구절은 『남화경주해산보』에 나오는 주석으로, 앞에서 인용한 『중용사변록』과 같은 말이다. 이 구절과 이상의 인용문을 종합해 보자. 『신주도덕경』 10장 주에서 "일一은 잡된 것 없이 순수한 하나(純一)를 말하니 곧 도의 본체이다"라고 했을 때, 일一은 『남화경주해산보』에서의 리理이다. 이에 대해서는 이론의 여지가 없다. "대체로 사물(器)에는 리가 내재하니 이것이 바로 체體이다"라고 했기 때문이다. 그런데 『신주도덕경』 10장 주에서 "백魄이 혼魂을 싣고 혼이 하나를 껴안을 수 있다면 도道와 합일할 수 있다"고 했을 때의 도에 대해서는 위의 여러 인용문을 종합해 가능한 추리를 해봐야 한다. 곧 『중용사변록』과 『남화경주해산보』에서 말한 것처럼 '리에 따라 일을 행하는 것으로서의 도'일 수 있기 때문이다. 하지만 42장에서 명확하게 밝혀지지 않은 '도생일道生一' 정도가 있을 뿐 『신주도덕

而若謂之性之德, 而具於心, 則卽非循也, 又非行也, 固不可以復有乎道之名也……天理之本然, 爲吾心之明, 有行焉而循之, 則是爲道, 其或行而不循, 則爲離道. 離道則悖性, 悖性失所以爲人."
52)『南華經註解』,「天地」, "金石不得, 無以鳴, 故金石有聲, 不考不鳴"에 대한 주, "道雖寂然無形, 而萬物非得此道, 不能以成其用. 盖器含其理, 是卽體也, 道成其事, 是卽用也. 道者因其理, 而行其事者也. 故金石雖有有聲之理, 而非考聲, 則不能以自鳴. 是考之者道也."

경』의 주로는 더 이상 이것을 밝힐 수 없다. 따라서 『남화경주해산보』나 『중용사변록』에서의 도道의 의미를 거꾸로 『신주도덕경』 10장 주의 인용문에 적용해 보도록 하자.

먼저 『신주도덕경』 10장의 주부터 살펴보면, "혼魂이 하나를 껴안을 수 있다면 도道와 합일할 수 있다"는 구절을 "혼이 도체를 껴안을 수 있다면 (일을 행하는 것으로서의) 도와 합일할 수 있다"는 말로 바꿀 수 있다. "혼이 하나를 껴안을 수 있다면 도와 합일할 수 있다"는 구절의 '도'를 『중용사변록』의 '성에 따라 일을 행하는 것'으로 바꾸면, 10장의 주는 혼이 도체를 껴안음으로써 일(事)을 리理에 따라 행하는 것을 의미하게 된다. 다시 말해 "천리의 본연이 내 마음의 밝음이 되었으니, 무슨 행동을 하든 성을 따르면 그것이 도가 된다. 혹 어떤 행동을 하면서 성을 따르지 않으면 도를 떠나게 된다"라고 할 때의 도가 되는 것이다. 따라서 『신주도덕경』 10장 주 "(魂能抱一, 則能與道合) 이즉원어도의離則遠於道矣"에서의 도는 『중용사변록』의 도로 설명하는 것이 적절할 것 같다.

다시 이 구절을 리理와 기氣의 관점에서 정리해 보면, 일一을 리로 보고 도를 '성에 따라 일(事)을 행하는 것'으로 본 것 외에도, '마음의 밝음'(心明)으로서의 '성性'을 기로 보았음을 알 수 있다. "백이 혼을 싣고 혼이 하나를 껴안을 수 있다면 도와 합일할 수 있다"라고 했을 때, 혼과 백은 모두 음양의 기로서 도와 합일할 수 있는 '마음'(精神[53])을 언급한 것이기 때문이다. 곧 혼백으로서의 마음이 밝아졌을 때 사물 속의 리에 따라 도를 행할 수 있는 것이다.

이상을 간단히 정리해 보면, 박세당은 『도덕경』에서 도道나 일一을 대부분의 경우 도의 체體로 보지만 드물게는 도의 용用으로 보기도 한다는 것이다. 이런 점은 10장의 주 곧 "혼魂이 하나를 껴안을 수 있다면 도와

---

53) 『新註道德經』, 10장 주, "營, 魂也. 神也. 魄, 精也. 氣也."

합일할 수 있다"에서 나타나는데, 여기서 '하나'는 도체道體로서 리이며, 도는 일을 이루는 것으로서 도의 용用이다. 『신주도덕경』 1장과 비교하면, 1장의 도는 도의 체로서 리이며 명名은 도의 용用으로서 일을 이루는 것이다. 1장에서 명名은 문文이나 예禮 또는 명분名分으로 볼 수 있는데, 이것들은 모두 도의 용으로서 일을 할 때 먼저 내세우는 것이다. 이런 점에서 박세당이 유명有名에 대해 "무명의 본체는 리가 천지에 앞서 갖추어지는 것이고, 유명의 작용은 상象이 만물萬物의 초기에 생겨나는 것이다"[54]라고 풀이한 것의 의미가 되살아난다. 여기서 만물을 만사로 볼 경우 유명의 용은 모든 일을 행하는 명분으로서 만사의 시작인 것이다. 10장 주에서 "혼이 하나를 껴안을 수 있다면 도와 합일할 수 있다"라고 한 것도 이런 점에서 의미가 새롭다. 곧 사람들이 마음을 비움으로써 밝아질 때 도체 곧 리理에 따라 일을 제대로 할 수 있다. 다시 말해 체와 용이 분리되지 않은 상태에서 도의 공용이 현실에 실현된다는 것이다. 이것이 바로 박세당이 생각하는 『논어』의 '문질빈빈'인 것이다.

이런 사실은 박세당의 노자관에서 매우 중요한 의미를 가진다. 지금까지 정이나 주희의 사유 방식을 따르는 것으로만 보였던 박세당의 노자관에 『중용사변록』의 입장이 적용되기 때문이다. 42장의 '도생일道生一' 구절도 이런 관점에서 해석할 여지가 있는 것으로 보인다. 곧 도의 공용은 본체로서의 리理를 근본으로 하기 때문에 '도생일'이라고 할 수 있는 것이다. 박세당이 "노자의 도는 무無를 으뜸宗으로 삼기 때문에 '도에서 하나가 나온다'고 하였다"[55]라고 한 것은 앞에서 대략 보았듯이 도와 무를 동일하게 본다는 의미로 해석할 수도 있지만, 도의 용은 도의 체를 근본으로 한다는 의미로도 해석할 수 있다.

이상에서 박세당이 비록 리학의 사유 구조인 체용론 또는 리기론으로

---

54) 같은 책, 1장 주, "無名之體, 理具於天地之先, 有名之用, 象生於萬物之初."
55) 같은 책, 42장 주, "老子之道, 以無爲宗. 故曰道生一."

『도덕경』을 주석하고 있지만 『사변록』의 관점도 유지하고 있음을 알 수 있다. 그는 『도덕경』의 도를 대부분 도체인 리理로 주석하면서도 여전히 자신의 관점으로 소화시킨 것이다. 박세당에게 『도덕경』의 도는 대부분 성리학에서 도체로서의 리이다. 또 명은 도의 용으로서 만상萬象으로, 문과 같은 예나 명분이 여기에 해당한다. 그런데 그가 10장의 주에서 도를 '성性'(心明)에 따라 일을 행하는 것으로 풀이한 것을 보면, 여전히 『사변록』과 동일한 입장을 유지하고 있음을 알 수 있다. 여기서 간과하지 말아야 할 점은 『사변록』의 '성'(心明)이 『도덕경』의 명明과 동일하게 사용되었다는 것이다. 이 또한 『중용사변록』의 관점이 『신주도덕경』에도 적용되고 있음을 보여 주는 것이다.

5. 결론

『사변록』의 주요 논지는 주희의 고원한 경전 해석 방식을 비판하는 것이었다. 그런데 『신주도덕경』에서 박세당은 이와는 반대로 대부분 주희의 사유 방식을 그대로 수용하고 있다. 특히 그는 『주역』이나 「태극도설」에 대한 정이나 주희의 사유 구조를 『도덕경』의 해석에 거의 그대로 적용하였다. 한편으로는 주희의 사유 구조 곧 경전 해석 방식을 비판하면서, 다른 한편으로는 그 방식을 그대로 따른다는 것은 쉽게 납득할 수 없는 점이다. 곧 『사변록』에서 가장 신랄하게 비판하던 주희의 경전 해석 방식을 『도덕경』의 풀이에 적용했다는 것은 상식적으로 이해하기 어렵다. 그러나 본론에서 살펴보았듯이 박세당은 나름대로 일관된 관점을 유지하고 있다. 지금까지의 고찰을 토대로 박세당의 노자관을 평가하기 위해 이 같은 점에 대해 간략하게 정리해 보자.

첫째, 『신주도덕경』 10장의 주 "백능재혼魄能載魂, 혼능포일魂能抱一, 즉

능여도합能與道合, 이즉원어도의離則遠於道矣" 구절은 주희의 사유 방식이 아닌 『중용사변록』의 관점으로만 해석할 수 있다. 곧 "혼이 하나를 껴안을 수 있다면 도와 합일할 수 있다"고 할 때, 일과 도를 똑같이 리理로 해석할 수 없기 때문에 도를 마음의 밝음인 '성에 따라 일(事)을 행하는 것'으로 보아야 한다는 것이다. 또 여기서 백과 혼은 음양의 기로, 『중용사변록』에서 마음(精神)의 밝음인 성이 됨에 유의해야 한다.

둘째, 10장 본문 "천문개합天門開闔, 능무자호能無雌乎"에서의 '능무자호能無雌乎'를 대부분의 주석가들이 '능위자호能爲雌乎'로 보는 것과 달리, 박세당은 "천문이 열리고 닫히는 것(天門開闔)은 비어 있는 신묘함(谷神)이 죽지 않기 때문이다. 그런데 온통 암컷의 성질뿐이라면 묘한 작용이 멈추어 버리므로 반드시 암컷의 성질을 없애려는 것이다"[56]라고 주석했다. 이런 관점은 특이하게도 '문질빈빈'의 관점에서 '문'과 '질'의 조화를 꾀한 것이다. 정적이라는 측면에서 암컷으로 적연부동한 본체를 비유하였는데, 이것만 전일하게 할 경우 '묘한 작용'(妙用)이 멈추어 버리기 때문에 암컷의 성질을 없애려 한다는 것은 도체와 그 묘용의 조화를 꾀하는 것이다. 다시 말해 질은 도의 체가 되고[57] 문은 도의 용이 된다는 점에서,[58] 체용의 조화를 꾀하는 것은 바로 문질의 조화를 꾀하는 것이다. 사실 이 부분은 박세당처럼 '능무자호能無雌乎'로 보지 않고 '능위자호能爲雌乎'로 볼 때 문보다 질을 강조하는 박세당의 목적에 더욱 잘 부합한다. '암컷의 성질을 따르려는 것' 곧 '질로 복귀하고자 하는 것'으로 풀이할 수 있기 때문이다. 그런데도 박세당이 '능무자호能無雌乎'로 본 것은 '문질빈빈'의 관점에서 '문'과 '질' 어느 한쪽에 치우쳐서는 안 됨을 강조하기 위해서였다고 볼 수 있다.

---

56) 같은 책, 10장 주, "天門開闔, 谷神之所以不死, 而一於雌, 則妙用息矣, 故欲其必無雌也."
57) 같은 책, 37장 주, "樸卽無, 爲敦質之體, 而爲道之本, 故曰無名."
58) 같은 책, 38장 주, "文勝質衰而刑辟多 …… 多識前古以爲禮, 而不知非道之實, 旣以自愚, 又愚後人. 故曰愚之始."

셋째, 『도덕경』 19장 "이위문부족以爲文不足, 고영유소속故令有所屬"에 대해 잘 모르겠다고 할 수밖에 없었던 것은 본문의 '문文'을 '문질文質'의 '문'으로 해석하려 했기 때문으로, '질'을 '문'의 근원으로 보면서 '문'보다 '질'을 중시하는 박세당 자신의 관점을 드러낸 것이다.

이상 세 가지 사항을 요약해 보면, 『신주도덕경』에서도 『중용사변록』의 관점이 드러나며, 리기불리理氣不離 또는 체용불리體用不離의 관점에서 '문질빈빈'의 원시 유학으로 복귀를 꾀하였다는 것이다. 이런 점들로 보아 박세당이 주희의 사유 방식으로 『도덕경』을 풀이했더라도 여전히 『사변록』의 관점을 유지하고 있음을 알 수 있다. 그런데 이런 점은 『신주도덕경』에서 극히 부분적으로 나타나기 때문에 기존의 연구에서는 주희의 사유 구조를 따른 부분들만 주목해 왔다.

지금까지의 고찰을 토대로 『신주도덕경』 서문을 신중하게 되새겨 보면, 박세당이 『사변록』에서 주희의 사유 방식 특히 체용론을 비판했음에도 불구하고 『도덕경』의 주석에 그대로 적용했던 의도를 추측할 수 있다.

> 비록 (노자의) 그 도가 성인의 법에 합치하지는 않지만 의도는 역시 수기치인에 있다.…… 노자의 도는 성인의 도가 아니지만 그의 책이 이미 세상에 나왔으니, 중요한 건 그 뜻을 불명확하게 하여 다시 후세를 잘못되게 해서는 안 된다는 점이다. 그래서 틈나는 대로 간략하게 주석하게 된 것이다.[59]

『사변록』에서 주희주를 고원高遠하다고 비판한 것으로 보아, 박세당이 위 인용문에서 "노자의 도가 성인의 법에 합치하지는 않는다"거나 "성인의 도가 아니다"라고 한 것은 노자에 대한 비판으로, 『도덕경』의 내용이 평이하지 않음을 두고 한 말이다. 곧 성인과 달리 사람들을 인도하는 방법

---

59) 같은 책, 「新註道德經序」, "其道雖不合聖人之法, 其意亦欲修身治人…… 老子雖非聖人之道, 其書旣行於世, 要不可使其意不明, 重誤後世. 故輒於暇日, 略爲疏釋云爾."

이 평이하지 않다는 것이다. 반면 그 "의도는 역시 수기치인에 있다"고 한
것은 『도덕경』에 대한 긍정으로, 박세당 자신의 주관을 강하게 드러낸 것
이다. 비록 『도덕경』 경문 가운데 많은 부분이 마음을 비우고[60] 세상을 다
스리는 방법[61]에 대해 언급했다고는 하지만 그 기본 틀은 유가의 수기치
인과 어울리지 않기 때문이다. 그런데도 박세당이 『도덕경』을 수기치인의
관점에서 긍정한 것은 그렇게 해석할 수 있는 여지를 발견하고 그에 맞추
어 『도덕경』을 풀이하겠다는 것이다.

지금까지의 고찰로 보아 앞에서 말한 그 여지란 문보다 질을 중시하는
것이다. 곧 수기치인은 공허한 이념을 도로 보고 그에 따라 명분을 세우고
현실을 이끄는 것이 아니라, 구체적 현실 속의 리理에 알맞게 세상을 다스
리는 것이다. 이미 『남화경주해산보』에서 보았듯이, 진정한 도란 사물 속
에 내재한 리에 따라 일을 해 나가는 것이니,[62] 수기치인도 이것을 기준으
로 해야 한다는 것이다.

또 후세가 잘못되지 않도록 『도덕경』을 주석하였다는 것 역시 앞의 말
을 이어 박세당 자신의 주관을 강하게 드러낸 것이다. 수기치인에 대해 나
름의 관점을 정해 놓고 그에 따라 『도덕경』을 해석해서 사람들에게 보여
주겠다는 말이다. 이런 관점은 도와 명을 체와 용으로 주석하며 체용불리
를 언급한 1장에서부터 드러나고 있다. 이것은 당시 학자들이 도의 본질

---

60) 마음을 비우는 것은 修己에 해당한다고 볼 수 있다. 『道德經』, 4장, "道沖而用之, 或不盈. 淵
乎, 似萬物之宗. 挫其銳, 解其紛, 和其光, 同其塵. 湛兮, 似若存. 吾不知誰之子, 象帝之先";
같은 책, 5장, "天地之間, 其猶橐籥乎. 虛而不屈, 動而愈出. 多言數窮, 不如守中"; 같은 책, 6
장, "谷神不死, 是謂玄牝. 玄牝之門, 是謂天地根. 綿綿若存, 用之不勤" 등.

61) 같은 책, 3장, "不尙賢, 使民不爭, 不貴難得之貨, 使民不爲盜, 不見可欲, 使心不亂. 是以聖人
之治, 虛其心, 實其腹, 弱其志, 强其骨, 常使民無知無欲, 使夫知者不敢爲也. 爲無爲, 則無
不治"; 같은 책, 4장, "聖人不仁, 以百姓爲芻狗"; 같은 책, 19장, "絶聖棄智, 民利百倍, 絶仁
棄義, 民復孝慈, 絶巧棄利, 盜賊無有, 此三者以爲文, 不足, 故令有所屬, 見素抱樸, 少私寡
欲" 등.

62) 『南華經註解』, 「天地」, "金石不得, 無以鳴, 故金石有聲, 不考不鳴"에 대한 주, "道雖寂然無
形, 而萬物非得此道, 不能以成其用. 盖器含其理, 是卽體也, 道成其事, 是卽用也. 道者因其
理, 而行其事者也. 故金石雖有有聲之理, 而非考聲, 則不能以自鳴. 是考之者道也."

곧 도의 체는 모르는 채 한갓 그것을 기반으로 드러나는 도의 용 곧 명분을 도의 내용으로 오해하는 것을 비판하기 위한 전제이다. 박세당에게 명분은 도의 내용이 아닐 뿐만 아니라 그 본체인 실질과 유리되어 따로 성립할 수 없는 것이다.

이쯤에서 박세당이 『도덕경』을 주희의 사유 방식으로 해석해야 했던 이유를 되새겨 보아야 한다. 박세당이 『신주도덕경』에서 주희를 제외한 일곱 명의 주석가를 언급한 것[63]을 보면, 『도덕경』 해석에 대한 다양한 방법을 섭렵했음을 알 수 있다. 그런데도 『사변록』에서 극구 비판한 주희의 사유 방식으로 『도덕경』을 해석한 데에는 피치 못할 이유가 있었을 것이다.

옮긴이는 그 이유를 두 가지로 보았다. 그 하나는 『도덕경』을 수기치인의 책으로 풀이하는 데 주희의 사유 방식이 가장 적합하다는 것이고, 다른 하나는 주희의 사유 방식이 박세당 자신을 포함한 당시 학자들에게 가장 익숙하다는 것이다. 곧 주희의 사유 방식은 성인이 사람들을 인도하는 평이한 방법은 아니지만 일이관지—以貫之한 성인의 경지를 그 누구의 방식보다도 제대로 드러냈기 때문에 심오한 『도덕경』을 수기치인이라는 유학의 틀에 맞추어 풀이하는 데 적합한 것이다. 또 주자학에 짙게 물든 당시 상황에서 다른 어떤 설명 방식보다도 익숙한 사유 방법으로 『도덕경』을 풀이하는 것이 자신의 작업에는 물론 다른 학자들의 이해에도 쉽다는 것이다.

박세당이 『도덕경』의 풀이에 주희의 사유 방식을 택한 이유는 이런 점에서 설명할 수 있다. 유학의 근본 이념을 어기지 않으면서 『도덕경』을 통

---

63) 6장의 주에서 주희가 한 번, 23장의 주에서 소철이 한 번, 30장의 세주에서 이간이 한 번, 소철이 두 번, 그리고 31장의 세주에서는 사마광과 여혜경이 한 번씩 인용되었다. 그리고 혹자가 17장의 주에서 두 번, 18·39·70·76장의 주에서 각각 한 번씩 인용되었다. 이 밖에 서문에서 陳深과 晉代의 학풍이 언급되었다.

해 문文에 치우친 당시 현실을 비판하기 위해서는 사실 그것 외에 선택의 여지가 없었다고 보아야 한다. 따라서 비록 주희의 사유 방식을 『도덕경』의 풀이에 적용했다고는 하지만 이를 주희 사상의 계승으로 볼 수는 없다. 박세당은 단지 상황에 맞게 주희의 방식을 적용했을 뿐이다. 또 성인의 고원한 경지를 드러냈다고 하는 점에서 주희의 방식을 인정하는 듯하지만 그렇지는 않다. 『사변록』에서 이미 그 같은 점을 인정하면서도 성인이 사람들을 인도하는 방법과 다르다고 비판했기 때문이다.

박세당이 『사변록』에서 주희를 비판한 주 요인은 체용 또는 형이상학적 리기론에 바탕을 둔 주희의 주석이 일반인 또는 초학자들에게 너무 고원하다는 점이다. 그러면서 성인이 사람들을 가르칠 때는 항상 평이한 방법을 사용했다고 강조하였다. 그런데 『신주도덕경』 서문에서 "노자의 말은 간략하면서도 심오한 뜻이 있다"고 한 것은 『사변록』에서 주희를 비판하던 시각으로 『도덕경』을 비판한 것이다. 이런 점에서 노자의 도가 성인의 법이 아니라고 한 말은 의미가 있다. 경우에 따라서는 노자뿐 아니라 주희까지 비판하는 말이 될 수 있기 때문이다. 곧 노자와 주희 모두 고원한 사상을 언급했다는 점에서, 박세당은 양자를 똑같이 비판한 것으로 볼 수 있다.

박세당은 『도덕경』이 비록 수기치인에 필요한 서적이라 하더라도 그 내용이 고원하여 사람들이 본의를 쉽게 깨닫기 어렵다고 보았다. 허황된 진대의 유풍에 따라 뜻이 와전되어 세상에 유통되면서 더욱 그렇게 되었다. 이는 『도덕경』의 근본 목적인 수기치인을 오도하는 것이므로 바로잡아야 한다. 박세당이 서문에서 『도덕경』이 이미 세상에 나와 유행하고 있기에 다시 후세가 잘못되지 않도록 주석하였다고 한 것도 이런 목적 의식을 반영한다. 그는 이런 목적 의식을 갖고 당시 상황에 맞추어 주희의 사유 방식으로 『도덕경』을 풀이한 것이다.

그러나 박세당이 자신의 관점에서 주희의 방식을 소화하여 적용하였음을 염두에 두어야 한다. 이런 점은 극히 부분적으로 나타나기 때문에 간과하기 쉽지만 『도덕경』을 주석한 박세당의 의도를 파악하는 데는 빠뜨릴 수 없는 중요한 부분이다. 곧 당시 유학자들이 왕필주를 최고로 여기고 노자를 노자의 관점에서 보려 했던 데 비해[64] 박세당은 수기치인이라는 유학의 기본 목적 아래 『도덕경』을 주희의 사유 방식으로 풀이하면서 '문'에서 '질'로 복귀할 것을 외친 것이다. 이는 문에 치우친 당시의 현실을 비판함으로써 문질빈빈을 회복하기 위한 전제이다. 다시 말해 박세당은 『도덕경』을 주희의 사유 방식으로 주석함으로써 문에서 질로의 복귀를 외쳤는데, 이는 주희의 방식이 수기치인이라는 유학의 근본 목적에 어긋나지 않을 뿐만 아니라 당시 학자라면 누구나 익숙한 경전 해석 방식이었기 때문이다.

박세당은 주자학의 명분론에 젖어 있던 당시 사람들에게 가장 익숙한 사유 방식으로 『도덕경』을 해석해 줌으로써 반성을 촉구했던 것이다. 이런 점으로 볼 때 박세당이 『도덕경』의 풀이에 주희의 사유 방식을 수용했다고 해서 단순히 그것을 주희의 계승으로 평가하기는 어렵다. 그는 『도덕경』을 통해 문에 치우친 당시 현실을 비판하는 데 단지 주희의 사유 방식을 이용했을 뿐이다. 따라서 『신주도덕경』에 주희의 사유 방식을 차용한 것을 근거로 박세당을 단순히 탈주자학자라고 평가하는 것은 다소 무리가 있다.

주희의 사상에 대한 비판과 계승이라는 양면을 함축한다는 의미에서 혹자는 박세당의 사상을 탈주자학적이라고 평가하지만,[65] 이는 겉모습일 뿐 그 이면에는 전혀 다른 의미가 있다. 노자의 도는 성인의 법에 어긋난

---

64) 金學睦, 「朴世堂의 『新註道德經』 硏究」(건국대학교 박사학위 논문, 1998), 25~26쪽.
65) 李種晟, 「西溪 朴世堂의 『新註道德經』에 있어서의 老子觀」, 『東洋哲學硏究』 제16집(東洋哲學硏究會, 1996), Ⅳ장.

다는 『신주도덕경』 서문의 말을 극단적으로 해석할 경우, 『사변록』에서의 비판 이상으로 『신주도덕경』에서도 은근히 주희를 비판하는 것으로 볼 수 있다. 『도덕경』처럼 고원한 말의 풀이에나 주희주가 적당하다는 뜻으로 해석할 수도 있기 때문이다.

그러나 박세당이 주희의 사상을 비판하면서도 그에 반하는 새로운 사상을 제시하지 못했다는 점에서 그를 반주자학자로 보기는 더욱 어렵다. 더구나 박세당이 주희의 사상을 계승하지는 않았지만, 『도덕경』의 풀이에 그의 사상을 차용했다는 점에서도 그러하다. 성리학을 절대시하던 시대적 상황에서 박세당이 주희의 형이상학적 사변성에 대해 반성적인 안목을 가졌던 점은 높이 평가해야 한다.

그러나 『도덕경』 풀이에 여전히 사변적인 송학의 방법론을 벗어나지 못했음을 간과해서는 안 된다. 그의 경전 해석 방식 역시 광범위한 고증이나 근거 자료의 엄밀한 해석과 비판, 모든 증거의 체계화를 지향하는 면밀한 추론 등을 특징으로 하는 정약용(1762~1836)의 방법과는 달리 성리학적 방법론의 연장선에 있는 것이다.

『신주도덕경』에서 '문'의 극성에 대한 비판으로 질을 강조했다는 점에서 박세당을 실학의 선구자로 평가하는 것은 당연하다. 그러나 여전히 성리학적 방법론의 연장선에서 경전을 해석했다는 점에서 반주자학자라고 평하기에는 다소 문제가 있다. 오히려 탈주자학자라고 평가하는 게 좋을 듯한데, 이는 박세당이 주희의 사유 방식을 이탈하는 과정에 있음을 강조하는 것이므로 비판과 계승의 두 측면을 모두 함축하는 의미에서의 탈주자학자라는 관점과는 다르다. 박세당이 비록 주희의 사유 방식으로 『도덕경』을 풀이하기는 했지만 그 이면에 『사변록』의 관점을 유지하고 있다는 것을 간과해서는 안 된다. 다시 말해 박세당은 주희의 경전 해석 방식을 벗어나 정약용의 경학으로 이어지는 교량 역할을 한다는 의미에서, 반주자학자라기보다 탈주자학자라고 평해야 한다는 것이다.

참고문헌

董思靖, 『道德眞經集解』(『道藏』)

朴世堂, 『南華經註解刪補』

_____, 『思辨錄』

裴 頠, 『崇有論』

徐命膺, 『道德指歸』

蘇 轍, 『老子解』(『四庫全書』)

王 弼, 『老子注』(『諸子集成』)

李 珥, 『醇言』

_____, 「論韓歐排孚屠」(『栗谷全書』)

_____, 「聖學輯要」(『栗谷全書』)

林希逸, 『道德眞經口義』(『道藏』)

陳 深, 『老子品節』(『老子集成』)

焦 竑, 『老子翼』(『漢文大系』)

洪奭周, 『訂老』

樓宇烈, 『老子周易王弼注校釋』(華正書局, 中華民國 72년)

조민환, 『유학자들이 보는 노장철학』(서울: 예문서원, 1996)

許抗生, 『노자철학과 도교』, 노승현 옮김(서울: 예문서원, 1995)

金吉煥, 「栗谷의 老子觀」, 『한국학보』 5집(1976년 겨울)

金洛必, 「栗谷 李珥의 『醇言』에 나타난 儒・道 交涉」, 『圓佛敎思想』, 20집

金碩中, 「『醇言』을 통해 본 栗谷의 老子理解」(연세대학교 교육대학원 석사학위 논문, 1994)

金學睦, 「朴世堂의 『新註道德經』 研究」(건국대학교 박사학위 논문, 1998)

＿＿＿, 「王弼注를 통해 본 『道德經』의 이해」, 『道教文化研究』 11집(韓國道教文化研究會, 1997)

金恒培, 「佛教와 老莊哲學에 관한 一考察」, 『哲學思想』 14집(東國大學校哲學會, 1993)

남상호, 「공자의 문질빈빈적 방법」, 『중국철학방법사』(강원대학교 출판부, 1997)

宋恒龍, 「西溪 朴世堂의 老・莊 研究와 道家哲學」, 『韓國道教哲學史』

＿＿＿, 「栗谷 李珥의 老子研究와 道家哲學」, 『韓國道教哲學史』(成大 大東文化研究院, 1987)

尹絲淳, 「朴世堂의 實學思想」, 『韓國哲學研究』 2집.

＿＿＿, 「朴世堂의 實學思想에 관한 研究」, 『亞細亞研究』 15권 2호(통 46호)

尹熙勉, 「朴世堂의 生涯와 學門」, 『國史館論叢』 34집

이강수, 「徐命膺의 老子觀」, 『韓國道教와 道家思想』 V(서울: 亞細亞文化社, 1991)

李種晟, 「西溪 朴世堂의 『新註道德經』에 있어서의 老子觀」, 『東洋哲學研究』 16집(東洋哲學研究會, 1996)

林采佑, 『王弼 易 哲學 研究 ― 以簡御繁 사상을 중심으로』(연세대학교 박사학위 논문, 1996)

曺玟煥, 「朴世堂의 老子理解 ― 道의 體用論的 理解를 中心으로」, 『道教文化研究』 11집(1997)

찾아보기

이 '찾아보기'는 노자 원문과 박세당주를 구분한다.
(注)는 박세당주를 가리킨다.

지은이 **박세당**朴世堂

인조 9년(1629)에 태어나 숙종 29년(1703)에 죽었다. 본관은 반남潘南으로 고려 말의 충신 박상충朴尚衷의 10세손이다. 박세당은 가난 때문에 10살이 넘어서야 공부를 시작, 24세가 되던 효종 3년에 유생정시儒生廷試에 합격하여 회시會試에 나갈 수 있었다. 하지만 중형의 과거 실패로 32세가 되어서야 생원시 초시에 수석을, 회시에 2등을, 증광시에 장원을 하여 성균관 전적을 초사로 제수받았다. 이후 병조좌랑 정언 등을 거치며 관직 생활을 하던 박세당은 송시열과의 갈등으로 현종 9년 40세의 나이로 은퇴하고 수락산의 서쪽 언덕 지금의 의정부시 장암동에 은거하였다.
주저 『사변록思辨錄』 외에 노장의 주해서 『신주도덕경』과 『남화경주해산보』를 저술하였다.

옮긴이 **김학목**金學睦

1959년 경북 상주 출생. 건국대학교 철학과를 졸업하고 동대학원에서 「朴世堂의 新註道德經 硏究」로 박사학위를 받았으며, 민족문화추진회 국역연수부를 졸업했다. 현재 건국대학교와 인덕대학교 등에서 강의를 하고 있다.
주요 논문으로 「告子의 性論에 대한 考察」, 「道德經에서 道의 體得에 대한 考察」, 「新註道德經에 나타난 西溪의 思想」, 「王弼의 老子注에서 無와 自然에 대한 考察」, 「裵頠의 崇有論에 대한 考察」 등이 있다.